Grund- und Aufbauwortschatz
Italienisch

8 000 Wörter zu über 100 Themen

Stefano Albertini

Hueber Verlag

Für ihre ebenso tatkräftige wie sachkundige Unterstützung bei der Entstehung dieses Buches gilt mein Dank Lilian Sohn und Alessandra Testini.

7. 6. 5. | Die letzten Ziffern
2029 28 27 26 25 | bezeichnen Zahl und Jahr des Druckes.
Alle Drucke dieser Auflage | können, da unverändert, nebeneinander benutzt werden.
1. Auflage

Umschlaggestaltung: creative partners gmbh, München
Fotogestaltung Cover: wentzlaff | pfaff | güldenpfennig kommunikation gmbh, München
Coverfoto: © Matton Images/Stockbyte
Layout und Satz: Kerstin Ramsteiner, Hueber Verlag, München
Redaktion: Valerio Vial, Hueber Verlag, München
GPSR-Kontakt: Hueber Verlag GmbH & Co. KG, Baubergerstraße 30, 80992 München, kundenservice@hueber.de
Druck und Bindung: Friedrich Pustet GmbH & Co. KG, Gutenbergstraße 8, 93051 Regensburg, technik@pustet.de
Printed in Germany
ISBN 978-3-19-109522-2

Art. 530_13564_001_05

Einführung

Dieser *Grund- und Aufbauwortschatz Italienisch* ist gedacht für die Nutzung in Schule, Volkshochschule, Beruf und Alltag sowie als Ratgeber auf Reisen. Er besteht im Wesentlichen aus zwei Teilen:

1. Einem alphabetisch geordneten Allgemeinwortschatz der 400 häufigsten und wichtigsten Wörter.
Ein gesprochener oder geschriebener italienischer Text enthält immer wieder diejenigen Wörter, die in dieser Liste enthalten sind. Daher sollten Sie diese Wörter beherrschen. Sie sind das Gerippe der Sprache. Ohne Wörter aus dieser Liste können Sie keinen italienischen Satz formulieren oder verstehen. Mit ihnen allein allerdings auch nicht, denn Sie wollen mit Ihrem Text ja etwas mitteilen; Ihr Text hat ein Thema.

2. Einem thematisch geordneten Wortschatz.
Um sich zu einem Thema zu äußern, benötigen Sie nämlich neben dem Allgemeinwortschatz der Eingangsliste auch noch Wörter zum Themenkreis Ihrer Wahl. 8 000 solcher alle wesentlichen Lebensbereiche erfassenden Wörter finden Sie nach Themen geordnet im Hauptteil des Buches.

Auch im thematischen Hauptteil des Buches stoßen Sie immer wieder auf Wörter aus der Eingangsliste, und zwar vor allem in den Anwendungsbeispielen. Nehmen Sie zum Beispiel auf Seite 73 den Satz *Tutti i nostri capi si possono combinare.* (= Alle unsere Teile kann man kombinieren.) Von diesen sieben Wörtern gehören fünf zum Allgemeinwortschatz; das sechste und siebte allerdings (*capi* und *combinare*) sind zwei thematische Wörter, die dem Satz erst einen Sinn geben. Sie stammen aus dem Themenkapitel *Abbigliamento e moda* und ließen sich durch viele Begriffe aus anderen Kapiteln – je nach Aussageabsicht – ersetzen: *prodotti + comprare, ortaggi + surgelare* usw. Mit der Fähigkeit, Allgemeinwortschatz und thematischen Wortschatz sinnvoll miteinander zu verknüpfen, wächst Ihr Ausdrucksvermögen.

8 000 Wörter sind eine Menge, könnten Sie sagen, und Sie hätten damit Recht! Wenn Sie im Laufe Ihres Italienischlernens einen aktiv verfügbaren Kernwortschatz von ca. 2 000 Wörtern erwerben, sind Sie schon sehr gut. Neben dem aktiven hat aber auch jeder Sprachbenutzer einen passiven Wortschatz, der wesentlich größer und individuell verschieden ist.

Mit diesem *Grund- und Aufbauwortschatz Italienisch* können Sie sich entsprechend Ihren thematischen Interessen Ihren ganz persönlichen aktiven und passiven Italienischwortschatz aufbauen – ein interessanter Lernprozess, bei dem Sie die spaltenweise Anordnung des Materials, die farbige Kennzeichnung des wichtigsten Alltagswortschatzes, die vielen Infoboxen und die beiden umfassenden Register wirksam unterstützen.

Hinweise für den Gebrauch:

1. Einzelne benötigte Wörter finden Sie schnell über das deutsche oder italienische Register. Aber die thematische Anordnung des Wortschatzes ermöglicht Ihnen natürlich auch systematisches Suchen und Lernen – ein wesentlicher Zweck dieses Buches.

2. Die über 100 farbig gekennzeichneten Infoboxen bieten Ihnen Listen thematisch zusammengehörigen Wortmaterials sowie Hinweise zu Übersetzungsproblemen, Sprachgebrauch, Grammatik, Landeskunde, Idiomatik und Aussprache.

3. Die farbig gekennzeichneten Wörter werden in der Alltagskommunikation besonders häufig gebraucht und sollten darum vorrangig beachtet und gelernt werden.

Wie prägen Sie sich neuen Wortschatz ein?

Für das Vokabellernen gibt es viele individuelle Methoden, unter denen die folgenden am häufigsten praktiziert werden:

- Sie lernen den spaltenweise angeordneten Wortschatz nach Möglichkeit laut, erst links – rechts und dann rechts – links. Sie testen sich, indem Sie zunächst die deutsche Entsprechung des italienischen Eintrags abdecken, die deutsche Übersetzung aus dem Gedächtnis sprechen und dann das Blatt nach unten schieben, um die Übersetzung zur Überprüfung sichtbar zu machen. Später verfahren Sie entsprechend mit der italienischen Spalte.
- Nehmen Sie sich nie einen zu langen Abschnitt oder eine zu große Menge vor! Mehr als acht Einträge sollten Sie nicht auf einmal lernen. Und wenn Sie fünf Wörter pro Tag schaffen, sind das 1 825 pro Jahr!
- Begrenzen Sie Ihre Lernsitzungen. Jeden Tag eine Viertelstunde ist besser als einmal die Woche zwei Stunden üben.

Was machen Sie mit „hartnäckigen Verweigerern“, d. h. Wörtern oder Wortfolgen, die Sie sich nicht merken können?
Schreiben Sie sie auf Zettel im Format DIN A7 – das Italienische auf die eine Seite, das Deutsche auf die andere. Legen Sie die Zettel an auffälliger Stelle in Ihrer Wohnung aus oder tragen Sie sie bei sich, damit Sie immer wieder einmal üben oder sich testen können.

Inhaltsverzeichnis

Der wichtigste Allgemeinwortschatz

Die folgenden besonders häufig gebrauchten Wörter sind thematisch neutral und kommen daher nur beiläufig in den Themenkapiteln vor.

a auf; an; in; zu (*räumlich*); mit (+ *Alter*); um (+ *Uhrzeit*)
a causa di aufgrund
a favore di zugunsten
a meno che es sei denn, dass
a parte getrennt
a più tardi bis später
a presto bis bald
a proposito übrigens
accadere geschehen
ad ogni modo jedenfalls
adatto geeignet, passend
addirittura sogar
affinché damit
ah ah, ach
ahi aua
aiutare helfen
alcuno einige; kein(e)
allora damals; also
almeno wenigstens
altrettanto ebenso
altrimenti andernfalls
altro andere(-r, -s)
anch'io ich auch
anche auch
anzi vielmehr
appena kaum; eben
appunto eben (*verstärkend*)
arrivederci auf Wiedersehen
arrivederLa auf Wiedersehen (*Höflichkeitsform*)
assieme zusammen
assistere zugegen sein; helfen
assolutamente vollkommen; unbedingt
attendere warten
attenzione *f* Aufmerksamkeit
Attenzione! Vorsicht!
attimo Moment, Augenblick
aver luogo stattfinden
avere haben
basta, grazie das ist genug, danke
bastare genügen
beh nun, also; tja
benché obwohl
bene, dunque gut, also
bene, grazie danke, gut
benvenuto willkommen
bisogna man muss
buon divertimento viel Vergnügen
buon lavoro frohes Schaffen
buona giornata schönen Tag
buonanotte gute Nacht
buonasera guten Abend
buongiorno guten Tag
cambiamento (Ver-)Änderung
casomai falls; im Zweifelsfalle
causa Ursache
certamente sicher(lich) (*Adv.*)
certezza Sicherheit, Gewissheit
certo sicher(lich) (*Adj.*)
che was; welche(-r, -s); dass
(che) cosa was
chi wer; wen; wem
chiaro e tondo klipp und klar
ci uns; dort(hin); daran
ciao hallo; tschüss
ciascuno jede(-r, -s)
ciò das, dies
cioè also; das heißt
circostanza Umstand
collegare verbinden
come (so) wie; als
Come sta / stai? Wie geht es Ihnen / dir?
Come va? Wie geht's?
Come, prego? Wie bitte?

completamente völlig, ganz
comunque wie auch immer; jedoch
con mit; auf; bei
concedere gewähren
conosciuto bekannt
conseguenza Folge
considerando che wenn man bedenkt, dass
contrario Gegenteil
contribuire beitragen
cosa Sache, Ding
Cosa c'è? Was ist los?
Cosa posso fare per Lei / te? Was kann ich für Sie / dich tun?
Cosa succede? Was ist los?
così so
così così solala, leidlich
cui dem, der (*Dativ*)
cultura Kultur
culturale kulturell
d'accordo einverstanden
d'altra parte andererseits
da seit; von; aus; zu; bei; als; durch
Dai! Auf! / Komm!
dare geben
dato che da, weil
davvero wirklich
decidere entscheiden
decisione *f* Entscheidung
dei, degli, delle Teilungsartikel (*wird nicht übersetzt*)
del resto übrigens; außerdem
del, dello, della, dell' Teilungsartikel (*wird nicht übersetzt*)
desiderare wünschen
di aus; vor; von
di corsa eilig
di niente gern geschehen
di solito (für) gewöhnlich
differenza Unterschied
difficoltà Schwierigkeit
dimostrare zeigen
dimostrarsi sich erweisen als
dipendere da abhängen von
diventare werden
diverso anders, unterschiedlich
dottore(-ssa) Doktor; Arzt, Ärztin
dovere müssen; sollen; schulden
dovere *m* Pflicht
dunque also
e und; nach (*bei Uhrzeit*)
eccetto außer, bis auf
eccezione *f* Ausnahme
ecco sieh mal; da ist / sind
ecco fatto das wär's; das hätten wir
Eccome! Na klar! / Und wie!
effettivamente tatsächlich
egli er (*Nominativ, msg*)
eh Was? / ... oder?
ehi he
ella sie (*Nominativ, fsg*)
enorme riesig, enorm
entrambi /e beide
entro bis; innerhalb
eppure und doch, dennoch
esatto genau
essa sie (*Tiere und Dinge, fsg*)
esse sie (*Nominativ, fpl*)
essere sein
essere in grado di können
essi sie (*Nominativ, mpl*)
esso er (*Tiere und Dinge, msg*)
estremo äußerste(-r, -s), höchste(-r, -s)
eventualmente vielleicht, möglicherweise
evitare vermeiden
fare machen, tun
fisso starr; Fix-, fest
forse vielleicht
fortuna Glück
fortunatamente glücklicherweise, zum Glück
fortunato glücklich

fretta Eile
generalmente im Allgemeinen, normalerweise
genere *m* Art, Typ
gente (*fsg*) Leute
già schon (*auch als Zustimmung*)
gli die (*Artikel, mpl*)
gli ihm, ihr (*Dativ*)
gli, loro ihnen (*Dativ*)
grado Grad, Niveau
grazie danke (schön)
grazie mille vielen Dank
i die (*Artikel, mpl*)
il quale welcher; welchen
il der (*Artikel, msg*)
immediato unverzüglich; prompt
impedire verhindern; hemmen
importante wichtig
importanza Bedeutung, Wichtigkeit
impossibile unmöglich
improvvisamente plötzlich, auf einmal
improvviso unvermittelt
in in; nach; zu; auf; mit
in genere üblicherweise
in modo particolare insbesondere
in ogni caso auf jeden Fall
in realtà in Wirklichkeit; eigentlich
in un certo senso in gewisser Weise
incerto unsicher
incredibile unglaublich
infatti tatsächlich
iniziare beginnen, anfangen
inizio Beginn
inoltre darüber hinaus, außerdem
insieme (a) zusammen (mit)
insomma also
intenzione *f* Absicht
intero vollständig
introdurre einführen
inutile nutz-, zweck-, sinnlos
invano umsonst
invece di (an)statt zu
io ich
irregolare unregelmäßig
la, l' die (*Artikel, fsg*)
la sie (*Akk., fsg*)
La Sie (*Akk., Sg.*)
lasciami in pace lass mich in Ruhe
lasciar perdere gut sein lassen
lasciar stare sein lassen
lasciare (ver-, über-)lassen
le die (*Artikel, fpl*)
le sie (*Akk., fpl*); ihr (*Dativ fsg*)
Le Ihnen (*Dativ Sg.*)
lei (*fsg*) sie; sie (*Akk.*)
Lei (*Sg.*) Sie; Sie (*Akk.*)
lento langsam
li sie (*Akk. mpl*)
liberarsi (da / di) sich befreien von
libero frei
lista Liste
lo der; den (*Artikel, msg*)
lo, l' ihn (*Akk. msg*)
loro sie (*m / fpl Nom.*), sie (*Akk. Pl.*), ihnen (*Dativ Pl.*)
Loro, loro Ihr(e); ihr(e)
luce *f* Licht
lui er; ihn
ma aber
Macché! Ach was!
magari vielleicht; Schön wär's!
mah tja
malgrado trotz
me mich
mediante durch, mittels
meno male zum Glück
metterci brauchen (*Zeit*)
mettere stellen; legen; setzen
mettere da parte beiseite legen; sparen
mi dispiace es tut mir Leid

mi raccomando (*etwa*) denk' dran, denken Sie dran
mi, m' mich; mir
mica doch nicht, gar nicht
mio / a mein(e)
molte grazie vielen Dank
molto viel
molto piacere sehr erfreut
nascondere verstecken
ne davon; darüber
neanch'io ich auch nicht
neanche nicht einmal; auch nicht
necessario nötig, notwendig
necessità Notwendigkeit
nel caso che falls; sofern
nemmeno auch nicht
neppure auch nicht
nessuno niemand
nient'altro sonst nichts; das genügt
no nein
no, grazie nein, danke
noi wir; uns
non nicht
non … neanche auch nicht, nicht einmal
non … affatto überhaupt nicht
non … niente nichts
non fa niente das macht nichts
non importa das macht nichts
non solo … ma anche nicht nur … sondern auch
nonostante trotz
normale normal, üblich
nostro / a unser(e)
nulla nichts
nuovo neu
o oder
o … o entweder … oder
occupare besetzen; bewohnen
oddio / Dio mio oh Gott, mein Gott
oggetto Gegenstand
ogni jede(-r, -s)
ognuno jeder(mann)
oh oh
oh santo cielo oh Gott
oltre a außer, neben
oltre a ciò darüber hinaus
opporsi a sich widersetzen
opportunità Gelegenheit
oppure oder (aber)
ordinario gewöhnlich (*Adj.*)
ormai inzwischen; schon
paio (*pl*: **le paia**) Paar
parecchi / e (ziemlich) viel(e)
partecipare teilnehmen
particolare besondere(-r, -s)
particolare *m* Besonderheit; Einzelheit
passo Schritt
Peccato! Schade!
per für; nach; über; durch
per caso zufällig, per Zufall
per di più darüber hinaus, außerdem
per cortesia / favore / piacere bitte (*bei Wünschen, Bitten*)
per fortuna zum Glück
per motivi / ragioni di wegen
per niente überhaupt nicht; umsonst
per poco fast, beinahe
per quello / questo deswegen
perché warum; weil, da; damit
perché (*minv*) Grund
perciò also; deshalb, darum
perfino sogar
perlopiù meistens
permesso Erlaubnis
Permesso? Erlauben Sie?
però aber, jedoch
piacere erfreut; angenehm
poiché da, weil
porre setzen; stellen; legen
posare legen; stellen
positivo positiv
possibile möglich

possibilità Möglichkeit
Posso aiutarLa / aiutarti? Kann ich Ihnen / dir helfen?
potere können; dürfen
potrei ich könnte
premere drücken
prendere parte a teilnehmen an
presso bei
principale Haupt-, wichtigste(-r, -s)
principale *m / f* Chef(in)
probabile wahrscheinlich (*Adj.*)
probabilmente wahrscheinlich (*Adv.*)
problema *m* Problem
pronto hallo (*Telefon*); bereit
proposito Absicht, Vorsatz
proprio eigene(-r, -s); genau
provare a versuchen; probieren
pure auch
qualche (+ *Sg.!*) einige; ein paar; manch
qualcosa etwas
qualcuno jemand
quale welche(-r, -s)
qualsiasi jede(-r, -s) (beliebige)
qualunque jede(-r, -s) (beliebige); irgendein(e)
quanto a was ... betrifft
quello jene(r); der, die, das (da)
questo diese(-r, -s); der, die, das (hier)
quindi also, folglich
rapido schnell; kurz
rientrare zurück-, heimkommen
riguardo a was ... betrifft
riserva Vorrat
ritorno Rückfahrt, -flug
salve hallo; tschüss
se ob; wenn, falls
sé sich (*reflexiv*)
sebbene obwohl
sedersi sich setzen
segno Zeichen
segreto Geheimnis
semplicemente einfach; nur, lediglich
senza ohne
senza che ohne dass
serie *f* Reihe
serviti bedien dich; nimm dir
sfortuna Unglück, Pech
sì ja; doch; zwar
si serva bedienen Sie sich
sì, grazie ja, bitte
si, s' sich; man
sia ... che sowohl ... als auch
siccome da, weil
sicuro sicher
signora Frau, Dame
signore *m* Herr
signorina Fräulein
simile ähnlich; solch, so ein(e)
solito gewohnt, üblich
soltanto nur
soprattutto vor allem, hauptsächlich
sorte *f* Schicksal; Los
specialmente besonders, vor allem
spero di no ich hoffe nicht
spero di sì ich hoffe (es)
standard *m* Standard; Standard-
stare facendo gerade machen
stare per im Begriff sein, etwas zu tun
stesso der- / die- / dasselbe; der / die / das Gleiche
strano seltsam, merkwürdig
straordinario außergewöhnlich
stringere enger machen; drücken
su auf, an; hin- / herauf; oben; über
suo /a sein(e), ihr(e)
Suo /a Ihr(e)
superare übertreffen; überholen
supporre annehmen, vermuten
tale solch ein(e), so ein(e)
tanto (so) viel(e); (so) sehr

te dich; dir
tendere a neigen zu
tenere conto di qc. etw. berücksichtigen
ti, t' dich
tirare ziehen
trattenersi bleiben, sich aufhalten
troppo zu (+ *Adjektiv*)
tu du
tuo/a dein(e)
tuttavia trotzdem, dennoch
tutto alles
Uffa! Oh Mann!
un, uno ein
una, un' eine
va bene okay, einverstanden, gut
vari(-e) verschiedene, mehrere
venire kommen; werden (*Modalverb*)
veramente wirklich; eigentlich, aber
verità Wahrheit
vero wahr; echt
Vi, vi Sie, Ihnen (*pl*); euch
visto che da
Voi, voi Sie (*Pl., Nom. und Akk.*); ihr; euch
volentieri gern(e)
volere wollen, mögen
volontà Wille(n)
vorrebbe er/sie möchte
vorrei ich möchte, ich hätte gerne
vostro/a eur(e)
Vostro/a Ihr(e) (*Pl.*)

1.1 Dati personali
Angaben zur Person

essere *m* **umano** ['ɛssere u'ma:no]	**Mensch**
uomo, uomini [u'ɔ:mo – u'ɔ:mini]	**Mann, Männer; Mensch(en)**
umano [u'ma:no]	**menschlich**
Gli errori sono umani.	Fehler sind menschlich.
donna ['dɔnna]	**Frau**
maschio ['maskio]	**Junge (***Tiere:* **Männchen)**
femmina ['femmina]	**Mädchen (***Tiere:* **Weibchen)**
persona [per'so:na]	**Person**
nome *m* ['no:me]	**Name; Vorname**
cognome *m* [ko'ɲo:me]	**Familienname; Nachname; Zuname**
chiamarsi [kia'marsi]	**heißen**
Come ti chiami?	Wie heißt du?
data di **nascita** ['na:ʃita]	**Geburts**datum
luogo di nascita	Geburtsort
Dove sei nato/a?	Wo bist du geboren?
(Lui) è nato il 6 settembre.	Er ist am 6. September geboren.
Di dove sei?	Woher stammst du?
Da dove vieni?	Woher kommst du?
compleanno [komple'anno]	**Geburtstag**
Quando è il tuo compleanno?	Wann hast du Geburtstag?
Oggi compie gli anni.	Er/Sie hat heute Geburtstag.

i Geburtstagsglückwünsche können Sie so zum Ausdruck bringen:
Ti (Le) faccio i miei migliori auguri per il tuo (Suo) compleanno.

età [e'ta]	**Alter**
Quanti anni ha?	Wie alt sind Sie?
a che età / a quanti anni ...?	in welchem Alter / wann ...?
residenza [resi'dɛntsa]	**Wohnort**
residente in	wohnhaft in
cittadinanza [tʃittadi'nantsa]	**Staatsangehörigkeit**
stato civile ['sta:to tʃi'vi:le]	**Familienstand**
sposato [spo'sa:to]	**verheiratet**
celibe ['tʃɛ:libe]	**ledig** *(Männer)*
nubile ['nu:bile]	**ledig** *(Frauen)*
separato [sepa'ra:to]	**getrennt (lebend)**
divorziato [divortsi'a:to]	**geschieden**

1.2 Parti del corpo
Körperteile

testa ['tɛsta]	**Kopf**
dalla testa ai piedi	von Kopf bis Fuß
cervello [tʃer'vɛllo]	**Gehirn**
(Lui) ha agito senza cervello.	Er hat unüberlegt gehandelt.
fronte *f* ['fronte]	**Stirn**
corrugare la fronte	die Stirn runzeln
guancia [gu'antʃa]	**Wange, Backe**
guance paffute	Pausbacken
mento ['mento]	**Kinn**
doppio mento	Doppelkinn
capello – **capelli** [ka'pello]	**Haar(e)**
Marco ha i capelli castani.	Marco hat braunes Haar.
pelo ['pe:lo]	**(Körper)Haar**
I peli della barba pungono.	Barthaare pieksen.
faccia ['fattʃa]	**Gesicht**
Alla faccia!	Donnerwetter!; Na sowas!
occhio ['ɔkkio]	**Auge**
Lei è cieca da un occhio.	Sie ist auf einem Auge blind.
naso ['na:zo]	**Nase**
soffiarsi il naso	sich die Nase putzen
bocca ['bokka]	**Mund**
In bocca al lupo!	Hals- und Beinbruch!
fiato [fi'a:to]	**Atem**
Aspetta che mi manca il fiato!	Warte, mir bleibt die Luft weg!
respiro [res'pi:ro]	**Atem**
non avere un attimo di respiro	nicht zu Atem kommen
dente *m* ['dɛnte]	**Zahn**
(Lui) ha mal di denti.	Er hat Zahnschmerzen.
lingua ['lingua]	**Zunge**
labbro *m* – le **labbra** *fpl* ['labbro]	**Lippe(n)**
orecchio – le **orecchie** / gli **orecchi** [o'rekkio]	**Ohr(en)**
(Lui) è duro d'orecchi.	Er ist schwerhörig / hört schlecht.
collo ['kɔllo]	**Hals** (*von außen gesehen*)
Si è rotto l'osso del collo.	Er brach sich das Genick.
gola ['go:la]	**Kehle; Hals** (*von innen gesehen*)
Ho mal di gola.	Ich habe Halsschmerzen.
spalla ['spalla]	**Schulter**
(Lui) è largo di spalle.	Er hat breite Schultern.

il braccio *m* – **le braccia** *fpl* ['brattʃo]	**Arm(e)**
Si è rotta il braccio.	Sie hat sich den Arm gebrochen.
abbracciare [abbra'tʃa:re]	**umarmen**
gomito ['go:mito]	**Ell(en)bogen**
la mano *f* – **le mani** *fpl* ['ma:no]	**Hand**
Mi lavo le mani.	Ich wasche mir die Hände.
dare/stringere la mano	die Hand geben/schütteln

Con le mani *possiamo* *prendere* ['prɛndere] (= nehmen), *pigliare* [piʎ'ʎa:re] (= greifen), *afferrare* [affer'ra:re] (= packen), *alzare* [al'tsa:re] (= heben) *o* *tirare* [ti'ra:re] (= werfen) *un oggetto.* *Possiamo* *porgere* ['pɔrdʒere] (= reichen) *o* *stringere* ['strindʒere] (= drücken) *la mano a un'altra persona.*
Con le gambe e con i piedi *possiamo* *camminare* [kammi'na:re] (= gehen, laufen), *correre* ['korrere] (= rennen), *saltare* [sal'ta:re] (= springen), *inciampare in* [intʃam'pa:re in] (= stolpern über) *un ostacolo* (= Hindernis), *possiamo* *salire su* [sa'li:re su] (= steigen auf) *una sedia* (= Stuhl), *scendere da* ['ʃendere da] (= aussteigen aus) *una macchina, infine* (= schließlich) *possiamo* *arrampicarci su* [arrampi'kartʃi] (= klettern auf) *un albero o* *scavalcare* [skaval'ka:re] (= klettern über) *un muretto* (= Mäuerchen).

polso ['polso]	**Handgelenk**
orologio da polso	Armbanduhr
pugno ['pu:ɲo]	**Faust**
stringere i pugni	die Fäuste ballen
dito *m* – **le dita** *fpl* ['di:to]	**Finger**
dito del piede	Zehe
unghia ['ungia]	(Finger-)**Nagel**
tagliarsi le unghie	sich die Nägel schneiden
gamba ['gamba]	**Bein**
ginocchio *m* – **le ginocchia** *fpl* [dʒi'nɔkkio]	**Knie**
caviglia [ka'vi:ʎa]	**Knöchel**
Mi sono slogato la caviglia.	Ich habe mir den Knöchel verrenkt.
piede *m* [pi'ɛ:de]	**Fuß**
Siamo andati a piedi.	Wir sind zu Fuß gegangen.
petto ['pɛtto]	**Brust**(korb)
petto – **seno** ['pɛtto – 'se:no]	**Brust** – **Brüste**
costola ['kɔstola]	**Rippe**
pancia ['pantʃa]	**Bauch**

avere la pancia	einen Bauch haben
ventre *m* ['vɛntre]	**Bauch**
fare la danza del ventre	bauchtanzen
schiena [ski'ɛ:na]	**Rücken**
spaccarsi la schiena	sich abrackern
sudare [su'da:re]	**schwitzen**
Gli sudano le mani.	Er schwitzt an den Händen.
sudore *m* [su'do:re]	**Schweiß**
Aspetta che mi asciugo il sudore dalla fronte.	Warte, ich wisch' mir nur den Schweiß von der Stirn.
cuore *m* [ku'ɔ:re]	**Herz**
Mi batte il cuore per la gioia.	Mein Herz schlägt höher vor Freude.
polmone *m* [pol'mo:ne]	**Lungenflügel; Lunge**
fegato ['fe:gato]	**Leber**
rene *m* ['re:ne]	**Niere**
stomaco ['stɔ:mako]	**Magen; Bauch**
a stomaco vuoto	auf nüchternen Magen
intestino [intes'ti:no]	**Darm**
sedere *m* [se'de:re]	**Gesäß; Hintern; Hinterteil**
ano ['a:no]	**After; Anus**
urina – orinare [u'ri:na – ori'na:re]	**Urin; Harn – urinieren**
genitali *mpl* [dʒeni'ta:li]	**Genitalien; Geschlechtsteile**
sangue *m* ['sangue]	**Blut**
circolazione *f* del sangue	Kreislauf
prelievo del sangue	Blutprobe/-abnahme
donatore(-trice) di sangue	Blutspender(in)
vena ['ve:na]	**Vene**
arteria [ar'tɛ:ria]	**Arterie**
scheletro ['ske:letro]	**Skelett**
l'osso *m* – **le ossa** *fpl* ['ɔsso]	**Knochen**
articolazione *f* [artikolatsi'o:ne]	**Gelenk**
dolori articolari	Gelenkschmerzen
pelle *f* ['pɛlle]	**Haut**
Ho la pelle d'oca.	Ich habe eine Gänsehaut.
muscolo ['muskolo]	**Muskel**
dolori muscolari	Muskelkater
ghiandola [gi'andola]	**Drüse**
nervo ['nɛrvo]	**Nerv**
(Lei) ha i nervi saldi/deboli.	Sie hat gute/schwache Nerven.
nervoso [nɛr'vo:so]	**Nerven-/nervös/gereizt**
il sistema nervoso	das Nervensystem

1.3 Aspetto esteriore
Äußere Erscheinung

apparenza [appa'rɛntsa]	**(An)Schein; Aussehen**
una giovane di bella apparenza	eine gut aussehende junge Frau
in apparenza	scheinbar
aspetto [as'pɛtto]	**Aussehen; Aspekt**
giudicare qualcuno dall'aspetto	jemanden nach seinem Äußeren beurteilen
espressione *f* [espressi'o:ne]	**(Gesichts)Ausdruck**
Che espressione che fai!	Was machst denn du für ein Gesicht!
linea ['li:nea]	**Figur; Linie**
badare alla linea	auf die Linie achten
fisico ['fi:ziko]	**Körper(bau)**
avere un bel fisico	gut gebaut sein
bellezza [bel'lettsa]	**Schönheit**
Esiste anche una bellezza interiore.	Es gibt auch innere Schönheit.
statura [sta'tu:ra] / **altezza** [al'tettsa]	**Größe**
Quanto è alto(-a)?	Wie groß sind Sie?
alto – **basso** ['alto – 'basso]	**groß – klein** (gewachsen)
Lui è alto, lei è bassa.	Er ist groß, sie ist klein.
grosso ['grɔsso]	**groß; dick**
snello ['znɛllo]	**schlank**
una donna snella	eine schlanke Frau
mingherlino [minger'li:no]	**schmächtig**
Gianni è mingherlino.	Gianni ist schmächtig.
muscoloso [musko'lo:so]	**muskulös**
magro ['ma:gro]	**mager; dünn**
(Lui) è alto e magro.	Er ist groß und dünn.
peso ['pe:so]	**Gewicht**
essere sottopeso	untergewichtig sein
robusto [ro'busto]	**kräftig**
un uomo robusto	ein kräftiger Mann
grassoccio [gras'sɔttʃo]	**mollig; pummelig**
corpulento [korpu'lɛnto]	**korpulent; beleibt; füllig**
una donna un po' corpulenta	eine etwas füllige Frau
ingrassare [iŋgras'sa:re]	**zunehmen, dick werden**
Ti vedo ingrassato, vecchio mio.	Du hast (ordentlich) zugenommen, mein Alter.
mettere su peso ['mettere su 'pe:zo]	**zunehmen**
Senza movimento si mette su peso.	Ohne Bewegung nimmt man zu.

dimagrire [dima'gri:re]	**abnehmen**
Sono dimagrita di sei chili!	Ich habe sechs Kilo abgenommen!
largo di spalle – dalle spalle larghe ['largo di 'spalle – 'dalle 'spalle 'large]	**breit(schultrig)**
ben messo ['ben 'messo]	**kräftig** (gebaut)
energico [e'nɛrdʒiko]	**energisch**
curvato – curvo [kur'va:to – 'kurvo]	**gebeugt**
La vecchiaia lo aveva curvato.	Er war vom Alter gebeugt.

***Attrattiva* (= Attraktivität)**

carino – grazioso [ka'ri:no – gratsi'o:so]: *un bimbo carino, una ragazza giovane e carina, una giovane graziosa* (= ein **niedlich**er kleiner Junge, ein **hübsches** junges Mädchen, eine **reizende** junge Frau)

attraente [attra'ɛnte]: *Lei è simpatica e attraente.* (= Sie ist sympathisch und **attraktiv**.)

ben fatto [ben 'fatto]: *Lei ha le gambe ben fatte.* (= Sie hat **wohl geformte** Beine.)

elegante [ele'gante]: *un uomo elegante e slanciato* (= ein **eleganter**, schlank gewachsener Mann)

abbronzato [abbron'dzato]: *Però, che bello abbronzato che sei!* (= Mensch, bist du aber schön **braun(gebrannt)**!)

bello ['bɛllo]: *Lei ha begli occhi azzurri.* (= Sie hat **schöne** blaue Augen.)

***Mancanza di attrattiva* (= Mangelnde Attraktivität)**

poco attraente ['pɔ:ko attra'ɛnte]: *una signora dura e poco attraente* (= eine harte, **wenig attraktive** Frau)

non attraente [non attra'ɛnte]: *un tipo viscido, non attraente* (= ein schleimiger, **unattraktiver** Typ)

grasso ['grasso]: *un uomo grasso e chiassoso* (= ein **fetter**, lauter Mann)

brutto ['brutto]: *Anche se è brutto, ha il cuore d'oro.* (= Auch wenn er **hässlich** ist, hat er ein goldenes Herz.)

viso ['vi:zo]	**Gesicht**
un viso ovale / rotondo	ein ovales / rundes Gesicht
un viso gonfio	ein aufgedunsenes Gesicht
occhio ['ɔkkio]	**Auge**
scuro – **chiaro** ['sku:ro – ki'a:ro]	**dunkel – hell**
occhi scuri – occhi ridenti	dunkle Augen – strahlende Augen
avere le occhiaie	Augenringe haben
colorito [kolo'ri:to]	**Gesichtsfarbe**

un colorito **roseo / pallido** ['rɔ:zeo / 'pallido] — eine **rosige / bleiche** Gesichtsfarbe

raggiante [rad'dʒante] — **strahlend; leuchtend**

(Lei) era raggiante di gioia. — Sie strahlte vor Freude.

ruga ['ru:ga] — **Falte**

***Capelli* e pettinature (= Haare und Frisuren)**

taglio ['ta:ʎo]: *un taglio alla moda* (= ein modischer **Schnitt**)
farsi tagliare ['farsi ta'ʎa:re]: *farsi tagliare i capelli* (= **sich** die Haare **schneiden lassen**)
riccio(lo) ['rittʃo(lo)]: *i suoi splendidi riccioli rossi* (= ihre prächtigen roten **Locken**)
biondo – castano [bi'ondo – kas'ta:no]: *capelli biondi / castani* (= **blonde / braune, brünette** Haare)
liscio – riccio – crespo ['liʃʃo – 'rittʃo – 'krespo]: *capelli lisci, ricci, crespi* (= **glattes, lockiges, krauses** Haar)
coda di cavallo ['ko:da di ka'vallo]: *Lei si fa la coda di cavallo.* (= Sie trägt einen **Pferdeschwanz.**)
treccia ['trettʃa]: *Ti si è aperta una treccia.* (= Dir ist ein **Zopf** aufgegangen.)
baffi mpl – barba ['baffi – 'barba]: *Ti stanno bene i baffi / Ti sta bene la barba.* (= Der **Schnurrbart / Bart** steht dir gut.)
cadere [ka'de:re]: *Gli stanno cadendo i capelli.* (= Ihm **fallen** die Haare **aus.**)
calvo ['kalvo]: *È calvo.* (= Er ist **kahl** / hat eine Glatze)

vestito [ves'ti:to] — **Kleidung – gekleidet**

essere vestito elegante / alla moda — elegant / modisch gekleidet sein

Lui è sempre vestito in modo elegante. — Er ist immer schick / flott gekleidet.

indossare [indos'sa:re] — **tragen** (*Kleidung*)

(Lei) indossa un tailleur. — Sie trägt ein Kostüm.

curato – trascurato [ku'ra:to – trasku'ra:to] — **gepflegt – ungepflegt**

il suo aspetto trascurato — seine ungepflegte Erscheinung

sporco – sudicio ['spɔrko – 'su:ditʃo] — **schmutzig – schmuddelig**

cencioso [tʃent'ʃo:so] — **schäbig; vergammelt**

spiegazzato – sgualcito [spiegat'tsa:to – zgual'tʃi:to] — **zerknittert; verwuschelt; zerzaust**

Lui indossava un abito sgualcito. — Er trug einen zerknitterten Anzug.

1.4 Infanzia e giovinezza
Kindheit und Jugend

bambino – **bambina** [bam'bi:no – bam'bi:na]	**Kind; Junge – Mädchen**
abbigliamento per bambini	Kinderkleidung
bambini piccoli	kleine Kinder
Gesù Bambino	Christkind
Non fare il bambino!	Benimm dich nicht wie ein Kind!
vivace [vi'va:tʃe]	**lebhaft**
un bambino vivace	ein lebhaftes Kind
figli *mpl* ['fi:ʎi]	**Kinder**
È figlia unica.	Sie ist ein Einzelkind.
Hanno due figli.	Sie haben zwei Kinder.
neonato [neo'na:to] / **bebè** *m*	**Baby; Neugeborenes**
bambinaia [bambi'na:ia]	**Tagesmutter; Kindermädchen**
baby-sitter *m / finv* ['bɛbi-'sitter]	**Babysitter**
infanzia [in'fantsia]	**frühe Kindheit; Kindesalter**
culla ['kulla]	**Wiege**
dalla culla alla bara	von der Wiege bis zur Bahre
lettino [let'ti:no]	**Kinderbett**
carrozzina [karrot'tsi:na]	**Kinderwagen**
passeggino [passed'dʒi:no]	**Buggy**
ciuccio ['tʃuttʃo]	**Schnuller**
giocattolo [dʒo'kattolo]	**Spielzeug**
Ogni bambino ha bisogno di giocattoli.	Jedes Kind braucht Spielzeug.

Dinge, mit denen sich Kinder beschäftigen
giocare a palla / a carte / a nascondino [dʒo'ka:re a 'palla / a 'karte / a naskon'di:no] (= Ball / Karten / Versteck spielen) • *bambola* ['bambola] (= Puppe) • *animali mpl di peluche* [ani'ma:li di pe'luʃ] (= Plüschtiere) • *orsacchiotto* [orsakki'ɔtto] (= Teddy) • *trenino* [tre'ni:no] (= Modelleisenbahn) • *freccia* ['frettʃa] (= Pfeil) • *arco* ['arko] (= Bogen) • *macchinina* [makki'ni:na] (= Spielzeugauto) • *fiaba / favola* [fi'a:ba / 'fa:vola] (= Märchen) • *fumetto* [fu'metto] (= Comic) • *altalena* [alta'le:na] (= Wippe / Schaukel) • *scivolo* ['ʃi:volo] (= Rutschbahn) • *bicicletta* [bitʃi'kletta] (= Fahrrad) • *slitta* ['slitta] (= Schlitten) • *indovinello* [indovi'nɛllo] (= Rätsel, Denksportaufgabe)

giovane *m / f* ['dʒo:vane]	**jung; Jugendliche(r)**
giovani	junge Leute; Jugendliche

Männliche Jugendliche sind *ragazzi, giovanotti, giovani.* Weibliche Jugendliche sind *ragazze, giovani donne.*

giovanile [dʒova'ni:le]	**jugendlich; Jugend-**
entusiasmo giovanile	jugendliche Begeisterung
gioventù [dʒoven'tu]	**Jugend**
La gioventù è il futuro di un Paese.	Die Jugend ist die Zukunft eines Landes.
giovinezza [dʒovi'nettsa]	**Jugend(zeit)**
monello [mo'nɛllo]	**Balg; Gör(e); Flegel**
viziato [vitsi'a:to]	**verwöhnt**
(Lei) è una ragazzina viziata.	Sie ist ein verwöhntes Balg.
adolescenza [adole'ʃɛntsa]	**die Zeit des Heranwachsens**
i ricordi dell'adolescenza	die Erinnerungen aus der Jugendzeit
adolescente *m/f* [adole'ʃɛnte]	**jung; junger Mann / junge Frau**
gli adolescenti	Heranwachsende; Teenager
pubertà [puber'ta]	**Pubertät**
minorenne *m/f* [mino'rɛnne]	**Minderjährige(r) – minderjährig**
delinquente minorenne	jugendliche(r) Straftäter(in)
diventare **maggiorenne** [maddʒo'rɛnne]	**volljährig** werden

Ein paar ungute Dinge, die Kinder und Jugendliche tun

Vessano / Terrorizzano altri bambini. (= Sie schikanieren / tyrannisieren andere Kinder.)
Marinano la scuola. (= Sie schwänzen die Schule.)
Smettono di frequentare la scuola. (= Sie brechen die Schule ab.)
Scappano di casa. (= Sie laufen von zu Hause weg.)
Si drogano. (= Sie nehmen Drogen.)

minore / minorile [mi'no:re / mino'ri:le]	**Jugend-**
lavoro minorile	Kinderarbeit
adulto [a'dulto]	**erwachsen; Erwachsene(r)**
una persona adulta	ein erwachsener Mensch
grande ['grande]	**erwachsen; groß**
Hanno due figli grandi.	Sie haben zwei große Söhne.
maturo [ma'tu:ro]	**reif; erwachsen**
È molto maturo per la sua età.	Er ist sehr reif für sein Alter.
immaturo [imma'tu:ro]	**unreif**
prematuro [prema'tu:ro]	**frühreif**

1.5 Mezza età e vecchiaia
Mittlere Jahre und Alter

l'età [e'ta]	**das Alter**
l'età matura	das mittlere Lebensalter (ca. 40–65)
la terza età	Senioren
raggiungere un'età molto avanzata	ein hohes Alter erreichen
esperienza [esperi'ɛntsa]	**Erfahrung**
Nella vita bisogna maturare esperienze.	Man muss Erfahrungen im Leben sammeln.
speranza di vita [spe'rantsa di 'vi:ta]	**Lebenserwartung**
l'invecchiamento [invekkia'mento]	**das Altern**
invecchiare [invekki'a:re]	**alt werden**
Hai visto Lisa come è invecchiata?	Hast du Lisa gesehen, wie alt sie geworden ist?
anziano [antsi'a:no]	**betagt; älter**
la gente anziana – gli anziani	die alten Leute
casa di riposo ['ka:sa di ri'pɔ:so]	**Altenheim; Altersheim**
pensionato(-a) [pensio'na:to]	**Rentner(in)**
andare in pensione	in den Ruhestand treten
la vecchiaia [vekki'a:ia]	**das Alter**
vecchio [vɛk'kio]	**alt**
un uomo vecchio	ein alter Mann
longevità [londʒevi'ta]	**Langlebigkeit**
declino [de'kli:no]	**Verfall**
gli ultimi anni di vita [ʎi 'ultimi 'anni di 'vi:ta]	**die letzten Lebensjahre**
decrepito [de'kre:pito]	**altersschwach**
un vecchio decrepito	ein hinfälliger alter Mann

Adjektive, die Schwäche bzw. Gebrechlichkeit ausdrücken:
debole ['debole] (= schwach) • *fiacco* [fi'akko] (= matt / schwach) • *fragile* ['fra:dʒile] (= schwach / gebrechlich / zart) • *infermo* [in'fermo] (= gebrechlich / hinfällig).

senile – senilità [se'ni:le – senili'ta]	**senil – Senilität**
senior ['sɛnior]	**Senior**
casa di ricovero ['ka:sa di ri'kɔ:vero]	**Pflegeheim**
badante *m / f* [ba'dante]	**Altenpfleger(in)**

1.6 Personalità e comportamento
Persönlichkeit und Verhalten

comportamento [komporta'mento]	**Benehmen**
comportarsi bene / male [kompor'tarsi]	**sich** gut / schlecht **benehmen / verhalten**
Non si è comportato bene verso di me.	Er hat sich mir gegenüber schlecht benommen.
maniera [mani'ɛːra]	**Benehmen**
Che maniere sono?	Was ist denn das für ein Benehmen?
modo ['mɔːdo]	**Art, Weise**
Non sono d'accordo col tuo modo di comportarti.	Ich bin nicht einverstanden mit der Art, wie du dich benimmst.
personalità [personali'ta]	**Persönlichkeit**
carattere *m* [ka'rattere]	**Wesen; Naturell**
(Lei) ha un carattere simpatico.	Sie besitzt ein sympathisches Wesen.
temperamento [tempera'mento]	**Temperament; Naturell**
(Lei) ha un temperamento impetuoso.	Sie hat ein heftiges Naturell.
tipo ['tiːpo]	**Typ; Kerl**
Gino è un tipo molto timido.	Gino ist ein außerordentlich schüchterner Kerl.
principio [prin'tʃiːpio]	**Prinzip**
Maurizio ha dei saldi principi.	Maurizio hat feste Prinzipien.
abitudine *f* [abi'tuːdine]	**Gewohnheit**
(Lui) ha l'abitudine di appisolarsi nella poltrona.	Er hat die Angewohnheit, im Sessel einzunicken.
abituato [abitu'aːto]	**gewohnt**
Non sono abituato agli sbalzi di temperatura.	Ich bin Temperaturumschwünge nicht gewohnt.
tendenza [ten'dɛntsa]	**Neigung**
Purtroppo ho la tendenza a ingrassare.	Leider neige ich dazu, dick zu werden.
tendere a ['tɛndere a]	**neigen zu**
Purtroppo egli tende sempre a esagerare.	Leider neigt er immer dazu zu übertreiben.
essere solito (di) fare ['ɛssere 'sɔːlito (di) 'faːre]	**gewöhnlich tun**
Sono solito prepararmi un caffè dopo pranzo.	Ich mache mir gewöhnlich einen Kaffee nach dem Mittagessen.

tenerci a [te'ne:rtʃi a]	**wichtig finden; Wert legen auf**
Stasera devi proprio venire. Il capo ci tiene molto!	Heute Abend musst du einfach kommen. Der Chef legt großen Wert darauf!
lasciarsi andare [laʃ'ʃarsi an'da:re]	**sich gehen lassen**
Non bisogna mai lasciarsi andare.	Man darf sich nie gehen lassen.
curiosità [kuriosi'ta]	**Neugier(de)**
Chiedo per pura curiosità.	Ich frage aus reiner Neugier.
curioso [kuri'o:so]	**neugierig**
Sono curioso di sapere chi ha vinto la partita.	Ich bin neugierig zu erfahren, wer das Spiel gewonnen hat.
timido ['ti:mido]	**schüchtern**
appassionato [appassio'na:to]	**leidenschaftlich**
Marco è un tifoso appassionato del Milan.	Marco ist ein leidenschaftlicher AC Mailand-Fan.
attivo [at'ti:vo] – **passivo** [pas'si:vo]	**aktiv** – **passiv**
Sei una persona attiva o passiva?	Bist du ein aktiver oder ein passiver Mensch?
silenzioso [silentsi'o:so]	**leise, still**
È un tipo silenzioso.	Er ist ein stiller Typ.
zitto ['tsitto]	**still**
Zitto! Ho sentito qualcosa!	Sei still! Ich habe etwas gehört!

Adjektive, die menschliche Eigenschaften ausdrücken:

(in)abile [(in)'a:bile]	**(un)fähig**
(in)affidabile [(in)affi'dabile]	**(un)zuverlässig**
(dis)attento [(dis)at'tɛnto]	**(un)vorsichtig / (un)aufmerksam**
(in)colto [(in)'kolto]	**(un)kultiviert / (un)gebildet**
(in)deciso [(in)de'tʃi:so]	**(un)entschieden**
(in)disponibile [(in)dispo'ni:bile]	**abweisend – hilfsbereit**
(in)esperto [(in)es'pɛrto]	**(un)erfahren**
(in)flessibile [(in)fles'si:bile]	**(un)flexibel**
(in)giusto [(in)'dʒusto]	**(un)fair / (un)gerecht**
(in)tollerante [(in)tolle'rante]	**(un)duldsam / (in)tolerant**
(im)paziente [(im)patsi'ɛnte]	**(un)geduldig**
(im)preciso [(im)pre'tʃi:zo]	**(un)genau / (un)präzise**
(ir)responsabile [(ir)respon'sa:bile]	**verantwortungslos / -bewusst**
(s)garbato [(z)gar'ba:to]	**(un)höflich**
(s)cortese [(s)kor'te:ze]	**(un)höflich**
(dis)onesto [(dis)o'nɛsto]	**(un)ehrlich**
(in)sincero [(in)sin'tʃɛ:ro]	**(un)aufrichtig**

bravo ['bra:vo]	**lieb; gut; tüchtig**
Bambini, fate i bravi!	Kinder, seid lieb!
caro ['ka:ro]	**lieb**
Rolando è un caro amico.	Rolando ist ein lieber Freund.
amichevole [ami'ke:vole]	**freundschaftlich**
gentile [dʒen'ti:le]	**freundlich; nett**
essere di maniere gentili	ein freundliches Benehmen haben
divertente [diver'tɛnte]	**unterhaltsam, amüsant**
serio ['sɛ:rio]	**ernst**
Mimmo è così divertente che non riesco a restare serio.	Mimmo ist so lustig, dass ich es nicht schaffe, ernst zu bleiben.
compassionevole – spietato [kompassio'ne:vole – spie'ta:to]	**mitfühlend – mitleidlos**
onesto – corrotto [o'nɛsto – kor'rotto]	**ehrlich – korrupt / bestechlich**
semplice ['semplitʃe]	**schlicht**

Viele der hier aufgeführten Adjektive werden durch Anhängen von *-mente* zu häufig gebrauchten Adverbien:
Lui ha agito stoltamente / irresponsabilmente / scortesemente.
(= Er handelte töricht / verantwortungslos / unhöflich.)

diligente – pigro [dili'dʒɛnte – 'pi:gro]	**fleißig – faul / träge**
astuto – stupido [as'tu:to – 'stu:pido]	**klug – dumm**
una battuta stupida	eine dumme Bemerkung
sciocchezza [ʃok'kettsa]	**Dummheit; Blödsinn**
Non dire sciocchezze!	Red' keinen Blödsinn!
sciocco ['ʃɔkko]	**dumm, blöd, albern**
Non essere così sciocco!	Sei nicht so albern!
matto ['matto]	**verrückt; wahnsinnig**
Roba da matti!	Wahnsinn / Unglaublich!
ridicolo [ri'di:kolo]	**lächerlich**
Non essere ridicolo!	Mach' dich nicht lächerlich!
comico ['kɔ:miko]	**komisch**
Ieri sera abbiamo visto un film comico.	Gestern Abend haben wir einen komischen Film gesehen.
sbadato [zba'da:to]	**unachtsam; unüberlegt**
agire in maniera sbadata	unüberlegt handeln
irritabile – equilibrato [irri'ta:bile – ekuilib'ra:to]	**leicht erregbar – ausgeglichen**
temperamento irritabile	leicht erregbares Temperament
una persona equilibrata	ein ausgeglichener Mensch

conservatore – progressivo [konserva'to:re – progres'si:vo]	**konservativ – progressiv**
generoso – avaro / taccagno [dʒene'ro:so – a'va:ro / tak'kaɲo]	**großzügig – geizig / knauserig**
È un uomo dal cuore molto generoso.	Er ist ein sehr großzügiger Mensch.

Das vollkommene Fehlen einer Eigenschaft kann durch *senza / privo di* ausgedrückt werden:
Lui è completamente privo di ambizioni / del senso dell'umorismo.
(= Es mangelt ihm vollkommen an Ehrgeiz / Humor.)

affascinante – privo di fascino [affaʃi'nante – 'pri:vo di 'faʃino]	**charmant – ohne Charme**
ottimistico – pessimistico [otti'mistiko – pessi'mistiko]	**optimistisch – pessimistisch**
comunicativo – riservato [komunika'ti:vo – riser'va:to]	**kontaktfreudig – zurückhaltend**
vantarsi di [van'ta:rsi di]	**sich rühmen; sich hervortun**
di buon umore – malinconico / abbattuto [di bu'ɔ:n u'mo:re – malin'kɔ:niko / abbat'tu:to]	**gutgelaunt – trübsinnig / niedergeschlagen**
lamentarsi [lamen'tarsi]	**sich beklagen**
forte – debole ['fɔrte – 'de:bole]	**stark – schwach**
essere forte / debole d'animo, di carattere	einen starken / schwachen Charakter haben
duro – remissivo ['du:ro – remis'si:vo]	(knall)**hart / cool – gefügig**
un tipo duro	ein knallharter Bursche
coraggioso – vigliacco [korad'dʒo:so – vi'ʎakko]	**mutig – feige**
rilassato – teso [rilas'sa:to – 'te:so]	**entspannt – angespannt**
calmo – agitato ['kalmo – adʒi'ta:to]	**ruhig – aufgeregt**
rispettoso – sfacciato [rispet'to:so – sfat'tʃa:to]	**respektvoll – frech / unverschämt**
crudele [kru'dɛ:le]	**grausam**
sensibile [sen'si:bile]	**sensibel; empfindlich**
Bice è molto sensibile ai rimproveri.	Bice reagiert sehr empfindlich auf Vorwürfe.
modesto – presuntuoso [mo'dɛsto – prezuntu'o:so]	**bescheiden – eingebildet / anmaßend**
un giovane sciocco e presuntuoso	ein dummdreister junger Mann

1.7 Sensi e sensazioni
Sinne und Sinneseindrücke

senso ['sɛnso]	**Sinn**
i cinque sensi	die fünf Sinne
Non ha senso lavorare così.	Es hat keinen Sinn, so zu arbeiten.
sensazione *f* [sensatsi'o:ne]	**Gefühl; Empfindung; Sinneseindruck**
Ho la sensazione che perderemo il treno.	Ich habe das Gefühl, wir werden den Zug verpassen.
sete *f* ['se:te]	**Durst**
fame *f* ['fa:me]	**Hunger**
Mamma, ho sete! – E io ho fame!	Mami, ich habe Durst! – Und ich hab' Hunger!
vedere [ve'de:re]	**sehen**
Hai visto Michela?	Hast du Michela gesehen?
vista ['vista]	**Sehvermögen; Sicht; Aussicht**
È amore a prima vista.	Es ist Liebe auf den ersten Blick.
conoscersi di vista	sich vom Sehen / flüchtig kennen
una bella vista sulla città	ein schöner (Aus)Blick auf die Stadt
guardare [guar'da:re]	**sehen; schauen**
Hai guardato in cucina?	Hast du in der Küche nachgesehen?
Non guardo la televisione.	Ich schaue kein Fernsehen.
notare [no'ta:re]	**bemerken; wahrnehmen**
Nessuno ha notato il furto.	Niemand bemerkte den Diebstahl.
notevole [no'te:vole]	**erkennbar; deutlich**
un notevole incremento	eine deutliche Zunahme
osservare [os'serva:re]	**beobachten; bemerken**
sembrare [sem'bra:re]	**scheinen; glauben**
Sembra muoversi!	Es scheint sich zu bewegen!
Mi sembra che vengano.	Ich glaube, sie kommen.
miopia – **miope** [mio'pi:a –'mi:ope]	**Kurzsichtigkeit** – **kurzsichtig**
presbite ['prɛzbite]	**weitsichtig**
Lui è presbite.	Er ist weitsichtig.
cieco ['tʃɛko] / non vedente	**blind**
occhiali *mpl* [oʎʎi'ali] da vista / da sole	Seh- / Sonnen**brille**
lenti a contatto	Kontaktlinsen
visibile – **invisibile** [vi'zi:bile – invi'zi:bile]	**sichtbar** – **unsichtbar**

invisibile ad occhio nudo	mit bloßem Auge nicht erkennbar
sguardo [zgu'ardo]	(kurzer) **Blick**
Do uno sguardo al giornale.	Ich werfe einen Blick in die Zeitung.
occhiata [okki'a:ta]	**Blick**
Ho dato un'occhiata alle offerte di lavoro.	Ich habe einen Blick auf die Stellenangebote geworfen.
udito [u'di:to]	**Gehör(sinn)**
sentire [sen'ti:re]	**hören**
sentire bene / male	gut / schlecht hören
Hai sentito quel rumore?	Hast du dieses Geräusch gehört?
sordo ['sordo]	**taub**
un(-a) sordomuto(-a)	ein(e) Taubstumme(r)
ascoltare [askol'ta:re]	(zu)**hören**
ascoltare la radio	Radio hören
rumore *m* / **suono** – **suonare** [ru'mo:re / su'ɔ:no – suo'na:re]	**Geräusch / Laut / Klang – klingen**
Cos'era quel rumore?	Was war das für ein Geräusch?
Suona strano!	Das klingt komisch!
tono ['tɔno]	**Ton**
Non mi piace il tuo tono.	Dein Ton gefällt mir nicht.
alto / **forte** / **ad alta voce** ['alto / 'fɔrte / 'ad 'alta 'vo:tʃe]	**laut**
Cerchi di parlare più forte.	Versuchen Sie, lauter zu sprechen.
volume *m* [vo'lu:me]	**Lautstärke**
alzare / abbassare il volume	das Gerät lauter / leiser stellen
chiasso [ki'asso]	**Geschrei; Lärm**
I ragazzi fanno chiasso in cortile.	Die Kinder lärmen im Hof.

Entsprechungen für „ruhig"

Viviamo in un quartiere tranquillo [traŋku'illo]. (= Wir wohnen in einer ruhigen Gegend.)

Il mare è calmo ['kalmo]. (= Das Meer ist ruhig.)

Lui è sempre taciturno [tatʃi'turno]. (= Er ist immer ruhig / still.)

Lui non riesce a stare seduto fermo ['fermo]. (= Es fällt ihm schwer, ruhig zu sitzen.)

Finalmente una serata in pace [in 'pa:tʃe] *a casa.* (= Endlich ein ruhiger Abend zu Hause.)

olfatto [ol'fatto]	**Geruchssinn**
odorare – **odore** *m* [odo'ra:re – o'do:re]	**riechen – Geruch**
La minestra ha un odore squisito.	Die Suppe riecht köstlich.

Le lenzuola odorano di fresco. — Die Betttücher riechen frisch.
annusare [annu'sa:re] — **riechen; schnuppern**
È bello annusare un fiore profumato. — Es ist schön, an einer duftenden Blume zu schnuppern.
puzzare – puzzo / puzza / fetore *m* [put'tsa:re – 'puttso / 'puttsa / fe'to:re] — **stinken – Geruch / Gestank**
Qui puzza di bruciato! — Hier riecht's angebrannt!
profumo [pro'fu:mo] — **Duft; Geruch; Parfüm**
il profumo di limoni — der Duft von Zitronen
aroma *m* [a'ro:ma] — **Aroma; Duft**
l'aroma del caffè — der Duft des Kaffees
gusto ['gusto] — **Geschmack(ssinn)**
senza gusto — ohne Geschmack; geschmacklos
gustare / sapere [gu'sta:re / sa'pe:re] — **schmecken**
Questo sugo non sa di niente! — Diese Soße schmeckt nach gar nichts!
Il raffreddore impedisce di gustare qualsiasi cosa. — Mit einem Schnupfen schmeckt man gar nichts mehr.
sapore *m* **– assaporare** [sa'po:re – assapo'ra:re] — **Geschmack – kosten**

Come può essere il sapore? **(= Wie kann der Geschmack sein?)**
Dolce ['doltʃe] (= süß), *dolciastro* [dol'tʃastro] (= süßlich), *agrodolce* [agro'doltʃe] (= süßsauer), *agro* ['a:gro] (= zitronensauer), *acido* ['a:tʃido] (= essigsauer), *amaro* [a'ma:ro] (= bitter).
Un cibo senza sapore è insipido [in'si:pido] (= fad).

appetito [appe'ti:to] — **Appetit**
Buon appetito! — Guten Appetit!
tatto ['tatto] — **Berührung; Tastsinn; Takt**
La stoffa è morbida al tatto. — Der Stoff fühlt sich weich an.
È un uomo che non ha tatto. — Er ist ein taktloser Mensch.
toccare [tok'ka:re] — **berühren**
Si prega di non toccare. — Bitte nicht berühren.
toccare con le mani — anfassen; berühren
sentire [sen'ti:re] — **fühlen**

Das Verb *sentire* hat verschiedene Bedeutungen:
hören / empfinden / fühlen / riechen / schmecken / kosten / spüren.

Sento freddo. — Mir ist kalt.
Senta, scusi, mi sa dire dov'è Piazza Ciro? — Hören Sie bitte, können Sie mir sagen, wo die Piazza Ciro ist?

1.8 Sentimenti e atteggiamenti
Gefühle und Einstellungen

atteggiamento [atteddʒa'mento]	**Einstellung; Haltung**
il suo atteggiamento verso gli stranieri	ihre/seine Einstellung gegenüber Ausländern
sentimento [senti'mento]	**Gefühl**
sentire – **sentirsi** [sen'ti:re – sen'tirsi]	**(sich) fühlen**
Si sentiva stanca e depressa.	Sie fühlte sich müde und deprimiert.
provare [pro'va:re]	**fühlen; empfinden**
Provo pietà nei suoi confronti.	Ich empfinde Mitleid ihm gegenüber.
pietà [pie'ta]	**Mitleid, Erbarmen**
emozione *f* [emotsi'o:ne]	**Gefühl; Erregung**
arrossire per l'emozione	vor Erregung erröten
emozionale [emotsio'na:le]	**emotionell; emotional; Erregungs-**
stato emozionale	Gemütszustand
emotivo [emo'ti:vo]	**emotional; gefühlsbetont**
È una donna emotiva.	Sie ist eine gefühlsbetonte Frau.
emozionante [emotsio'nante]	**spannend; aufregend**
un film emozionante	ein spannender Film
morale *m* [mo'ra:le]	**Stimmung**
Dopo il compito la classe è giù di morale.	Nach der Klausur ist die Stimmung in der Klasse mies.
ansioso [ansi'o:so]	**gespannt; beunruhigt**
Sono ansioso di fare il primo giro con la nuova moto.	Ich bin gespannt auf die erste Tour mit dem neuen Motorrad.
avere paura di [a've:re pa'u:ra di]	**Angst haben vor**
Hai paura del cane?	Hast du Angst vor dem Hund?
temere [te'me:re]	**(be)fürchten**
Temo che così perderemo il bus.	Ich fürchte, dass wir so den Bus verpassen werden.
preoccuparsi [preokku'parsi]	**sich Sorgen machen**
Non preoccuparti: risolvo io la faccenda.	Mach' dir keine Sorgen, ich kläre die Angelegenheit.
preoccupato [preokku'pa:to]	**beunruhigt, besorgt**
A poco a poco sono un po' preoccupato.	Langsam mache ich mir ein wenig Sorgen.
spaventarsi [spaven'tarsi]	**erschrecken**

Non spaventarti, sono i Carabinieri.	Erschrick' nicht, es sind die Carabinieri.
spavento [spa'vɛnto]	**Schreck**
Che spavento che mi sono preso!	Bin ich erschrocken!
sorpresa – **sorprendere** [sor'pre:sa – sor'prɛndere]	**Überraschung – überraschen**
Che sorpresa gradita!	Was für eine nette Überraschung!
stupire – **stupirsi** – **stupito** [stu'pi:re – stu'pirsi – stu'pi:to]	**(er)staunen – erstaunt, verblüfft**
Ciò non mi stupisce.	Das erstaunt mich nicht.
passione *f* [passi'o:ne]	**Leidenschaft**
Lui fa il suo lavoro con passione.	Er macht seine Arbeit mit Leidenschaft.
vergogna [ver'go:ɲa]	**Schande**
È una vergogna come ti comporti!	Es ist eine Schande, wie du dich benimmst!
punto di vista ['punto di 'vista]	**Ansicht, Meinung, Standpunkt**
Dal mio punto di vista non vale nemmeno la pena parlarne.	Meiner Meinung nach ist das nicht einmal der Rede wert.
umore *m* [u'mo:re]	**Laune**
(Lui) era di buon/cattivo umore.	Er hatte gute/schlechte Laune.
bisogno [bi'zo:ɲo]	**Bedürfnis; Drang**
Avrei un bisognino!	Ich muss mal austreten!
amore *m* – **amare** [a'mo:re – a'ma:re]	**Liebe – lieben**
Amo l'opera lirica italiana.	Ich liebe die italienische Oper.
innamorato [innamo'ra:to]	**verliebt**
Lo sapevi che Fausto è innamorato di Rita?	Wusstest du, dass Fausto in Rita verliebt ist?
tenero ['tɛ:nero]	**zart, zärtlich**
Che tenero che sei!	Bist du aber zärtlich!
volere bene [vo'le:re 'bɛ:ne]	**lieb haben; mögen**
Voglio molto bene a mia moglie.	Ich habe meine Frau sehr lieb.
cordiale [kordi'a:le]	**herzlich**
Il nostro rapporto è molto cordiale.	Unser Verhältnis ist sehr herzlich.
dispiacere [dispia'tʃe:re]	**Leid tun; ausmachen**
Mi dispiace di aver fatto tardi.	Es tut mir Leid, dass es so spät geworden ist.
Le dispiacerebbe spostarsi un po'?	Würde es Ihnen etwas ausmachen, ein wenig zu rücken?
piacere [pia'tʃe:re]	**mögen; gern haben; Freude; Genuss**
Il vino non mi piace.	Ich mag keinen Wein.

godere [go'de:re]	**genießen**
Godo molto della tua compagnia.	Ich bin sehr gern mit dir zusammen.
affascinare [affaʃi'na:re]	**faszinieren**
adorare [ado'ra:re]	**anbeten / schwärmen**
Lei adora Verdi.	Sie schwärmt für Verdi.
desiderio – **desiderare** [dezi'dɛ:rio – dezide'ra:re]	**Wunsch / Begehren – wünschen, mögen / begehren**
Desidera un altro caffè?	Mögen Sie noch einen Kaffee?
nostalgia [nostal'dʒi:a]	**Sehnsucht; Heimweh**
Quanta nostalgia di casa che ho!	Hab' ich ein Heimweh!
interesse *m* – **interessante** [inte'rɛsse – interes'sante]	**Interesse – interessant**
(Lui) lo legge con grande interesse.	Er liest es mit großem Interesse.
noia – **noioso** ['nɔ:ia – noi'o:so]	**Langeweile – langweilig**
Ti sconsiglio questo libro: è noioso.	Ich rate dir von diesem Buch ab: es ist langweilig.
Che noia queste riunioni!	Sind diese Meetings nervig!
annoiarsi [annoi'arsi]	**sich langweilen**
stancare [staŋ'ka:re]	**ermüden; leid sein**
I suoi continui consigli mi hanno stancato.	Ich habe seine ständigen Ratschläge satt.
allegria [alle'gri:a] – **allegro** [al'le:gro]	**Fröhlichkeit – fröhlich; heiter**
È una persona allegra.	Sie ist ein fröhlicher Mensch.
tristezza [tris'tettsa]	**Traurigkeit**
triste ['triste]	**traurig**
Sono triste di dover partire.	Ich bin traurig, dass ich abreisen muss.
disperato [dispe'ra:to]	**verzweifelt; hoffnungslos**
Sono disperata: mi hanno rubato la macchina!	Ich bin verzweifelt: Mein Auto ist gestohlen worden!
solo ['so:lo]	**allein, einsam**
Senza la mia famiglia mi sento solo.	Ohne meine Familie fühle ich mich einsam.
(in)felice [fe'li:tʃe]	**(un)glücklich**
È felice come una pasqua.	Er / Sie freut sich wie ein Schneekönig.
felicità [felitʃi'ta]	**Glück**
lieto [li'ɛ:to]	**froh; erfreut**
Molto lieto di fare la Sua conoscenza.	Sehr erfreut, Sie kennen zu lernen.
(s)piacevole [(s)pia'tʃe:vole]	**(un)angenehm, (un)erfreulich**

Edoardo è una persona piacevole.	Edoardo ist ein angenehmer Zeitgenosse.
preferire [prefe'ri:re]	(es) **vorziehen**
Preferisco i CD-ROM ai libri.	Ich ziehe CD-ROMs Büchern vor.
sopportare [soppor'ta:re]	**ertragen; leiden können**
Non lo sopporto.	Ich kann ihn nicht leiden.
non **poter soffrire** [po'te:r soff'ri:re]	nicht **ausstehen** können
Non lo posso soffrire.	Ich kann ihn nicht ausstehen.
accettare – tollerare [attʃet'ta:re – tolle'ra:re]	**sich abfinden mit – sich gefallen lassen**
odiare – odio [odi'a:re / 'ɔ:dio]	(es) **hassen – Hass**
Odio far tutto alla svelta.	Ich hasse es, wenn ich hetzen muss.
rabbia ['rabbia]	**Ärger, Wut, Zorn**
arrabbiarsi [arrabbi'arsi]	**zornig / wütend werden**
Il capo si arrabbia per ogni nonnulla.	Der Chef ärgert sich über jede Kleinigkeit.
arrabbiato [arrabbi'a:to]	**zornig, wütend; böse, sauer**
Perché sei arrabbiato con me?	Warum bist du sauer auf mich?
contrariato [kontrari'a:to]	**verärgert**
Sembri contrariato. Cos'è successo?	Du wirkst verärgert. Was ist los?
(s)contento [(s)kon'tɛnto]	**(un)zufrieden**
Spero che Lei sia contento del mio lavoro.	Ich hoffe, dass Sie mit meiner Arbeit zufrieden sind.
soddisfazione *f* [soddisfatsi'o:ne]	**Befriedigung; Genugtuung**
soddisfatto [soddis'fatto]	**befriedigt; zufrieden**
Sei finalmente soddisfatto?	Bist du nun endlich zufrieden?
entusiasmo [entuzi'azmo]	**Begeisterung, Enthusiasmus**
Se la gente è motivata, lavora con entusiasmo.	Wenn die Leute motiviert sind, arbeiten sie mit Begeisterung.
entusiasta [entuzi'asta]	**begeistert**
Sono veramente entusiasta di questo compito!	Ich bin wirklich begeistert von dieser Aufgabe!
far piacere ['far pia'tʃe:re]	**(sich) freuen**
Mi fa piacere che tu abbia trovato lavoro.	Ich freue mich, dass du eine Arbeit gefunden hast.
deluso [de'lu:so]	**enttäuscht**
delusione *f* [deluzi'o:ne]	**Enttäuschung**
Che delusione questo ristorante!	Was für eine Enttäuschung, dieses Restaurant!
offendersi [of'fɛndersi]	**beleidigt sein**
Non ti offendere, l'ho detto per scherzo!	Sei nicht beleidigt, das hab' ich zum Spaß gesagt!

sperare – **speranza** [spe'ra:re – spe'rantsa]	**hoffen – Hoffnung**
Spero che le piaccia.	Hoffentlich gefällt es ihr.
Si è rotto? – Spero di no.	Ist es kaputt gegangen? – Ich hoffe nicht.
disperazione *f* – **disperare** [disperatsi'o:ne – dispe'ra:re]	**Verzweiflung – verzweifeln**
Questo compito mi fa disperare!	Diese Aufgabe treibt mich zur Verzweiflung!
commovente [kommo'vɛnte]	**rührend; bewegend; ergreifend**
un momento commovente	ein bewegender Augenblick
commuovere [kommu'ɔ:vere]	**bewegen, ergreifen, rühren**
Quel film mi ha commosso.	Dieser Film hat mich ergriffen.
pregiudizio – **prevenuto** [predʒu'ditsio – preve'nu:to]	**Vorurteil – voreingenommen**
pregiudizi contro gli stranieri	Vorurteile gegen Ausländer
sentimentale [sentimen'ta:le]	**sentimental**
un romanzo sentimentale	ein sentimentaler Roman
orgoglioso – **orgoglio** [orgo'ʎo:so – or'gɔʎo]	**stolz – Stolz**
È molto orgoglioso dei suoi figli.	Er ist sehr stolz auf seine Kinder.
fiero [fi'ɛ:ro]	**stolz**
Sono molto fiero di te!	Ich bin sehr stolz auf dich!
geloso – **gelosia** [dʒe'lo:so – dʒelo'si:a]	**eifersüchtig** (auf) – **Eifersucht**
Sei geloso(-a) di lui?	Bist du eifersüchtig auf ihn?
invidia – **invidiare** [in'vi:dia – invidi'a:re]	**Neid – beneiden**
Ti invidio per questo lavoro.	Ich beneide dich um diesen Job.
disprezzo – **disprezzare** [disp'rɛttso – dispre'ttsa:re]	**Verachtung – verachten**
pentirsi di [pen'tirsi di]	**bereuen**
Ti penti di quello che hai fatto?	Bereust du das, was du getan hast?
ridere ['ri:dere]	**lachen**
Perché ridi?	Warum lachst du?
sorridere [sor'ri:dere]	**(an)lächeln**
Hai visto? Mi ha sorriso!	Hast du gesehen? Sie hat mich angelächelt.
sorriso [sor'ri:so]	**Lächeln**
Dai, regalami un sorriso!	Komm', schenk' mir ein Lächeln!
piangere – **gridare** [pi'andʒere – gri'da:re]	**weinen – schreien**
Senti: il bimbo piange!	Hör doch mal: Das Baby weint!

1.9 Moralità e immoralità
Moral und Unmoral

morale *f* [mo'ra:le]	**die Moral; die Lehre**
(im)morale [(im)mo'ra:le]	**(un)moralisch / (un)sittlich**
il bene – il male [il 'bɛ:ne – il 'ma:le]	**das Gute – das Schlechte / Böse**

Wie drückt man „gut" und „schlecht" aus?
buono Adjektiv [bu'ɔ:no] (= gut) • *cattivo* Adjektiv [kat'ti:vo] (= schlecht) • *migliore* [mi'ʎo:re] (= besser) • *peggiore* [ped'dʒo:re] (= schlimmer; schlechter) • *ottimo* ['ɔttimo] (= sehr gut, ausgezeichnet) • *pessimo* ['pɛssimo] (= sehr schlecht)
È un ottimo / pessimo ristorante, (non) te lo consiglio. (= Das ist ein ausgezeichnetes / mieses Restaurant, ich empfehle es dir (nicht).)

bene Adverb ['bɛ:ne] (= gut) • *male* Adverb ['ma:le] (= schlecht) • *meglio* ['mɛ:ʎo] (= besser) • *peggio* ['pɛddʒo] (= schlechter, schlimmer) • *benissimo* [be'nissimo] (= sehr gut; bestens) • *malissimo* [ma'lissimo] (= sehr, ganz schlecht)
Peggio non può diventare. (Schlimmer kann's nicht werden).

giusto – **corretto** ['dʒusto – kor'rɛtto]	**richtig / recht – korrekt**
Hai fatto la cosa giusta.	Du hast richtig / recht gehandelt.
falso ['falso]	**falsch**
una persona falsa	heuchlerische Person
sbagliato [zba'ʎa:to]	**falsch; unrichtig; Fehl-**
Questa risposta è sbagliata.	Diese Antwort ist verkehrt.
avere ragione / torto [a've:re ra'dʒo:ne / 'tɔrto]	**Recht / Unrecht haben**
In questo hai ragione!	Da hast du Recht!
coscienza – coscienzioso [ko'ʃɛntsa – koʃentsi'o:so]	**Gewissen – gewissenhaft**
ideale *m* [ide'a:le]	**Ideal; ideal**
qualità [kuali'ta]	(positive) **Eigenschaft**
(Lei) ha molte qualità.	Sie hat viele gute Eigenschaften.
(in)giustizia [(in)dʒus'titsia]	**(Un)Gerechtigkeit**
(in)giusto [(in)'dʒusto]	**(un)gerecht**
Questo lo trovo ingiusto.	Das finde ich ungerecht.
vergognarsi [vergo'ɲarsi]	**sich schämen**
Vergognati!	Schäm dich!

1.10 Mente e intelletto
Geist und Verstand

spirito – mente *f* ['spi:rito – 'mente]	**Geist; Sinn**
un uomo di spirito	ein geistreicher Mann
Ti ricordi il nome di quel tale? – No, non mi viene in mente.	Erinnerst du dich an den Namen von dem Typen? – Nein, er fällt mir nicht ein.
mentale [men'ta:le]	**geistig; psychisch**
Soffre di disturbi mentali.	Er leidet unter Geistesstörungen.
intelletto – cervello [intel'lɛtto – tʃer'vɛllo]	**Verstand**
Usa il tuo cervello!	Benutz' deinen Verstand!
buon senso [bu'ɔn 'sɛnso]	**gesunder Menschenverstand**
Paolo manca di buon senso.	Paolo mangelt es an gesundem Menschenverstand.
ragione *f* [ra'dʒo:ne]	**Geist; Vernunft, Verstand; Grund**
ridurre qualcuno alla ragione	jemanden zur Vernunft bringen
Ha dovuto licenziarsi per ragioni di salute.	Er hat aus gesundheitlichen Gründen kündigen müssen.
ragionare [radʒo'na:re]	**(logisch) denken**
Ragiona un po'!	Denk doch mal nach!
ragionevole [radʒo'ne:vole]	**vernünftig**
prezzi ragionevoli	vernünftige Preise
intelligenza [intelli'dʒɛntsa]	**Intelligenz**
intelligente [intelli'dʒɛnte]	**intelligent**
Ritengo molto intelligente tua figlia.	Ich halte deine Tochter für sehr intelligent.
ritenere [rite'ne:re]	**halten für**
figurarsi [figu'rarsi]	**sich vorstellen**
Simpatico il tuo fidanzato, ma me lo figuravo più snello.	Nett, dein Verlobter, aber ich hatte ihn mir schlanker vorgestellt.

Die erstarrten Ausrufe *figurati, si figuri* und *figuriamoci* bedeuten soviel wie „gern geschehen", „macht doch nichts" oder „stell' dir vor, stellen Sie sich vor".

immaginazione *f* [immadʒinatsi'o:ne]	**Fantasie, Einbildungskraft**
Non si stimola l'immaginazione dei bambini con i videogiochi.	Man regt die Vorstellungskraft von Kindern mit Videospielen nicht an.

immaginare [immadʒi'na:re] — **sich vorstellen; annehmen**
Immagino la tua sorpresa! — Ich kann mir vorstellen, wie überrascht du warst!
Immagino che abbiate fame! — Ich nehme an, ihr habt Hunger!
immagine *f* [im'ma:dʒine] — **Bild**
impressione *f* [impressi'o:ne] — **Eindruck**
La prima impressione non inganna. — Der erste Eindruck trügt nicht.
idea [i'dɛ:a] — **Idee; Ahnung; Vorstellung**
Che bella idea! — Was für eine schöne Idee!
Non hai idea di come sia cambiato Marcello! — Du hast keine Ahnung, wie sehr sich Marcello verändert hat!
parere *m* [pa're:re] — **Meinung, Ansicht**
Qual è il Suo parere in merito? — Welche Meinung haben Sie dazu?
concentrazione *f* [kontʃentratsi'o:ne] — **Konzentration**
Ogni tanto mi manca la concentrazione. — Manchmal fehlt es mir an Konzentration.
memoria [me'mɔ:ria] — **Gedächtnis, Erinnerung**
Ogni tanto imparo a memoria una poesia. — Ab und an lerne ich ein Gedicht auswendig.
ricordare [rikor'da:re] — **(sich) erinnern**
Adesso non ricordo! — Ich kann mich gerade nicht erinnern!
ricordarsi [rikor'darsi] — **sich erinnern; daran denken**
Ti ricordi di nonno Brando? — Erinnerst du dich an Opa Brando?
Ti ricordi di comprare un vasetto di marmellata? — Denkst du daran, ein Glas Marmelade zu kaufen?
dimenticare [dimenti'ka:re] — **vergessen**
Cielo, ho dimenticato la marmellata! — Himmel, ich habe die Marmelade vergessen!
riflessione *f* [riflessi'o:ne] — **Überlegung; Nachdenken**
riflettere [ri'flɛttere] — **nachdenken, sich überlegen**
Fammi riflettere un attimo! — Lass' mich einen Augenblick lang nachdenken!
pensiero [pensi'ɛ:ro] — **Gedanke**
Che gentile pensiero! — Was für ein netter Gedanke!
pensare [pen'sa:re] — **denken; glauben; meinen**
Penso di sì / di no. — Ich denke schon / nicht.
Penso che sarò di ritorno verso le otto. — Ich glaube, dass ich gegen acht zurück sein werde.
Penso che questo sia il tono sbagliato. — Ich meine, dass das der verkehrte Ton ist.
pensarci [pen'sartʃi] — **denken; nachdenken, sich überlegen**

Non ci penso neanche!	Ich denk' ja nicht daran!
Ci ho pensato a lungo, ma non so decidermi.	Ich habe lange darüber nachgedacht, aber ich kann mich nicht entscheiden.
sapere [sa'pe:re]	**können; wissen**
Sai come si fa partire questo aggeggio?	Weißt du, wie man dieses Ding zum Laufen bringt?
Non so nuotare.	Ich kann nicht schwimmen.
capire [ka'pi:re]	**begreifen; verstehen**
Non ho capito bene l'ultima parola.	Ich habe das letzte Wort nicht richtig verstanden.
comprendere [kom'prɛndere]	**verstehen**
Non comprendo il suo modo di agire.	Ich verstehe seine Verhaltensweise nicht.
prendere in considerazione ['prɛndere in konsideratsi'o:ne]	**in Erwägung ziehen**
Ha mai preso in considerazione di cambiare posto di lavoro?	Haben Sie je in Erwägung gezogen, Ihren Arbeitsplatz zu wechseln?
considerare [konside'ra:re]	**abwägen; berücksichtigen, bedenken**
bisogna considerare che ...	man muss bedenken, dass ...
accorgersi [ak'kɔrdʒersi]	**bemerken**
Ti sei accorto che i vicini hanno una nuova moto?	Hast du bemerkt, dass die Nachbarn ein neues Motorrad haben?
interessarsi [interes'sarsi]	**sich interessieren**
Di che cosa ti interessi?	Für was interessierst du dich?
chiedersi / domandarsi [ki'e:dersi / doman'darsi]	**sich fragen**
Mi chiedo se io non abbia torto.	Ich frage mich, ob ich nicht Unrecht habe.
confusione *f* [konfuzi'o:ne]	**Durcheinander; Unordnung**
Dai, non fare confusione: La prozia si chiama Rosa.	Bring' nichts durcheinander: Die Großtante heißt Rosa.
confondere [kon'fondere]	**verwirren, verwechseln**
Con la tua domanda lo hai confuso.	Mit deiner Frage hast du ihn durcheinander gebracht.
Scusi, l'ho confusa con una mia conoscente.	Entschuldigen Sie, ich habe Sie mit einer Bekannten verwechselt!
capace [ka'pa:tʃe]	**fähig**
furbo ['furbo]	**schlau, clever**
Spesso le persone capaci sono anche furbe.	Oft sind fähige Leute auch clever.

1.11 Lingua e mezzi d'espressione
Sprache und Ausdrucksmittel

lingua ['liŋgua] — **Sprache**
Quante lingue parli? — Wie viele Sprachen sprichst du?
espressione *f* [espressi'o:ne] — **Ausdruck**
Non conosco questa espressione. — Ich kenne diesen Ausdruck nicht.
alfabeto [alfa'bɛ:to] — **Alphabet**
Nell'alfabeto italiano manca la lettera "kappa". — Im italienischen Alphabet fehlt der Buchstabe „ka".
parola [pa'rɔ:la] — **Wort**
femminile [femmi'ni:le] — **weiblich**
maschile [mas'ki:le] — **männlich**
La parola "moto" è maschile o femminile? – È femminile. — Ist das Wort „moto" männlich oder weiblich? – Es ist weiblich.
singolare *m* [siŋgo'la:re] — **Singular, Einzahl**
plurale *m* [plu'ra:le] — **Plural, Mehrzahl**
Com'è il plurale di "la città"? – È "le città". — Wie lautet der Plural von „die Stadt"? – Er lautet „die Städte".
grammatica [gram'ma:tika] — **Grammatik**
Senza grammatica non si può parlare una lingua. — Ohne Grammatik kann man keine Sprache sprechen.
frase *f* ['fra:ze] — **Satz**
sostantivo [sostan'ti:vo] — **Substantiv**
verbo ['vɛrbo] — **Verb**
aggettivo [addʒet'ti:vo] — **Adjektiv**
avverbio [av'vɛrbio] — **Adverb**

Nella frase "in quella suggestiva locanda si mangia bene" "locanda" è un sostantivo, "mangia" è un verbo, "suggestiva" è un aggettivo e "bene" è un avverbio. (= In dem Satz "In diesem reizenden Gasthof isst man gut" ist „Gasthof" ein Substantiv, „isst" ein Verb, „reizend" ein Adjektiv und „gut" ein Adverb.)

pronuncia [pro'nuntʃa] — **Aussprache**
La tua pronuncia è perfetta. — Deine Aussprache ist perfekt.
perfetto [per'fɛtto] — **perfekt, vollkommen**
pronunciare [pronun'tʃa:re] — **aussprechen**
Come si pronuncia la parola „gnocchi"? — Wie spricht man das Wort "gnocchi" aus?
accento [at'tʃɛnto] — **Akzent**
senza accento — akzentfrei

esprimere – esprimersi [es'pri:mere – es'pri:mersi]	**ausdrücken – sich ausdrücken**
Ti esprimi già molto bene.	Du drückst dich schon sehr gut aus.
opinione *f* [opini'o:ne]	**Meinung**
Non vuoi esprimere anche la tua opinione?	Willst du deine Meinung nicht auch zum Ausdruck bringen?
conversazione *f* [konversatsi'o:ne]	**Gespräch**
È sgarbato escludere qualcuno da una conversazione.	Es ist unhöflich, jemanden von einem Gespräch auszuschließen.
parlare [par'la:re]	**sprechen**
Parla per caso il tedesco?	Sprechen Sie zufällig Deutsch?
dire ['di:re]	**sagen**
Come si dice in italiano?	Wie sagt man auf Italienisch?
bugia [bu'dʒi:a]	**Lüge**
Non bisogna dire bugie.	Man darf nicht lügen.
mentire [men'ti:re]	**lügen**
Mi hai mentito!	Du hast mich angelogen!
bugiardo(-a) [bu'dʒardo]	**Lügner(in) – verlogen**
È un maledetto bugiardo.	Er ist ein verdammter Lügner.
essere d'accordo ['ɛssere dak'kɔrdo]	**einverstanden sein**
mettersi d'accordo ['mettersi dak'kɔrdo]	**sich einigen**
mettersi d'accordo su ...	sich auf ... einigen
chiacchierare [kiakkie'ra:re]	**sich unterhalten, plaudern**
fare quattro chiacchiere ['fa:re ku'attro ki'akkiere]	**sich unterhalten, plaudern**
Ieri sera abbiamo fatto quattro chiacchiere in piazza.	Gestern Abend haben wir uns auf der Piazza unterhalten.
chiacchiere *fpl* [ki'akkiere]	**Gerede**
Gigi e Magda divorziano? – Ma sono chiacchiere!	Gigi und Magda lassen sich scheiden? – Das ist doch bloß Gerede!
pettegolezzo [pettego'lettso]	**Klatsch**
In estate i giornali sono pieni di pettegolezzi.	Im Sommer sind die Zeitungen voller Klatsch und Tratsch.
domandare / chiedere [doman'da:re / ki'e:dere]	**fragen**
Deve chiedere all'autista.	Da müssen Sie den Fahrer fragen.
rispondere [ris'pondere]	**antworten**
Tu rispondi subito alle lettere?	Beantwortest du Briefe gleich?
risposta [ris'posta]	**Antwort**
La mia risposta è no.	Meine Antwort lautet nein.
intendere [in'tɛndere]	**meinen**

Cosa intendi dire con ciò?	Was meinst du damit?
raccontare [rakkon'ta:re]	**erzählen**
Adesso ti racconto una barzelletta.	Jetzt erzähle ich dir einen Witz.
dichiarare [dikia'ra:re]	**erklären**
Il direttore ha dichiarato che gli affari vanno bene.	Der Direktor hat erklärt, dass die Geschäfte gut gehen.
spiegare [spiega:re]	**erklären**
Mi spieghi il significato di questa parola?	Erklärst du mir die Bedeutung dieses Wortes?
avere ragione [a've:re ra'dʒo:ne]	**Recht haben**
Va bene, hai ragione.	Na schön, du hast Recht.
avere torto [a've:re 'tɔrto]	**Unrecht haben**
Secondo me hai torto.	Meiner Meinung nach hast du Unrecht.
urlare [ur'la:re]	**schreien**
Non devi urlare, ti sento molto bene.	Du brauchst nicht zu schreien, ich höre dich sehr wohl.
strillare [stril'la:re]	**schreien**
Vai a guardare che il bimbo strilla?	Schaust du mal nach? Das Kind schreit.
sussurrare [sussur'ra:re]	**flüstern**
Mi ha sussurrato qualcosa all'orecchio.	Sie hat mir etwas ins Ohr geflüstert.
voce *f* ['vo:tʃe]	**Stimme**
Hai proprio una "voce da telefono"!	Du hast wirklich eine Telefonstimme!
meritare [meri'ta:re]	**verdienen**
La tua decisione merita rispetto.	Deine Entscheidung verdient Respekt.
ovvio ['ɔvvio]	**offensichtlich; klar**
È ovvio che ci ha fregati.	Es ist klar, dass er uns reingelegt hat.
stupendo [stu'pɛndo]	**herrlich; wunderbar; toll**
Che giornata stupenda!	Was für ein herrlicher Tag!
magnifico [ma'ɲi:fiko]	**herrlich; toll; super**
Magnifico! Allora vengo.	Toll! Dann komme ich.
meraviglioso [meravi'ʎo:so]	**wunderbar, wunderschön**
Che paesaggio meraviglioso!	Was für eine wunderschöne Landschaft!
terribile [ter'ri:bile]	**schrecklich, furchtbar**
Ma è terribile!	Aber das ist ja schrecklich!
dannato [dan'na:to]	**verdammt**
Dannati vocaboli!	Verdammte Vokabeln!

1.12 Rapporti umani
Menschliche Beziehungen

rapporti *mpl* [rap'pɔrti]	**Beziehungen**
Sono in buoni rapporti con lui.	Ich stehe gut mit ihm.
relazione *f* [relatsi'o:ne]	**Beziehung**
le sue relazioni con gli uomini	ihre Beziehungen zu Männern
frequentare [frekuen'ta:re]	**Umgang haben**
frequentare gli amici	mit Freunden Umgang haben
andare d'accordo [an'da:re dak'kɔrdo]	**auskommen; sich verstehen**
(Lei) va d'accordo con lui.	Sie kommt gut mit ihm aus.
intendersi [in'tɛndersi]	**sich verstehen; auskommen**
intendersi ad occhi chiusi	sich blind verstehen
folla ['fɔlla]	**(Menschen)Menge**
la folla davanti allo sportello	die Menschenmenge vor dem Schalter
gruppo ['gruppo]	**Gruppe**
tutti i membri del gruppo	alle Mitglieder der Gruppe
classe *f* ['klasse]	**Klasse**
Frequentavamo la stessa classe.	Wir waren in derselben Klasse.
club *m* / **circolo** ['klub / 'tʃirkolo]	**Klub; Verein**
iscriversi a un club	sich bei einem Klub anmelden
coppia ['kɔppia]	**Paar**
Loro due sono una bella coppia.	Die beiden sind ein schönes Paar.
(avere) **in comune** [in ko'mu:ne]	**gemein** (haben)
Hanno molto in comune.	Sie haben viel gemein.
membro ['membro]	**Mitglied**
per soli membri	Nur für Mitglieder
socio(-a) ['sotʃo]	**Partner(in)**
capo – **direzione** *f* ['ka:po – diretsi'o:ne]	(An-)**Führer(in)** – **Führung**
amico(-a) [a'mi:ko]	**Freund(in)**
Sono molto amici.	Sie sind eng befreundet.
ragazzo – **ragazza** [ra'gattso]	**Freund** – **Freundin**
(Lui) non ha una ragazza fissa.	Er hat keine feste Freundin.
bacio ['ba:tʃo]	**Kuss**
Dai il bacio della buonanotte al papà e poi a letto!	Gib' dem Papa den Gutenachtkuss und dann ab ins Bett!
baciare [ba'tʃa:re] – **baciarsi** [ba'tʃarsi]	**küssen** – **sich küssen**
Vedi quei due? Si baciano tutto il giorno!	Siehst du die beiden? Die küssen sich den lieben langen Tag!

amicizia [ami'tʃitsia]	**Freundschaft**
un'amicizia intima/cordiale	eine enge/herzliche Freundschaft
fare amicizia ['fa:re ami'tʃi:tsia]	**sich anfreunden**
Ho fatto amicizia con un simpatico veronese.	Ich habe mich mit einem netten Veroneser angefreundet.

Die verschiedenen Bedeutungen von *„compagno"* [kom'pa:ɲo]
compagno(-a) (= Kamerad, Gefährte, Kumpel) • *compagno(a) di giochi / di scuola* [di 'dʒɔ:ki / di sku'ɔ:la] (= Spiel-, Schulkamerad(in)) • *compagno(a) di vita* [di 'vi:ta] (= Lebensgefährte(-tin))

compagnia [kompa'ɲi:a]	**Gesellschaft**
(Lei) gli fa compagnia.	Sie leistet ihm Gesellschaft.
conoscenza – **conoscente** *m/f* [kono'ʃɛntsa – kono'ʃɛnte]	**Bekanntschaft** – **Bekannte(r)**
Piacere di fare la Sua conoscenza!	Erfreut, Sie kennen zu lernen!
Lei è una mia conoscente.	Sie ist eine Bekannte von mir.
conoscere – **conoscersi** [ko'noʃʃere – ko'noʃʃersi]	**(sich) kennen (lernen)**
Ci siamo conosciuti durante la guerra.	Wir lernten uns im Krieg kennen.

Wenn Nomina auf *-ante* und *-ente* Personen bezeichnen, wird ihr grammatisches Geschlecht durch das natürliche Geschlecht bestimmt:
il cantante (= der Sänger) – *la cantante* (= die Sängerin),
il conoscente (= der Bekannte) – *la conoscente* (= die Bekannte).

vicino(-a) [vi'tʃi:no]	**Nachbar(in)**
I nostri vicini sono molto gentili.	Unsere Nachbarn sind sehr nett.
stretto ['stretto]	**nahe; eng**
(Lei) è una mia amica stretta.	Sie ist eine enge Freundin von mir.
appoggiare [appod'dʒa:re]	**unterstützen**
Loro ci hanno sempre appoggiati.	Sie haben uns stets unterstützt.
collaborazione *f* – **collaborare** [kollaboratsi'o:ne – kollabo'ra:re]	**Zusammenarbeit** – **zusammenarbeiten**
accordo – **disaccordo** [ak'kɔ:rdo – dizak'kɔ:rdo]	**Einvernehmen** – **Uneinigkeit**
D'accordo?	Einverstanden?
conflitto [konf'litto]	**Konflikt**
venire a conflitto	in Streit/Konflikt geraten
lite *f* – **litigare** ['li:te – liti'ga:re]	**Streit** – **sich streiten**

Loro litigavano spesso.	Sie stritten sich oft.
ostile – ostilità [os'ti:le – ostili'ta]	**feindselig – Feindseligkeit**
nemico(-a) [ne'mi:ko]	**Feind(in)**
avversario(-a) [avver'sa:rio]	**Gegner(in)**
concorrente *m/f* [koŋkor'rɛnte]	**Konkurrent(in); Bewerber(in)**
Ci sono molti concorrenti per quel posto.	Es gibt viele Bewerber für den Posten.
contatto [kon'tatto]	**Kontakt, Verbindung**
Dobbiamo restare in contatto.	Wir müssen in Kontakt bleiben.
discussione *f* – **discutere** [diskussi'o:ne – dis'ku:tere]	**Diskussion – diskutieren**
Dobbiamo discuterne/parlarne.	Wir müssen uns darüber unterhalten.
contare su [kon'ta:re su]	**zählen auf, sich verlassen auf**
Conto su di te!	Ich zähle auf dich!
fidarsi di [fi'darsi di]	**vertrauen**
È meglio non fidarsi di lui.	Ihm vertraut man besser nicht.
fiducia [fi'du:tʃa]	**Vertrauen**
Ho fiducia in te.	Ich vertraue dir.
imbrogliare [imbro'ʎa:re]	**betrügen**
Guarda bene lo scontrino. Mi hanno già imbrogliato.	Sieh' dir den Bon genau an. Ich bin schon betrogen worden.
influenza [influ'ɛntsa]	**Einfluss**
I media esercitano una grande influenza sulla gente.	Die Medien üben einen großen Einfluss auf die Leute aus.
influenzare [influen'tsa:re]	**beeinflussen**
Se non si accende la tv non ci si fa influenzare.	Wenn man den Fernseher nicht anmacht, wird man nicht beeinflusst.
informare [infor'ma:re]	**informieren, mitteilen**
Dobbiamo informarLa che ...	Wir müssen Ihnen mitteilen, dass ...
informarsi [infor'marsi]	**sich informieren**
Ti puoi informare in Internet.	Du kannst dich im Internet informieren.
insultare [insul'ta:re]	**beschimpfen, beleidigen**
Attenzione, non insultarlo che è molto permaloso!	Vorsicht, beschimpf' ihn nicht, er ist sehr nachtragend!
offendere [of'fɛndere]	**beleidigen**
Non intendevo offenderti.	Ich wollte dich nicht beleidigen.
minacciare ['minattʃa:re]	**bedrohen, drohen**
Ha minacciato di tornare.	Er hat damit gedroht, wiederzukommen.

onore *m* [o'no:re]	**Ehre**
Ti do la mia parola d'onore.	Ich gebe dir mein Ehrenwort.
perdonare [perdo'na:re]	**verzeihen**
La sua ragazza lo ha perdonato.	Seine Freundin hat ihm verziehen.
persuadere [persua'de:re]	**überreden**
Mi sono fatto persuadere a comprare questa cretinata.	Ich habe mich dazu überreden lassen, diesen Schwachsinn zu kaufen.
prendere per ['prendere per]	**(irrtümlich) halten für, verwechseln mit**
Ah, è un borsellino? L'avrei preso per un portachiavi.	Ach, das ist eine Geldbörse? Ich hätte es für ein Schlüsseletui gehalten.
scambiare per [skambi'a:re per]	**verwechseln mit**
Mi scusi, l'ho scambiata per una mia conoscente.	Entschuldigen Sie, ich habe Sie für eine Bekannte gehalten.
promettere [pro'mettere]	**versprechen**
Lui mi ha promesso di scrivere.	Er hat mir versprochen zu schreiben.
rendere ['rɛndere]	**zurückgeben**
Quando pensi di rendermi i miei 200 euro?	Wann gedenkst du, mir meine 200 Euro zurückzugeben?
gesto ['dʒɛsto]	**Geste**
Che bei fiori! Che gesto gentile!	Was für schöne Blumen! Was für eine nette Geste!
complimento [kompli'mento]	**Kompliment**
I miei complimenti allo chef!	Mein Kompliment an den Küchenchef!
convincere [kon'vintʃere]	**überzeugen**
favore *m* [fa'vo:re]	**Gefallen**
Mi potrebbe fare un favore?	Könnten Sie mir einen Gefallen tun?
dar fastidio ['dar fas'ti:dio]	**stören**
Do fastidio? – No, entri pure.	Störe ich? – Nein, kommen Sie nur herein.
imitare [imi'ta:re]	**nachahmen**
Lui sa imitare i versi di molti animali.	Er kann viele Tierstimmen nachahmen.
incoraggiare [iŋkorad'dʒa:re]	**ermutigen**
Bisogna incoraggiare i giovani.	Man muss jungen Leuten Mut machen.
reazione *f* [reatsi'o:ne]	**Reaktion**

provocare [provo'ka:re] — **provozieren, reizen; hervorrufen, verursachen**

Per carità, non provocarlo! È molto irascibile. — Um Himmelswillen, reiz' ihn nicht! Er ist sehr aufbrausend.

rispettare [rispet'ta:re] — **respektieren, achten**

Non tutti rispettano le leggi. — Nicht alle respektieren die Gesetze.

seccare [sek'ka:re] — **stören, belästigen**

Quello lì continua a seccare ... — Der da nervt weiter ...

seguire [segu'i:re] — **folgen**

Bambini, seguite la nonna, qui c'è traffico. — Kinder, folgt der Oma, hier herrscht Verkehr.

ricordare [rikor'da:re] — **erinnern**

Le ricorda che domani ha un appuntamento col parrucchiere? — Erinnern Sie sie daran, dass sie morgen einen Friseurtermin hat?

Seguire ist anders als im Deutschen transitiv, steht also mit Akkusativ; *ricordare* dagegen ist – wieder anders als im Deutschen – intransitiv und steht mit Dativ!

tacere [ta'tʃe:re] — **schweigen**

Chi tace acconsente. — Wer schweigt, stimmt zu.

tesoro [te'zɔ:ro] — **Schatz**

Sei un tesoro! — Du bist ein Schatz!

trattare [trat'ta:re] — **behandeln**

Trattala con delicatezza, è molto suscettibile. — Behandle sie mit Feingefühl, sie ist sehr empfindlich.

Questo libro tratta i temi più svariati. — Dieses Buch behandelt die verschiedensten Themen.

scusa ['sku:za] — **Ausrede; Entschuldigung**

Le chiedo scusa, ma quel posto è mio. — Entschuldigung, aber das ist mein Platz.

Sono tutte scuse! — Das sind alles Ausreden!

scusare [sku'za:re] — **entschuldigen**

scusarsi [sku'zarsi] — **sich entschuldigen**

Wie entschuldigt man sich auf Italienisch?

Vertraulich: *Scusa / Scusami, puoi aiutarmi?* (= Entschuldige, kannst du mir helfen?)

Förmlich Einzahl: *Scusi / Mi scusi, sa che ore sono?* (= Entschuldigen Sie, wissen Sie, wie spät es ist?)

Förmlich Mehrzahl: *Scusate se vi interrompo.* (= Entschuldigen Sie, wenn ich Sie unterbreche.)

1.13 Sessualità
Sexualität

sesso – **sessualità** ['sɛsso – sessuali'ta]	**Geschlecht / Sex – Sexualität**
l'altro sesso	das andere Geschlecht
sessuale [sessu'a:le]	**sexuell; Sexual-; Geschlechts-**
molestie sessuali *fpl*	sexuelle Belästigung
abuso sessuale	sexueller Missbrauch
delitto (a sfondo) sessuale	Sexualverbrechen
sexy ['sɛksi]	**sexuell attraktiv**
maschile / femminile [mas'ki:le / femmi'ni:le]	**männlich / weiblich**
eterosessuale *m / f* [eterosessu'a:le]	**heterosexuell; Heterosexuelle(r)**
omosessuale *m / f* [omosessu'a:le]	**homosexuell; Homosexuelle(r)**
frocio / finocchio / gay ['frɔ:tʃo / fi'nɔkkio / 'gei]	**schwul; Schwule(r)**
lesbica ['lɛzbika]	**lesbisch; Lesbierin / Lesbe**

Ausdrücke für *rapporti sessuali* (= Geschlechtsverkehr)
fare l'amore ['fa:re la'mo:re] *con qualcuno* (= mit jemandem schlafen), *andare a letto con qualcuno, avere un rapporto sessuale con qualcuno* (= mit jemandem ins Bett gehen), *avere una relazione intima con qualcuno* (= mit jemandem intim sein)

eccitare – **eccitazione** *f* [ettʃi'ta:re – ettʃitatsi'o:ne]	(sexuell) **erregen** – **Erregung**
eccitato [ettʃi'ta:to]	**aufgeregt, erregt**
Ma sei tutto eccitato!	Du bist ja ganz erregt!
inibito – **inibizioni** *fpl* [ini'bi:to – inibitsi'o:ne]	**gehemmt** – **Hemmungen**
impotente – **impotenza** [impo'tɛnte – impo'tɛntsa]	**impotent** – **Impotenz**
masturbazione *f* [masturbatsi'o:ne]	**Masturbation; Selbstbefriedigung**
masturbarsi	masturbieren; onanieren
prostituta – **prostituzione** *f* [prosti'tu:ta – prostitutsi'o:ne]	**Prostituierte** – **Prostitution**
ragazza squillo [ra'gattsa sku'illo]	**Callgirl**
ragazzo di vita / marchetta [ra'gattso di 'vi:ta / mar'ketta]	**Strichjunge; Stricher**
bordello / casa di tolleranza [bor'dɛllo / 'ka:za di tolle'rantsa]	**Bordell; Puff**

1.14 Igiene del corpo
Körperpflege

igiene *f* [i'dʒɛ:ne]	**Hygiene**
igiene del corpo	Körperpflege
pulizia [puli'tsi:a]	**Reinlichkeit**
pulizia del viso	Gesichtswäsche
lavarsi [la'varsi]	**sich waschen; sich putzen**
Ti sei lavato(-a) le mani?	Hast du dir die Hände gewaschen?
Ti sei lavato(-a) i denti?	Hast du dir die Zähne geputzt?
dentifricio [dɛnti'fri:tʃo]	**Zahnpasta**
sapone *m* [sa'po:ne]	**Seife**
saponetta	ein Stück Seife
spazzola – spazzolare ['spattsola – spattso'la:re]	**Bürste – bürsten**
spazzola per i capelli	Haarbürste
spazzolino (da denti) [spattso'li:no da 'dɛnti]	**Zahnbürste**
Hai pensato agli spazzolini?	Hast du an die Zahnbürsten gedacht?
bagno ['ba:ɲo]	**Bad / Badezimmer**
Hai fatto il bagno?	Hast du gebadet?
doccia – fare la doccia ['dɔttʃa – 'fa:re la 'dɔttʃa]	**Dusche – sich duschen**
Aspetta che sto facendo la doccia!	Warte, ich dusche gerade!
spugna ['spu:ɲa]	**Schwamm / Frottee**
guanto di spugna (per lavarsi)	Waschlappen
asciugamano – asciugarsi [aʃuga'ma:no – aʃu'garsi]	**Handtuch – sich abtrocknen**
Aspetta un attimo che mi asciugo.	Warte, ich trockne mich nur noch ab.
collutorio [kollu'tɔ:rio]	**Mundwasser**
farsi la barba ['farsi la 'barba]	**sich rasieren**
Lui si fa la barba ogni due giorni.	Er rasiert sich jeden zweiten Tag.
rasoio [ra'so:io]	**Rasierer**
La lametta del rasoio è consumata.	Die Klinge des Rasierers ist abgenutzt.
schiuma da barba ['skiu:ma da 'barba]	**Rasiercreme**
dopobarba *m*	**Rasierwasser** (für nach der Rasur)
shampoo ['ʃampɔ]	**Haarwaschmittel; Haarwäsche**

asciugacapelli *m* [aʃugaka'pelli]	**Haartrockner; Fön**
pettine *m* – **pettinare** ['pɛttine – petti'na:re]	**Kamm – kämmen**
pettinarsi [petti'narsi]	**sich kämmen**
Mi passi il pettine che devo pettinarmi?	Reichst du mir den Kamm? Ich muss mich kämmen.
parrucchiere *m* [parrukki'ɛ:re]	**Friseur**
Vado dal parrucchiere.	Ich gehe zum Friseur.
barbiere *m* [barbi'ɛ:re]	(Herren-)**Friseur**
taglio ['ta:ʎo]	**Schnitt**
Questo taglio ti sta molto bene.	Dieser Schnitt steht dir sehr gut.
farsi tagliare i capelli	sich die Haare schneiden lassen
trucco ['trukko]	**Make-up; Schminke**
Vuole provare con questo trucco?	Wollen sie dieses Make-up ausprobieren?
truccarsi [truk'karsi]	**sich schminken**
truccarsi il viso	sich das Gesicht schminken
struccarsi – togliersi il trucco	sich abschminken

***Alcuni prodotti cosmetici* (= Einige Kosmetika)**
crema ['krɛ:ma] (= Creme) • *crema detergente / idratante* ['krɛ:ma deter'dʒɛnte / idra'tante] (= Reinigungs- / Feuchtigkeitscreme) • *cipria* ['tʃi:pria] (= Gesichtspuder) • *rossetto* [ros'setto] (= Lippenstift) • *rimmel m* ['rimmel] (= Wimperntusche) • *ombretto* [om'bretto] (= Lidschatten) • *fard m* [far] (= Rouge) • *profumo* [pro'fu:mo] (= Parfüm) • *deodorante m* [deodo'rante] (= Deodorant) • *smalto per unghie* ['zmalto per 'uŋgie] (= Nagellack).
Eine *lozione f* [lotsi'o:ne] ist eine Pflegeflüssigkeit für die Haut: *lozione per il corpo* (= Körper), *per il viso* (= Gesicht), *per le mani* (= Hände), *lozione dopobarba* (= Rasierwasser), *lozione solare* (= Sonnenöl) etc.

ovatta [o'vatta]	**Watte**
fazzoletto [fattso'letto]	**Taschentuch**
fazzoletto di carta	Papier- / Tempo™-Taschentuch
soffiare [soffi'a:re]	**blasen;** (Nase) **putzen**
Un attimo che mi soffio il naso.	Augenblick, ich putz' mir die Nase.
assorbente *m* [assor'bɛnte]	(Damen-)**Binde**
carta igienica ['karta i'dʒɛnika]	**Toilettenpapier**
gabinetto [gabi'netto]	**Toilette; Klo**
Laura è al gabinetto.	Laura ist auf dem Klo.

1.15 Morte
Tod

morte *f* ['mɔrte]	**Tod**
Non hai paura della morte?	Hast du keine Angst vor dem Tod?
morire [mo'riːre]	**sterben**
(Lui) è morto di cancro / vecchiaia.	Er starb an Krebs / Altersschwäche.
morto(-a) ['mɔrto]	**tot; Tote(r)**
deceduto / defunto [detʃe'duːto / de'funto]	**verstorben**
la vedova del defunto	die Witwe des Verstorbenen
cadavere *m* [ka'daːvere]	**Leiche**
bara – urna (cineraria) ['baːra – 'urna (tʃine'raːria)]	**Sarg – Urne**
funerale *m* / **sepoltura** [fune'raːle / sepol'tuːra]	**Begräbnis; Beerdigung; Beisetzung**
Sono stato al funerale.	Ich war auf der Beerdigung.
funebre ['funebre]	**Leichen-; Toten-; Trauer-**
carro funebre	Leichenwagen
istituto di pompe funebri	Bestattungsinstitut
cimitero [tʃimi'tɛːro]	**Friedhof**
seppellire [seppel'liːre]	**begraben**
Dove è sepolto?	Wo liegt er begraben?
crematorio	Krematorium
tomba ['tomba]	**Grab**
mortale [mor'taːle]	**sterblich / tödlich**
ferita mortale	tödliche Verletzung
anima ['aːnima]	**Seele**
lutto ['lutto] – essere in lutto	**Trauer** – (be)trauern
suicidio [sui'tʃiːdio]	**Selbstmord; Selbsttötung; Freitod**
(Lei) si è suicidata.	Sie beging Selbstmord.
uccidere / assassinare qualcuno [ut'tʃiːdere / assassi'naːre kual'kuːno]	**jemanden töten / umbringen**
È stato ucciso a colpi d'arma da fuoco.	Er wurde erschossen.
testamento [testa'mento]	**Testament**
la mia ultima volontà	mein letzter Wille
condoglianze *fpl* [kondo'ʎantse]	**Beileid**
Desidero esprimere le più sincere condoglianze a Lei e alla Sua famiglia.	Ich möchte Ihnen und Ihrer Familie mein aufrichtiges Beileid aussprechen.

2.1 Rapporti familiari
Verwandtschaftliche Beziehungen

parente *m/f* [pa'rɛnte]	**Verwandte(r) – verwandt**
(Lei) non è una mia parente.	Sie ist nicht mit mir verwandt.
Ho parenti in America.	Ich habe Verwandte in Amerika.
origine *f* [o'ri:dʒine]	**Herkunft**
Loro sono di origine bavarese.	Sie sind bayerischer Abstammung.
famiglia [fa'mi:ʎa]	**Familie**
Pensiamo di metter su famiglia.	Wir wollen uns jetzt Kinder zulegen.
i miei *mpl* [i mi'ɛ:i]	**meine Leute / Verwandten / Familie**
padre *m* – **madre** *f* ['pa:dre – 'ma:dre]	**Vater – Mutter**
patrigno – matrigna	Stiefvater – Stiefmutter
figlio – **figlia** ['fi:ʎo – 'fi:ʎa]	**Sohn – Tochter**
fratello – **sorella** [fra'tɛllo – so'rɛlla]	**Bruder – Schwester**
Siamo 4 fratelli, due ragazzi e due ragazze.	Wir sind 4 Geschwister, zwei Jungen und zwei Mädchen.

Parenti acquisiti [pa'rɛnti akkui'zi:ti] **(= angeheiratete Verwandte)**
suocero – suocera [su'ɔ:tʃero] (= Schwiegervater, -mutter) • *suoceri* [su'ɔ:tʃeri] (= Schwiegereltern) • *genero* ['dʒɛ:nero] (= Schwiegersohn) • *nuora* [nu'ɔ:ra] (= Schwiegertochter) • *cognato – cognata* [ko'ɲa:to] (= Schwager, Schwägerin)

zio – **zia** [ts'i:o - ts'i:a]	**Onkel – Tante**
gli zii [ʎi ts'i:i]	**Onkel und Tante**
nipote *m/f* [ni'po:te]	**Neffe / Nichte; Enkel(in)**
cugino – **cugina** [ku'dʒi:no]	**Cousin / Vetter – Cousine / Base**
Cinzia è una mia cugina.	Cinzia ist eine Cousine von mir.
nonno – **nonna** ['nɔnno – 'nɔnna]	**Großvater – Großmutter**
nonni *mpl* ['nɔnni]	**Großeltern**
prendersi cura di ['prɛndersi 'ku:ra di]	**sich kümmern um**
Chi si prende cura dei nonni?	Wer kümmert sich um die Großeltern?
ereditare [eredi'ta:re]	**erben**
Ha ereditato una fortuna dai nonni.	Er hat ein Vermögen von seinen Großeltern geerbt.

2.2 Matrimonio e divorzio
Ehe und Ehescheidung

matrimonio [matri'mɔ:nio]	**Ehe; Heirat**
Il matrimonio si è celebrato in chiesa.	Die Hochzeit fand in der Kirche statt.
matrimonio civile	standesamtliche Trauung
matrimonio religioso	kirchliche Trauung
certificato di matrimonio	Trauschein; Heiratsurkunde
Le ha fatto una proposta di matrimonio.	Er machte ihr einen Heiratsantrag.
matrimoniale	**ehelich; Ehe-**
consulente *m/f* matrimoniale	Eheberater(in)
anniversario di matrimonio	Hochzeitstag
sposo – sposa ['spɔ:zo – 'spɔ:za]	**Bräutigam – Braut**
abito da sposa	Hochzeitskleid
fede *f* / **vera** ['fe:de / 'vɛ:ra]	**Trauring; Ehering**
scambiarsi le fedi	die Ringe austauschen
sposare(-arsi) [spo'za:re]	**heiraten; trauen**
Vuoi sposarmi?	Willst du mich heiraten?
Vogliono sposarsi in chiesa.	Sie möchten kirchlich heiraten.
Sono stati sposati dal vescovo.	Sie wurden vom Bischof getraut.
(Lei) è sposata con un artista.	Sie ist mit einem Künstler verheiratet.
Si sono sposati nel 2002.	Sie haben 2002 geheiratet.
Si sono dovuti sposare.	Sie mussten heiraten.
coniugi *mpl* ['kɔ:niudʒi]	**Eheleute; Ehepaar**
coppia di coniugi	Ehepaar
coniugale	ehelich; Ehe-
fidanzato – fidanzata [fidan'tsa:to]	(der) **Verlobte** – (die) **Verlobte**
Si sono appena fidanzati.	Sie haben sich gerade verlobt.
fidanzamento	Verlobung
anello di fidanzamento	Verlobungsring
nozze *fpl* ['nɔttse]	**Trauung; Hochzeit**
nozze d'argento / d'oro	silberne / goldene Hochzeit
festeggiare le nozze d'argento	Silberhochzeit feiern
viaggio di nozze	Hochzeitsreise
luna di miele ['lu:na di mi'ɛ:le]	**Flitterwochen**
In luna di miele gli sposi sono stati a Roma.	Ihre Flitterwochen verbrachten die Neuvermählten in Rom.
ufficio anagrafico [uf'fi:tʃo anag'ra:fiko]	**Standesamt**

testimone *m/f* (di nozze) [testi'mɔ:ne]	**Trauzeuge / Trauzeugin**
marito e moglie [ma'ri:to e 'mo:ʎe]	(Ehe-)**Mann** und (Ehe-)**Frau**
il suo ex marito	ihr Exmann
partner *m/f* – **compagno(-a) di vita** ['partnɛr – kom'pa:ɲo di 'vi:ta]	**Partner(in)** – **Lebensgefährte / -gefährtin**
Marco e la sua compagna	Marco und seine Lebensgefährtin
portare i calzoni [por'ta:re i kal'tso:ni]	**die Hosen anhaben**
È lei a portare i calzoni.	Sie ist es, die die Hosen anhat.
(il)legittimo [(il)le'dʒittimo]	**(nicht)ehelich**
figli legittimi ed illegittimi	eheliche und nichteheliche Kinder
infedeltà [infedel'ta]	**Untreue** (*in Ehe bzw. Partnerschaft*)
fedele – **infedele**	**treu** – **untreu**
Non ti sono mai stato infedele.	Ich bin dir nie untreu geworden.
adulterio [adul'tɛ:rio]	**Ehebruch**
commettere adulterio	Ehebruch begehen
mettere le corna *fpl* al marito / alla moglie ['mettere le 'kɔrna]	dem Ehemann / der Ehefrau **Hörner aufsetzen**
una relazione extraconiugale ['u:na relatsi'one ekstrakoniu'ga:le]	**ein außereheliches (Liebes-)Verhältnis**
Che abbia avuto una relazione con lei?	Ob er wohl ein Verhältnis mit ihr hatte?
amante *m/f* [a'mante]	**Geliebte(r) / Liebhaber**
Sua moglie ha un amante.	Seine Frau hat einen Liebhaber.
donnaiolo [donnai'ɔ:lo]	**Schürzenjäger; Frauenheld**
separarsi [sepa'rarsi]	**sich trennen**
I suoi genitori sono separati.	Ihre / Seine Eltern leben getrennt.
(Lei) vuole separarsi da lui.	Sie will sich von ihm trennen.
separazione *f*	**Trennung**
fallire [fal'li:re]	**in die Brüche gehen; scheitern**
Molti matrimoni falliscono.	Viele Ehen scheitern.
divorzio [di'vɔrtsio]	(Ehe-)**Scheidung**
Valeria ha chiesto il divorzio.	Valeria hat die Scheidung eingereicht.
divorziare [divɔrtsi'a:re]	**sich scheiden lassen**
Riccardo vuole divorziare.	Riccardo will sich scheiden lassen.
(Loro) hanno divorziato.	Sie ließen sich scheiden.
alimenti *mpl* [ali'menti]	**Unterhalt** (nach der Scheidung)
(Lui) deve corrispondere gli alimenti alla ex moglie.	Er muss seiner früheren Frau Unterhalt zahlen.
vedova – **vedovo** ['ve:dova]	**Witwe** – **Witwer**

2.3 Genitori e figli
Eltern und Kinder

genitori *mpl* – **figli** *mpl* [dʒeni'to:ri – 'fi:ʎi] — **Eltern – Kinder**
Molti genitori hanno un figlio e una figlia. — Viele Eltern haben einen Sohn und eine Tochter.
figlio – **figlia** ['fi:ʎo – 'fi:ʎa] — **Sohn / Kind – Tochter**

Dass eine Frau **schwanger** (= *incinta* [in'tʃinta]) ist, kann auf unterschiedliche Weise ausgedrückt werden: *lei aspetta un bambino, lei è in stato interessante. Una futura madre* ist eine werdende Mutter.

nascita ['naʃita] — **Geburt**
dare alla luce un bambino — ein Kind zur Welt bringen
certificato di nascita — Geburtsurkunde
nascere ['naʃere] — **geboren werden**
Dove è nato? — Wo sind Sie geboren?
avvisare [avvi'za:re] — **sagen, benachrichtigen; warnen**
Hanno avvisato la futura madre che dovranno effettuare un taglio cesareo. — Die werdende Mutter ist gewarnt worden, dass ein Kaiserschnitt gemacht werden muss.
gemello(-i / -e) [dʒe'mɛllo] — **Zwilling(e)**
battesimo [bat'te:zimo] — **Taufe**
figlioccio(-a) [fi:'ʎɔttʃo] — **Patenkind**
padrino – **madrina** [pa'dri:no – ma'dri:na] — **Patenonkel – Patentante**

Kosewörter (= *vezzeggiativi*)
Für *padre m* ['pa:dre] (= Vater): *papà – babbo* [pa'pa – 'babbo] (= Papa, Papi).
Für *madre f* ['ma:dre] (= Mutter): *mamma* ['mamma] (= Mama), *mammina* [mam'mi:na] (= Mami).
Für *bambino(-a)* [bam'bi:no] (= Kind): *bimbo – piccolo* ['bimbo – 'pikkolo] (= Kleine), *ragazzo(-a)* [ra'gattso] (= Junge – Mädchen), *tesoro* [te'zɔ:ro] (= Schatz).

dare il biberon ['da:re il bibe'rɔn] — **das Fläschchen geben**
allattare [allat'ta:re] — **stillen**
calmare – **calmarsi** [kal'ma:re – kal'marsi] — **beruhigen – sich beruhigen**

Il bébé piange da mezz'ora. Forse i dentini?	Das Baby weint seit einer halben Stunde. Vielleicht die Zähnchen?
ciuccio ['tʃuttʃo]	**Schnuller**
Ah, ha perso il ciuccio!	Ach, es hat den Schnuller verloren!
pannolino [panno'li:no]	**Windel**
fasciare il bambino	das Baby wickeln
vasetto [va'zetto]	**Töpfchen**
Hai fatto la pupù?	Hast du Aa gemacht?
fare il bagno al bimbo ['fa:re il ba:ɲo]	das Baby **baden**
ninnananna ['ninnananna]	**Wiegenlied; Schlaflied**
storia della buona notte	Gutenachtgeschichte
racconto – raccontare [rak'konto – rak'konta:re]	**Erzählung – erzählen**
Prima di dormire il babbo racconta una fiaba ai bimbi.	Vor dem Schlafen erzählt der Papa den Kleinen ein Märchen.
cura ['ku:ra]	**Obhut; Pflege**
adottare [adot'ta:re]	**adoptieren**
figlio adottivo	ein adoptiertes Kind / Adoptivkind
dare in adozione un bambino	ein Kind zur Adoption freigeben
orfano(-a) – orfanotrofio ['ɔrfano – orfano'trɔ:fio]	**Waise(nkind) – Waisenhaus**
crescere un figlio ['kre:ʃere]	ein Kind **großziehen**
educazione *f* [edukatsi'o:ne]	**Erziehung; Kinderstube**
Ha avuto un'educazione severa.	Er/Sie wurde streng erzogen.
educare [edu'ka:re]	**erziehen; bilden**
Lei è stata educata in casa.	Sie wurde zu Hause unterrichtet.
bisognare [bizo'ɲa:re]	**müssen; nötig sein**
Bisogna educare i figli con amore e pazienza.	Man muss Kinder mit Liebe und Geduld erziehen.
Bisogna che qualcuno prepari la pappa ai bimbi.	Es ist nötig, dass jemand den Kleinen das Happa macht.

Bisognare wird im Sinne von „müssen, erforderlich sein" **nur in der 3. Person Einzahl** gebraucht. Es steht mit einem Infinitiv oder mit der Konjunktion „*che*". Dann ist ein Konjunktiv erforderlich.

ubbidire [ubbi'di:re]	**gehorchen, (be)folgen**
Pierino, mi raccomando, ubbidisci al nonno!	Peterchen, hör' mir zu, gehorch' dem Opa!
permettere [per'me:ttere]	**erlauben, gestatten, zulassen**

Non ti permetto di parlare così con tua madre! — Ich erlaube dir nicht, so mit deiner Mutter zu sprechen!

proibire [proi'bi:re] — **verbieten**

Ti proibisco di uscire stasera! — Ich verbiete dir, heute Abend auszugehen!

vietare [vie'ta:re] — **verbieten, untersagen**

Questo film è vietato ai minori di 16 anni. — Dieser Film ist für Jugendliche unter 16 Jahren verboten.

ottenere [otte'ne:re] — **erreichen, erhalten**

Molti bambini ottengono tutto quello che vogliono. — Viele Kinder erhalten alles, was sie wollen.

assomigliare [assomi'ʎa:re] — **ähnlich sein / sehen**

Lei assomiglia alla madre. — Sie sieht ihrer Mutter ähnlich.

paghetta [pa'ghetta] — **Taschengeld**

Gli abbiamo aumentato la paghetta. — Wir haben sein Taschengeld erhöht.

insistere [in'sistere] — **bestehen auf, beharren auf**

Carlino insiste su un aumento della paghetta. — Karlchen besteht auf einer Erhöhung des Taschengelds.

accontentarsi [akkonten'tarsi] — **sich zufrieden geben mit**

No, si accontenterà di quello che ha. — Nein, er wird sich mit dem zufrieden geben, was er hat.

accontentare [akkonten'ta:re] — **zufrieden stellen**

guaio [gu'a:io] — **Schwierigkeit, Ärger**

Ragazzi, il vetro è rotto. Siamo nei guai! — Jungs, die Scheibe ist kaputt. Wir stecken in Schwierigkeiten!

combinare [kombi'na:re] — **anstellen, anrichten**

Bambini, che guai avete combinato oggi? — Kinder, was habt ihr heute wieder angestellt?

sgridare qualcuno [zgri'da:re] — jemanden **ausschimpfen**

(Lei) lo ha sgridato. — Sie hat ihn ausgeschimpft.

rimprovero [rim'prɔ:vero] — **Vorwurf; Schelte**

rimproverare un bambino [rimprove'ra:re] — ein Kind **ausschimpfen / schelten**

picchiare un bambino [pikki'a:re] — ein Kind **hauen**

viziare un bambino [vitsi'a:re] — ein Kind **verziehen / verwöhnen**

trascurare un bambino [trasku'ra:re] — ein Kind **vernachlässigen**

maltrattare un bambino [maltrat'ta:re] — ein Kind **misshandeln**

mammone *m* [mam'mo:ne] — **Muttersöhnchen**

Che mammone! A 35 anni vive ancora a casa! — Was für ein Muttersöhnchen! Mit 35 Jahren lebt er noch zuhause!

3.1 Alimenti
Nahrungsmittel

alimentazione f [alimentatsi'o:ne] (= Nahrung / Essen / Kost) • *cibo* ['tʃi:bo] (= Nahrung, Essen) • *alimentazione dietetica* [alimentatsi'o:ne die'tɛ:tika] (= Reformkost) • *fast food* ['fast 'fu:d] (= Schnellgerichte) • *piatto pronto* [pi'atto 'pronto] (= Fertiggericht) • *surgelati mpl* [surdʒe'la:ti] (= Tiefkühlkost)

latte m ['latte] (= Milch) • *latte intero* [in'te:ro] (= Vollmilch) • *latte parzialmente scremato* [partsial'mente skre'ma:to] (= fettarme Milch) • *latte a lunga conservazione* [a lunga konservatsi'o:ne] (= H-Milch)

burro ['burro] (= Butter) • *panna* ['panna] (= Sahne) • *panna acida* ['panna 'a:tʃida] (= saure Sahne) • *panna montata* ['panna mon'ta:ta] (= Schlagsahne) • *gelato* [dʒe'la:to] (= Speiseeis) • *yogurt* [i'ɔ:gurt] (= Joghurt)

formaggio [for'maddʒo] (= Käse) • *formaggio caprino* [for'maddʒo ka'pri:no] (= Ziegenkäse) • *pecorino* [peko'ri:no] (= Schafskäse) • *parmigiano* [parmi'dʒa:no] (= Parmesan) • *Bel Paese* [bɛlpa'e:ze] (= Butterkäse) • *mozzarella di bufala* [mottsa'rɛlla di 'bu:fala] (= Büffelkäse) • *robiola* [robi'ɔ:la] (= Weichkäse)

uovo [u'ɔ:vo] (= Ei) • *uovo alla coque* [u'ɔ:vo alla 'kɔ:k] (= weich gekochtes Ei) • *uovo sodo* [u'ɔ:vo 'sɔ:do] (= hartes Ei) • *uova all'occhio di bue* [u'ɔ:va all'ɔkkio di 'bu:e] (= Spiegeleier) • *uova strapazzate* [u'ɔ:va strapat'tsa:te] (= Rühreier). Das Wort „Ei" ändert im Plural das Geschlecht: *l'uovo m – le uova fpl.*

pane m ['pa:ne] (= Brot) • *pane bianco* ['pa:ne bi'anko] (= Weißbrot) • *pane nero* ['pa:ne 'ne:ro] (= Schwarzbrot) • *pane di segale* ['pa:ne 'se:gale] (= Roggenbrot) • *pane integrale* ['pa:ne inte'gra:le] (= Vollkornbrot) • *panino* [pa'ni:no] (= Brötchen) • *brioche f* [bri'ɔ:ʃ] (= Kuchenbrötchen) • *pane a cassetta / pan carrè m* ['pa:ne a kas'setta / 'pa:n kar'rɛ] (= Toastbrot) • *grissini* [gris'si:ni] (= dünne Weißbrotstangen) • *tramezzino* [tramed'dzi:no] (= Sandwich) • *panino imbottito* [pa'ni:no imbot'ti:to] (= belegtes Brötchen) • *focaccia* [fo'kattʃa] (= süßer oder salziger Fladen) • *pane biscottato* ['pa:ne biskot'ta:to] (= Zwieback) *dolci mpl* ['doltʃi] (= Gebäck) • *torta* ['torta] (= Kuchen) • *crostata alla frutta* [kro'sta:ta 'alla 'frutta] (= Obstkuchen) • *biscotto* [bis'kɔtto] (= Keks) • *pasticcini mpl* [pastit'tʃi:ni] (= Feingebäck) • *frollini mpl* [frol'li:ni] (= Spritzgebäck) • *bignè m* [bi'ɲɛ] (= Beignet / leichtes Gebäck, oft mit Cremefüllung)

cereali mpl [tʃere'a:li] (= Getreide) • *segale m* ['se:gale] (= Roggen) • *frumento* [fru'mento] (= Weizen) • *orzo* ['ɔrdzo] (= Gerste) • *granoturco / mais m* [grano'turko / 'mais] (= Mais) • *orzo perlato* [per'la:to] (= Perlgraupe(n)) • *farina* [fa'ri:na] (= Mehl) • *crusca* ['kruska] (= Kleie) • *avena* [a've:na] (= Hafer) • *riso* ['ri:so] (= Reis) • *polenta* [po'lenta] (= Maisbrei)

dolciumi mpl [dol'tʃu:mi] (= Süßigkeiten) • *caramelle* [kara'melle] (= Bonbons) • *mentine* [men'ti:ne] (= Pfefferminzbonbons) • *lecca-lecca m* [lekka'lekka] (= Lutscher) • *cioccolata* [tʃokko'la:ta] (= Schokolade) • *la barretta / tavoletta di cioccolata* [la ba'rretta / tavo'letta di 'tʃokkola:ta] (= ein Riegel / eine Tafel Schokolade)

pasta ['pasta] (= Teigwaren / Nudeln) • *impasto* [im'pasto] (= Teig) • *pasta di grano duro* [di 'gra:no 'du:ro] (= Hartweizennudeln) • *pasta all'uovo* [allu'ɔ:vo] (= Eiernudeln) • *pasta fatta in casa* ['fatta in 'ka:sa] (= hausgemachte Nudeln) • *al dente* [al 'dɛnte] (= bissfest)

spaghetti [spa'getti] • *maccheroni* [makke'ro:ni] • *lasagne* [la'sa:ɲe] (= Nudelteigplatten) • *ravioli* [ravi'ɔ:li] (= gefüllte Nudeltaschen) • *vermicelli* [vermi'tʃelli] (= Fadennudeln) • *tagliatelle verdi* [taʎa'tɛlle 'verdi] (= Spinatbandnudeln) • *fusilli* [fu'silli] (= spiralförmige Nudeln) • *fettuccine* [fettut'tʃi:ne] (= Eierbandnudeln) • *rigatoni* [riga'to:ni] (= Rillennudeln) • *orecchiette* [orek'kiette] (= „Öhrchen“)

carne f ['karne] (= Fleisch) • *carne di manzo* ['karne di 'mandzo] (= Rindfleisch) • *carne di maiale* ['karne di mai'a:le] (= Schweinefleisch) • *carne di vitello* ['karne di vi'tɛllo] (= Kalbfleisch) • *agnello* [a'ɲɛllo] (= Lammfleisch) • *montone m / castrato* [mon'to:ne / kas'tra:to] (= Hammelfleisch) • *bistecca* [bis'tɛkka] (= Steak; Schnitzel) • *pancetta* [pan'tʃetta] (= durchwachsener Speck)

pollame m [pol'la:me] (= Geflügel) • *pollo* ['pollo] (= Huhn / Hähnchen) • *anatra* ['a:natra] (= Ente) • *oca* ['ɔka] (= Gans) • *tacchino* [tak'ki:no] (= Truthahn / Pute) • *faraona* [fara'o:na] (= Perlhuhn) *selvaggina* [selvad'dʒi:na] (= Wild) • *capriolo* [kapri'ɔ:lo] (= Reh) • *lepre f* ['lɛpre] (= Hase) • *coniglio* [ko'ni:ʎo] (= Kaninchen) • *cinghiale m* [tʃingi'a:le] (= Wildschwein) • *fagiano* [fa'dʒa:no] (= Fasan)

salumi mpl [sa'lu:mi] (= Wurst) • *salame m* [sa'la:me] (= Salami) • *mortadella* [morta'dɛlla] (= Wurst aus Schweinefleisch mit Pistazien) • *prosciutto crudo* [pro'ʃu:tto 'kru:do] (= roher Schinken) • *prosciutto cotto* [pro'ʃu:tto 'kɔtto] (= gekochter Schinken)

frutti di mare ['frutti di ma:re] (= Meeresfrüchte) *e pesce m* ['pe:ʃe] (= Fisch) • *baccalà m* [bakka'la] (= Stockfisch) • *pescespada m* [pe:ʃe'spa:da] (= Schwertfisch) • *passera di mare* ['passera di 'ma:re] (= Scholle) • *salmone m* [sal'mo:ne] (= Lachs) • *salmone affumicato* [affumi'ka:to] (= Räucherlachs) • *sogliola* ['sɔ:ʎola] (= Seezunge) • *trota* [trɔ:ta] (= Forelle) • *tonno* ['tonno] (= Thunfisch) • *sgombro* ['sgombro] (= Makrele) • *crostacei* [kro'sta:tʃei] (= Schalentiere) • *astice m* ['astitʃe] (= Hummer) • *aragosta* [ara'gɔsta] (= Languste) • *gamberetti* [gambe're:tti] (= Krabben / Garnelen) • *seppie* ['seppie] (= Tintenfische) • *vongola* ['vongola] (= Venusmuschel)

minestra [mi'nɛstra] (= Suppe) • *minestrone m* [mines'tro:ne] (= dicke Gemüsesuppe mit Teigwaren) • *brodo ristretto* ['brɔ:do ris'tretto] (= Kraftbrühe) • *pastina in brodo* [pas'ti:na in 'brɔ:do] (= Nudelsuppe) • *brodo* ['brɔ:do] (= Brühe)

salsa ['salsa] (= Soße) *e sugo* ['su:go] (= Nudelsoße) • *pesto* ['pesto] (= Genueser grüne Sauce) • *besciamella* [beʃa'mɛlla] (= Bechamelsauce) • *sugo di pomodoro* ['su:go di pomo'do:ro] (= Tomatensauce) • *ragù m* [ra'gu] (= Fleischsoße)

grassi ['grassi] (= Fette) • *grasso* ['grasso] (= Fett) • *olio* ['ɔ:lio] (= Öl) • *margarina* [marga'ri:na] (= Margarine) • *burro* ['burro] (= Butter)

verdure ed ortaggi [ver'du:re e or'taddʒi] (= Gemüse) • *asparago* [as'pa:rago] (= Spargel) • *fagioli* [fa'dʒɔ:li] (= Bohnen) • *fagiolini* [fadʒɔ'li:ni] (= grüne Bohnen) • *piselli* [pi'sɛ:lli] (= Erbsen) • *cavolo* ['ka:volo] (= Kohl) • *cavolini di Bruxelles* [kavo'li:ni di bru'ssɛl] (= Rosenkohl) • *cavolfiore m* [kavolfi'o:re] (= Blumenkohl) • *spinaci* [spi'na:tʃi] (= Spinat) • *fungo* ['fungo] (= Speisepilz) • *pomodoro* [pomo'dɔ:ro] (= Tomate) • *cetriolo* [tʃetri'ɔ:lo] (= Gurke) • *cipolla* [tʃi'polla] (= Zwiebel) • *ravanelli* [rava'nɛ:lli] (= Radieschen) •

carciofi [kar'tʃɔ:fi] (= Artischocken) • *lattuga* [lat'tu:ga] (= Kopfsalat) • *peperone m* [pepe'ro:ne] (= Paprikaschote) • *zucchine* [tsuk'ki:ne] (= Zucchini) • *melanzane* [melan'tsa:ne] (= Auberginen) • *carota* [ka'rɔ:ta] (= Karotte) • *oliva* [o'li:va] (= Olive) • *patata* [pa'ta:ta] (= Kartoffel) • *zucca* ['tsukka] (= Kürbis) • *radicchio* [ra'dikkio]

insalata [insa'la:ta] (= Salat) • *rucola* ['ru:kola] (= Gartenrauke) • *insalata mista* [insa'la:ta 'mista] (= gemischter Salat) • *insalata verde* [insa'la:ta 'verde] (= grüner Salat) • *insalata di pomodori* [insa'la:ta di pomo'dɔ:ri] (= Tomatensalat) • *macedonia* (= Obstsalat) [matʃe'dɔ:nia]

frutta ['frutta] (= Obst) • *mela* ['me:la] (= Apfel) • *pera* ['pe:ra] (= Birne) • *ciliegia* [tʃili'ɛ:dʒa] (= Kirsche) • *prugna* ['pru:ɲa] (= Pflaume) • *pesca* ['pɛska] (= Pfirsich) • *uva* ['u:va] (= Weintrauben) • *nespole* ['nɛspole] (= Mispeln) • *fragole* ['fra:gole] (= Erdbeeren) • *more* ['mɔ:re] (= Brombeeren) • *lamponi* [lam'po:ni] (= Himbeeren) • *mirtilli* [mir'tilli] (= Blaubeeren) • *melograno* [melo'gra:no] (= Granatapfel) • *ribes* ['ribes] (= Johannisbeeren) • *uvetta* [u'vetta] (= Rosinen) • *banana* [ba'na:na] (= Banane) • *arancia* [a'rantʃa] (= Apfelsine) • *pompelmo* [pom'pɛlmo] (= Grapefruit) • *limone m* [li'mo:ne] (= Zitrone) • *ananas* ['ananas] (= Ananas) • *dattero* ['dattero] (= Dattel) • *albicocca* [albi'kɔkka] (= Aprikose) • *cocomero – anguria* [ko'ko:mero – an'gu:ria] (= Wassermelone) • *melone m* [me'lo:ne] (= Honigmelone)

frutta con guscio ['frutta kon 'gu:ʃo] (= Schalenobst) • *noce f* ['no:ce] (= Walnuss) • *nocciola* [not'tʃɔ:la] (= Haselnuss) • *arachide f* [a'ra:kide] (= Erdnuss) • *castagna* [ka'sta:ɲa] (= Kastanie)

erbe aromatiche ['ɛrbe aro'ma:tike] (= Gewürzkräuter) *e spezie* ['spɛ:tsie] (= Gewürze) • *pepe m* ['pe:pe] (= Pfeffer) • *curry* ['kərri] • *senape f* ['sɛ:nape] (= Senf) • *aglio* ['a:ʎo] (= Knoblauch) • *prezzemolo* [pret'tse:molo] (= Petersilie) • *rosmarino* [rosma'ri:no] (= Rosmarin) • *alloro* [al'lɔ:ro] (= Lorbeer) • *maggiorana* [maddʒo'ra:na] (= Majoran) • *origano* [o'ri:gano] (= Oregano) • *basilico* [ba'si:liko] (= Basilikum) • *salvia* ['salvia] (= Salbei) • *erba cipollina* ['ɛrba tʃipol'li:na] (= Schnittlauch) • *menta* ['menta] (= Minze) • *timo* ['ti:mo] (= Thymian)

condimenti [kondi'menti] (= Salatwürze) • *olio d'oliva* ['ɔ:lio do'li:va] (= Olivenöl) • *olio di semi* ['ɔ:lio di 'se:mi] (= Pflanzenöl) • *aceto di vino* [a'tʃe:to di 'vino] (= Weinessig) • *aceto balsamico* [a'tʃe:to bal'sa:miko] (= Balsamessig) • *sale m* ['sa:le] (= Salz) • *pepe m* ['pe:pe] (= Pfeffer) • *marmellata* [marmel'la:ta] (= Marmelade) • *miele m* [mi'ɛ:le] (= Honig) • *zucchero* ['tsukkero] (= Zucker)

3.2 Bevande
Getränke

bere (– bevvi – bevuto) ['be:re]	**trinken**
Bevi qualcosa?	Magst du etwas zu trinken?
bevanda alcolica / analcolica [be'vanda al'kɔ:lika / anal'kɔ:lika]	alkoholisches / alkoholfreies **Getränk**
bibita ['bi:bita]	**Getränk**
aperitivo [aperi'ti:vo]	**Aperitif**
Prendiamo un aperitivo?	Trinken wir einen Aperitif?
acqua minerale ['akkua mine'ra:le]	(Mineral-)**Wasser**
acqua naturale / liscia	stilles Mineral- / Tafelwasser
acqua minerale gassata / frizzante	Sprudel
limonata [limo'na:ta]	(Zitronen-)**Limonade**
aranciata [aran'tʃa:ta]	**Orangenlimonade**
succo di frutta ['sukko di 'frutta]	(Frucht-)**Saft**
succo di mela / di pera	Apfel- / Birnensaft
spremuta d'arancia	frisch ausgepresster Orangensaft
birra ['birra]	**Bier**
Preferisco la birra alla spina.	Ich trinke lieber Bier vom Fass.
vino (bianco / rosso / rosé) ['vi:no (bi'anko / 'rosso / ro'ze:)]	(Weiß- / Rot- / Rosé-)**Wein**
spumante *m* [spu'mante]	**Schaumwein; Sekt**
grappa ['grappa]	**Tresterschnaps**
liquore *m* [likk'ore]	**Likör**
superalcolico [superal'kɔ:liko]	**hochprozentig**
amaro [a'maro]	**(Magen)Bitter; Digestif**
latte *m* ['latte]	**Milch**
caffè *m* [kaf'fɛ]	**Kaffee**

i In Italien ist das Kaffeetrinken ein Ritus. Es gibt: *caffé decaffeinato* (= koffeinfrei), *caffè macchiato* (= mit einem Schuss Milch), *caffellatte* (= Milchkaffee), *caffè corretto* (= mit etwas Grappa), *caffè lungo* (= mit mehr Wasser) oder *caffè ristretto* (= konzentriert). Schließlich gibt es den *cappuccino* (= mit aufgeschäumter Milch), den Italiener nur bis mittags (!) trinken.

tè *m* ['tɛ]	**Tee**
tè col latte / col limone	Tee mit Milch / mit Zitrone
tisana / infuso [ti'za:na / in'fu:zo]	**Kräutertee**
una cioccolata calda ['u:na tʃokko'la:ta 'kalda]	**heiße (Trink-)Schokolade; Kakao**

3.3 Cucinare e cucina
Küche und Kochen

cucinare – **cucina** [kutʃi'na:re – ku'tʃi:na]	**kochen / zubereiten – Küche**
Cucinare è il mio hobby.	Kochen ist mein Hobby.
libro di cucina / ricettario	Kochbuch
piatto [pi'atto]	**Gericht; Gang; Teller**
tipico ['ti:piko]	**typisch**
La pizza è un piatto tipico di Napoli.	Pizza ist ein typisch neapolitanisches Gericht.
preparare – **prepararsi** [prepa'ra:re – prepa'rarsi]	**vor-, zubereiten – sich vor-, zubereiten**
Mi prepari il mio piatto preferito?	Bereitest du mir mein Lieblingsgericht zu?
cuocere [ku'ɔ:tʃere]	**kochen (lassen)**
cuocere al forno una torta	einen Kuchen backen
pulire la verdura [pu'li:re]	das Gemüse **putzen**
pelare le patate [pe'la:re le pa'ta:te]	die Kartoffeln **schälen**
condire l'insalata [kon'di:re]	den Salat **anmachen**
colare [ko'la:re]	**sieben; abseihen**
mescolare [mesko'la:re]	(um)**rühren**
sbattere / montare ['zbattere / mon'ta:re]	(Ei / Sahne) **schlagen**
fetta ['fɛtta]	**Scheibe**
spesso – **sottile** [so'tti:le]	**dick – dünn**
tagliare [ta'ʎa:re] a fette	in Scheiben **schneiden**
una fetta di salame	eine Scheibe Salami
tagliuzzare [taʎut'tsa:re]	**klein schneiden**
tritare [tri'ta:re]	**durch den Fleischwolf drehen**
carne trita	Hackfleisch; Gehacktes
macinare [matʃi'na:re]	(*z. B. Kaffee*) **mahlen**
battere ['battere]	**schlagen; klopfen**
Batto sempre la carne. Così è più tenera.	Ich klopfe das Fleisch immer. So ist es zarter.
agitare [adʒi'ta:re]	**schütteln**
agitare bene	kräftig schütteln
pressare [pres'sa:re]	**(aus)drücken**
Le olive si pressano nel frantoio.	Oliven werden in der Ölmühle gepresst.

spremere ['sprɛ:mere]	**(aus)pressen**
Spremiamo qualche arancia?	Pressen wir ein paar Orangen aus?
schiacciare [skiat'tʃa:re]	**zerdrücken; knacken**
Perché hai schiacciato tutte queste noci?	Warum hast du all diese Nüsse geknackt?
scolare [sko'la:re]	**abgießen**
a cottura terminata scolare	nach dem Kochen abschütten
separare [sepa'ra:re]	**trennen**
separare il tuorlo dall'albume	Eigelb von Eiweiß trennen
spalmare [spal'ma:re]	**(be)streichen**
Ti spalmo burro sul pane o no?	Streiche ich dir Butter aufs Brot oder nicht?
aggiungere [ad'dʒundʒere]	**hinzufügen, ergänzen**
Io aggiungerei un po' di sale.	Ich würde etwas Salz hinzufügen.
mancare [maŋ'ka:re]	**fehlen**
Secondo me manca un pizzico di pepe.	Meiner Ansicht nach fehlt eine Prise Pfeffer.
pieno – **vuoto** [pi'ɛ:no – vu'ɔ:to]	**voll** – **leer**
riempire [riem'pi:re]	**(auf)füllen; ausfüllen**
Il tuo bicchiere è vuoto. Te lo riempio un'altra volta?	Dein Glas ist leer. Soll ich es dir noch einmal füllen?
versare [ver'sa:re]	**gießen; einschenken; (ver)schütten**
Le verso un altro goccio?	Darf ich Ihnen noch einen Tropfen einschenken?
bollire [bol'li:re]	**kochen; sieden**
far bollire a fiamma viva	auf großer Flamme zum Kochen bringen
friggere ['friddʒere]	(in Fett) **braten**
frittata [frit'ta:ta]	**Eierkuchen**
stufare [stu'fa:re]	(*Fleisch*) **schmoren**
arrostire [arro'sti:re]	**braten**
arrosto di maiale / di vitello	Schweine- / Kalbsbraten
fare ai ferri ['fa:re 'ai 'fɛrri]	**grillen**
fare una bistecca ai ferri / alla griglia	ein Steak grillen
rosolare [rozo'la:re]	**anbraten**
coprire [ko'pri:re]	**(zu-, ab)decken**
Copri la carne che si scuoce!	Deck' das Fleisch ab, sonst verkocht es!
cotto – **crudo** [kɔtto – kru:do]	**gar; gekocht; gebraten** – **roh**
Le verdure si mangiano cotte o crude.	Gemüse isst man gekocht oder roh.

lesso ['lesso] — **gekocht; gesotten**
toast – **tostare** – **tostapane** *m* ['tɔst – to'staːre – tosta'paːne] — **Toast** – **toasten** – **Toaster**
vasetto [va'zetto] — **Glas; Gefäß** (*aus Glas, Plastik etc.*)
un vasetto di marmellata — ein Glas Marmelade
piselli in **scatola** — Erbsen in der **Dose / Büchse**
mettere **sott'aceto** [sotta'tʃeːto] — **in Essig einlegen**
mettere **sott'olio** [sott'ɔːlio] — **in Öl einlegen**
avvolgere [av'vɔldʒere] — **(ein)wickeln**
conservare – **conservarsi** [konser'vaːre – konser'varsi] — **aufbewahren; lagern** – **(sich) halten**
Avvolgo i resti in pellicola. Così si conservano fino a domani. — Ich wickele die Reste in Klarsichtfolie. So halten sie bis morgen.
scadere [ska'deːre] — **ablaufen, fällig werden**
Riesci a leggere quando scade questo yogurt? — Kannst du lesen, wann dieses Yoghurt abläuft?

Stoviglie *fpl* [sto'viːʎe], ***posate*** *fpl* [po'saːte] *e* ***utensili*** *mpl* [uten'siːli] ***da cucina*** **(= Geschirr, Besteck und Küchengeräte)**
piatto [pi'atto] (= Teller) • *tazza e piattino* ['tattsa e piat'tiːno] (= Tasse und Untertasse) • *teiera e bricco del caffè* [tei'ɛːra e 'brikko del kaf'fe] (= Tee- und Kaffeekanne) • *bicchiere m* [bikki'ɛːre] (= Glas) • *zuccheriera* [tsukkeri'ɛːra] (= Zuckerdose) • *brocca* ['brɔkka] (= Kanne / Krug) *scodella* [sko'dɛlla] (= Schüssel / Schale) • *terrina* [ter'riːna] (= Schüssel) • *zuppiera e insalatiera* [tsuppi'ɛːra e insalati'ɛːra] (= Suppen- und Salatschüssel) • *macinapepe m* [matʃina'peːpe] (= Pfeffermühle) • *coltello* [kol'tɛllo] (= Messer) • *forchetta* [for'ketta] (= Gabel) • *cucchiaio* [kukki'aːio] (= Löffel) • *cucchiaino* [kukkia'iːno] (= Kaffee-/ Teelöffel) • *padella* [pa'dɛlla] (= Pfanne) • *pentola* ['pentola] (= Topf) • *coperchio* [ko'pɛrkio] (= Deckel) • *tegame m* [te'gaːme] (= Brat-/ Backform) • *colino* [ko'liːno] (= Sieb) • *misurino* [mizu'riːno] (= Messbecher) • *cavatappi m / cavaturaccioli m* [kava'tappi – kavatu'rattʃoli] (= Korkenzieher) • *apribottiglie m* [apribot'tiːʎe] (= Flaschenöffner) • *apriscatole m* [apris'kaːtole] (= Dosenöffner) • *schiaccianoci m* [skiattʃa'noːtʃi] (= Nussknacker)

fornello [for'nɛllo] — (Koch-)**Herd**
forno ['forno] — **Backofen**
forno a microonde — Mikrowelle(nherd)
caffettiera [kaffetti'ɛːra] — **Kaffeemaschine**
la moca — Espressomaschine für den Herd
vassoio [vas'soːio] — **Tablett**

3.4 Pasti
Mahlzeiten

colazione *f* [kolatsi'o:ne] — **Frühstück / Mittagessen**
Quando facciamo colazione? — Wann frühstücken wir?
A colazione bevo caffè. — Ich trinke zum Frühstück Kaffee.

i Zum Frühstück (= [*prima*] *colazione*) isst man in Italien wenig: Eine Tasse *cappuccino* oder *tè*, in die Kekse (= *biscotti*) eingetunkt (= *intingere*) werden können. Allerdings geht man noch vor dem Mittagessen (= [*seconda*] *colazione* / *pranzo*) häufig in eine *bar*, in der man seinen Espresso (= *caffè*) trinkt und dazu ein Sandwich (= *tramezzino*), einen Pausensnack (= *merendina*) oder einen anderen kleinen Imbiss (= *spuntino*) zu sich nimmt. In einigen Regionen Italiens steht der Begriff *colazione* auch für „Mittagessen", weshalb ein Geschäftsessen üblicherweise als *colazione d'affari* bezeichnet wird.

pranzo ['prandzo] — **Mittagessen**
pranzare [pran'dza:re] — **zu Mittag essen**
Avete già pranzato? — Habt ihr schon zu Mittag gegessen?

i „Mahlzeit!" als Grußformel hat im Italienischen keine direkte Entsprechung. „Guten Appetit!" dagegen wünscht man sich wie auch in Deutschland bei Tisch vor dem Essen mit dem Ausruf: *Buon appetito!* Die Antwort lautet: *Grazie altrettanto!*

merenda [me'rɛnda] — **kleine Vormittags- / Nachmittagsbrotzeit für Kinder**
A merenda i bambini hanno mangiato pane, burro e marmellata. — Als Brotzeit haben die Kinder Brot, Butter und Marmelade gegessen.
cena ['tʃe:na] — **Abendessen**
cenare [tʃe'na:re] — **zu Abend essen**
Oggi andiamo a cena fuori. — Heute gehen wir auswärts essen.
tavola ['ta:vola] — **(Ess)Tisch**
Bambini, a tavola! — Kinder, zu Tisch!
apparecchiare la tavola [apparekki'a:re la 'ta:vola] — **den Tisch decken**
sparecchiare [sparekki'a:re] — **(den Tisch) abräumen; abdecken**
tavolo ['ta:volo] — **Tisch**
Amore, riserveresti un tavolo per le nove? — Liebling, würdest du einen Tisch für neun Uhr reservieren?

3.5 Mangiare fuori casa
Auswärts essen

ospite *m / f* ['ɔspite]	**Gast / Gastgeber**
frequentare [frekuen'ta:re]	(als Kunde / Kundin) **besuchen**
un ristorante molto frequentato	ein gut besuchtes Restaurant
i nostri **clienti fissi** *mpl* [kli'ɛnti 'fissi]	unsere **Stammgäste**

***Dove si mangia* (= Wo man isst)**
bar (= Bar) • *caffè* (= Café) • *bistrot* (= Bistro) • *birreria / pub* (= Bierstube) • *il self-service* (= Selbstbedienungsrestaurant) • *buffet / bar ristorante* (= Bar mit Schnellimbiss) • *il fast food* (= Fast Food-Restaurant) • *tavola calda* (= Schnellrestaurant) • *paninoteca / panineria* (= Sandwich-Imbiss) • *pizzeria* (= Pizza-Restaurant) • *spaghetteria* (= Restaurant mit ausschließlich Nudelgerichten) • *rosticceria* (= Schnellbraterei) • *ristorante* (= sehr gutes Restaurant) • *trattoria* (= gutes Restaurant) • *osteria* (= Gasthof, Wirtshaus) • *albergo ristorante* (= Gasthaus mit Übernachtungsbetrieb) • *locanda* (= Landgasthof) • *autogrill* (= Raststätte) • *vagone ristorante* (= Speisewagen) • *mensa* (= Kantine oder Mensa) • *gelateria* [dʒelate'ri:a] (= Eisdiele)

guardaroba *m* [guarda'rɔ:ba]	**Garderobe**
gabinetto [gabi'netto]	**Toilette**

i Nach der Toilette fragen Sie am besten mit dem Satz: *Dov'è il bagno?* Ein Euphemismus (= verhüllender Ausdruck), denn *il bagno* ist das Bad.

spuntino [spun'ti:no]	(eine) **Kleinigkeit zu essen**
Facciamo solo uno spuntino veloce.	Wir essen nur rasch eine Kleinigkeit.
da asporto [da a'spɔrto]	**zum Mitnehmen**
pizza da asporto	Pizza zum Mitnehmen
riservare [riser'va:re]	**buchen; reservieren; vorbestellen**
È meglio se riserviamo un tavolo.	Wir sollten einen Tisch reservieren.
far riservare [far riser'va:re]	**reservieren lassen**
Ho fatto riservare un tavolo per Rossi.	Ich habe einen Tisch auf den Namen Rossi reservieren lassen.
prenotazione *f* [prenotatsi'o:ne]	**Reservierung**
solo su prenotazione	nur auf Reservierung

prenotare [preno'ta:re]	**reservieren; (vor)bestellen; buchen**
Avete prenotato?	Haben Sie vorbestellt?
menù *m* [me'nu]	**Speisekarte / Menü**
Cameriere, posso avere il menù?	Herr Ober, bitte die Speisekarte.
Cameriere, ci può aiutare a scegliere?	Herr Ober, können Sie uns beraten?
lista dei vini ['lista dei 'vi:ni]	**Weinkarte**
pasto ['pasto]	**Mahlzeit; Essen**
un pasto di quattro portate	ein Essen mit vier Gängen
ordinare – **ordine** *m* [ordi'na:re – 'ordine]	**bestellen** – **Bestellung**
Desidera ordinare ora?	Möchten Sie jetzt bestellen?
antipasto [anti'pasto]	**Vorspeise**
Cosa desidera come antipasto?	Was hätten Sie gern als Vorspeise?
piatto del giorno [pi'atto del 'dʒorno]	**Tagesgericht**
il primo / il secondo (piatto)	erster Gang / zweiter Gang
mangiare [man'dʒa:re]	**essen**
Cosa mangiamo?	Was essen wir?
prendere ['prendere]	**essen; nehmen**
Per primo prendo degli spaghetti, per secondo il brasato con contorno di verdura.	Als ersten Gang nehme ich Spaghetti, als zweiten Schmorbraten mit Gemüsebeilage.
assaggiare [assad'dʒa:re]	**kosten, probieren**
Vuoi assaggiare? È squisito!	Magst du kosten? Es ist lecker!
contorno [kon'torno]	**Beilage**
decider(si) [de'tʃidersi]	(sich) **entscheiden**
Ha deciso per il vino?	Haben Sie sich für einen Wein entschieden?
consigliare – **raccomandare** [konsi'ʎa:re – rakkoman'da:re]	**empfehlen**
Cosa mi consiglia?	Was empfehlen Sie mir?
proporre – **proposta** [pro'porre – pro'posta]	**vorschlagen** – **Vorschlag**
Oggi Le propongo il menù dello chef.	Heute empfehle ich Ihnen das Menü des Chefs.
Avrebbe qualche proposta da farci?	Könnten sie uns einen Vorschlag machen?
consistere in / di [kon'sistere]	**bestehen aus**
E in che cosa consiste?	Und woraus besteht das?
scegliere ['ʃe:ʎere]	(aus)**wählen**
Ha scelto il dolce, signora?	Haben Sie ein Dessert ausgewählt?
dolce *m* / **dessert** *m* ['doltʃe / de'sɛr]	**Nachtisch**

Come dessert prendiamo la frutta fresca.	Als Nachtisch nehmen wir frisches Obst.
tiramisù *minv* [tirami'su]	**Tiramisu**
stuzzicadenti *minv* [stuttsika'dɛnti]	**Zahnstocher**
Cameriere! Mi porterebbe uno stuzzicadenti?	Ober, würden Sie mir einen Zahnstocher bringen?
conto ['konto]	**Rechnung**
Cameriere, il conto, per favore.	Herr Ober, bitte zahlen!
servizio [ser'viːtsio]	**Service, Bedienung / Set, Satz**
Il servizio è compreso.	Bedienung inbegriffen.
servire [ser'viːre]	**bedienen, servieren; nützen, dienen; brauchen**
Saltate l'antipasto? Allora servo subito il primo.	Sie lassen die Vorspeise aus? Dann serviere ich gleich den ersten Gang.
Cameriere, ci servirebbe un altro coltello.	Ober, wir bräuchten noch ein Messer.
coperto [ko'pɛrto]	(Preis für das) **Gedeck**
mancia ['mantʃa]	**Trinkgeld**
Diamogli una buona mancia, è stato molto gentile.	Geben wir ihm ein anständiges Trinkgeld, er ist sehr freundlich gewesen.

Persone che lavorano in un ristorante

locandiere(-a), ristoratore, oste (= Gastwirt(in)) • *guardarobiera* (= Garderobenfrau) • *cameriere / cameriera* (= Kellner(in)) • *maître* (= Oberkellner) • *sommelier* (= Weinkellner) • *barman / barista* (= Barkeeper) • *cuoco / cuoca* (= Koch / Köchin) • *lavapiatti / sguattero* (= Geschirrspüler)

buffet *m* [by'fɛ]	**Büfett**
colazione al buffet	Frühstücksbüfett
porzione *f* [portsi'oːne]	**Portion**
Che porzioni misere! Mi aspettavo di più!	Was für mickrige Portionen! Ich hätte mehr erwartet!
aspettarsi [aspet'tarsi]	**erwarten**
specialità [spetʃali'ta]	**Spezialität**
speciale [spe'tʃaːle]	**besondere(r, -s); Sonder-**
pizza speciale con tutto	Pizza speciale mit allem
offerta speciale	Sonderangebot

3.6 Abbigliamento e moda
Kleidung und Mode

Cappotti, giacche e abiti [kap'pɔtti 'dʒakke e 'a:biti]
(= Mäntel, Jacken und Anzüge)
cappotto [kap'pɔtto] (= Mantel) • *impermeabile m* [imperme'a:bile] (= Regenmantel) • *pelliccia* [pel'littʃa] (= Pelzmantel) • *trench minv* ['trentʃ] (= Trenchcoat) • *giacca a vento* ['dʒakka a 'vento] (= Anorak) • *parka minv* ['parka] • *giubbotto* [dʒub'bɔtto] (= Blouson) • *giacca* ['dʒakka] (= Jacke / Jackett / Sakko) • *blazer minv* ['blazer] • *cardigan minv* ['kardigan] (= Strickjacke) • *abito / completo* ['a:bito / kom'plɛ:to] (= Anzug) • *panciotto / gilet minv* [pan'tʃotto / dʒi'lɛ] (= Weste) • *tuta da ginnastica* ['tuta da dʒin'nastika] (= Jogginganzug) • *tasca* ['taska] (= Tasche)

Vestiti [ves'ti:ti] **(= Kleider)**
vestito / abito [ves'ti:to / 'a:bito] (= Kleid) • *vestito da sposa* [ves'ti:to da 'spɔ:sa] (= Hochzeitskleid) • *abito da sera* ['a:bito da 'se:ra] (= Abendkleid) • *tailleur minv* [tai'œr] (= Kostüm) • *pantatailleur* [pantatai'œr] (= Hosenanzug)

Capispalla *mpl* [kapi'spalla] **(= Oberteile)**
maglione m / *pullover minv* [ma'ʎo:ne] (= Pullover / Pulli) • *maglia* ['maʎa] (= (Strick-)Pullover) • *felpa / sweat-shirt f* ['felpa / su'ɛt-ʃərt] (= legerer Freizeitpullover) • *dolcevita m* [dolce'vi:ta] (= Rollkragenpullover) • *camicia* [ka'mi:tʃa] (= Hemd) • *camicetta* [kami'tʃetta] (= Bluse) • *bustier minv* [busti'e] • *bustino / corpino / top minv* [bus'ti:no / kor-'pi:no / top] (= Top) • *body* ['bɔ:di] • *maglietta a polo* [ma'ʎetta a 'pɔ:lo] (= Polohemd) • *T-shirt finv* [ti'ʃərt]

Oberteile können *senza maniche* ['sentsa 'ma:nike] (= ärmellos), *a maniche corte* [a 'ma:nike 'korte] (= kurzärmelig) oder *a maniche lunghe* [a 'ma:nike 'luŋge] (= langärmelig) bzw. *a mezze maniche* [a 'mɛddze 'ma:nike] (= mit Halbarm) sein.

Pantaloni, gonne e calze [panta'lo:ni, 'gɔnne e 'kaltse]
(= Hosen, Röcke und Strümpfe)
pantaloni mpl / calzoni mpl [panta'lo:ni / kal'tso:ni] (= Hose) • *(blue) jeans* [(blu) 'dʒins] (= Jeans) • *salopette finv* [salo'pɛt] (= Latzhose) • *pantaloncini / shorts* [pantalon'tʃi:ni / 'ʃɔrts] (= kurze Hose) • *bermuda mpl* [ber'mu:da] (= Bermudashorts) • *gonna* ['gɔnna] (= Rock) • *fuseaux / pantacalza* [fu'zo / panta'kaltsa] (= Leggins) • *collant minv* [kol'lan]

(= Damenstrumpfhose) • *calza* ['kaltsa] (= Strumpf) • *calzino* [kal'tsi:no] (= Socke)

Bei *pantaloni, calzoni, collant* entspricht dem deutschen Singular ein italienischer Plural: *Questi pantaloni sono troppo stretti.* (= Diese Hose ist zu eng.)

Biancheria intima e abbigliamento mare [bianke'ri:a 'intima e abbiʎa'mento 'ma:re] **(= Unterwäsche und Badekleidung)**
mutande fpl [mu'tande] (= Herren- / Damenunterhose) • *mutandine fpl* [mutan'di:ne] (= Damenunterhose) • *slip minv* ['slip] (= Slip) • *boxer minv* ['bɔkser] (= Boxershorts) • *canottiera / maglietta* [kanotti'ɛ:ra / ma'ʎetta] (= Unterhemd) • *sottoveste f* [sotto'vɛste] (= Unterkleid) • *reggiseno* [reddʒi'se:no] (= BH) • *body minv* ['bɔ:di] • *costume da bagno m* [kos'tu:me da 'ba:ɲo] (= Badehose für Herren / Badeanzug für Damen) • *costume intero m* [kos'tu:me inte:ro] (= einteiliger Badeanzug für Damen) • *bikini minv* [bi'ki:ni] • *monokini* [mɔnɔ'ki:ni] • *accappatoio* [akkappa'tɔ:io] (= Bademantel)

Biancheria da notte [bianke'ri:a da 'nɔtte] **(= Nachtwäsche)**
camicia da notte [ka'mi:tʃa da 'nɔtte] (= Damennachthemd) • *pigiama m* [pi'dʒa:ma] (= Schlafanzug) • *vestaglia* [ves'ta:ʎa] (= Morgenrock)

***Calzature** fpl* [kaltsa'tu:re] **(= Fußbekleidung)**
scarpa ['skarpa] (= Schuh) • *scarpe stringate* ['skarpe strin'ga:te] (= geschnürte Halbschuhe) • *mocassini* [mokas'si:ni] (= Slipper) • *scarpe scollate* ['skarpe skol'la:te] (= Pumps) • *scarpe coi tacchi alti* ['skarpe koi 'takki 'alti] (= hochhackige Schuhe) • *stivale m* [sti'va:le] (= Stiefel) • *stivali di gomma* [sti'va:li di 'gomma] (= Gummistiefel) • *sandali* ['sandali] (= Sandalen) • *pantofole / ciabatte* [pan'tɔ:fole / tʃa-'batte] (= Hausschuhe) • *scarpe da ginnastica* ['skarpe da dʒin'nastika] (= Turnschuhe) • *tacco* ['takko] (= Absatz)

Le calzature si possono mettere ['mettere] (= anziehen), *portare* [por'ta:re] (= tragen) *o togliere* ['tɔ:ʎere] (= ausziehen); *le scarpe stringate* (= Schnürschuhe) *si possono allacciare* [allatʃ'ʃa:re] (= schnüren) *oppure slacciare* [slatʃ'ʃa:re] (= öffnen); *chi ama le sue scarpe, le deve lucidare* [lutʃi'da:re] *o lustrare* [lu'stra:re] (= putzen) *ogni giorno. Quando le suole* [su'ɔ:le] (= Sohlen) *o i tacchi* (= Absätze) *sono consumati* [konsu'ma:ti] (= abgelaufen), *bisogna portare le scarpe dal calzolaio* [kaltso'la:io] (= Schuster) *per farle risuolare* [risuo'la:re] (= neu besohlen lassen). *Le scarpe non devono stringere* ['strindʒe:re] (= drücken), *ma calzare bene* [kal'tsa:re 'bɛ:ne] (= gut passen).

Copricapi [kɔpri'ka:pi] **(= Kopfbedeckungen)**
cappello [kap'pɛllo] (= Hut) • *paglietta* [pa'ʎetta] (= Strohhut) • *basco* ['basko] (= Baskenkappe) • *berretto* [ber'retto] (= Mütze) • *berretto con visiera* [ber'retto kon visi'ɛ:ra] (= Schirmmütze) • *foulard minv / fazzoletto da testa* [fu'lar / fattso'letto da 'tɛsta] (= Kopftuch) • *cappuccio* [kap'puttʃo] (= Kapuze) • *casco* ['kasko] (= Sturzhelm)

Altri articoli e accessori d'abbigliamento ['altri ar'ti:koli e attʃes'sɔ:ri dabbiʎa'mento] **(= Weitere Kleidungsstücke und Zubehör)**
overall minv / tuta ['ɔvɛrɔll / 'tu:ta] (= Overall) • *grembiule m* [grembi'u:le] (= Schürze) • *cravatta* [kra'vatta] (= Krawatte) • *farfalla* [far'falla] (= Fliege) • *foulard minv* [fu'lar] (= Halstuch / leichter Schal) • *scialle m* ['ʃalle] (= schwerer Schal) • *fazzoletto da naso* [fattso'letto da 'na:zo] (= Taschentuch) • *guanti* [gu'anti] (= Handschuhe) • *cintura* [tʃin'tu:ra] (= Gürtel) • *bretelle* [bre'telle] (= Hosenträger) • *bottone m* [bot'to:ne] (= Knopf) • *cerniera lampo / zip* [tʃerni'ɛ:ra 'lampo / 'dzip] (= Reißverschluss) • *portafogli minv* [porta'fɔ:ʎi] (= Portemonnaie, Brieftasche) • *portamonete minv* [portamo'ne:te] (= Geldbeutel) • *sciarpa* ['ʃa:rpa] (= Schal) • *ombrello* [om'brɛllo] (= Schirm) • *bastone m* [bas'to:ne] (= Stock) • *fiocco* [fi'ɔkko] (= Schleife) • *orologio* [oro'lɔ:dʒo] (= Uhr) • *cinturino* [tʃintu'ri:no] (= Uhrarmband) • *colletto* [kol'letto] (= Kragen)

Gioielli *mpl* [dʒoi'ɛllo] **(= Schmuck)**
gioiello [dʒoi'ɛllo] (= Schmuckstück; Juwel) • *braccialetto* [bratʃʃa'letto] (= Armband) • *bracciale m* [brat'tʃa:le] (= Armreif) • *catena* [ka'te:na] (= Kette) • *anello* [a'nɛllo] (= Ring) • *diamante m* [dia'mante] (= Diamant) • *perla* ['pɛrla] (= Perle) • *prezioso* [pretsi'o:so] (= wertvoll) • *bigiotteria* [bidʒotte'ri:a] (= Modeschmuck)

capo ['ka:po]	**Kleidungsstück; Teil**
combinare [kombi'na:re]	**kombinieren**
Tutti i nostri capi si possono combinare.	Alle unsere Teile kann man kombinieren.
vestiti *mpl* [ve'sti:ti]	**Kleidung;** (Anzieh-)**Sachen**
Ho bisogno di un vestito nuovo.	Ich brauche was Neues zum Anziehen.
vestito casual / informale	legere Kleidung
vestire – **vestirsi** [ve'sti:re – ve'stirsi]	**(sich) anziehen / kleiden**
Marta si veste sempre molto bene.	Marta zieht sich immer gut an.
Il papà veste il bimbo.	Der Papa zieht das Kind an.
portare [por'ta:re] / **indossare**	**tragen**

Non porto mai il cappello.	Ich trage nie einen Hut.
mettersi ['mettersi]	**anziehen; (*Hut*) aufsetzen**
È meglio se ti metti un maglione.	Du ziehst besser einen dicken Pulli an.
togliersi ['tɔːʎersi]	**ausziehen; (*Hut*) abnehmen**
Marco si è tolto il cappello.	Marco legte den Hut ab.
spogliarsi [spo'ʎaːrsi]	**sich (nackt) ausziehen**
Dottore, devo spogliarmi?	Doktor, soll ich mich ausziehen?
nudo ['nuːdo]	**nackt**
provare [pro'vaːre]	**anprobieren**
Mi fa provare questa giacca?	Kann ich diese Jacke anprobieren?
cambiarsi [kambi'arsi]	**sich umziehen**
moda ['mɔːda]	**Mode**
moda femminile / maschile	Damenmode / Herrenmode
démodé / fuori moda	aus der Mode / unmodern
andare / stare bene [an'daːre / 'staːre 'bɛːne]	**stehen, passen**
Come mi sta questa gonna?	Wie steht mir dieser Rock?
taglia ['taːʎa]	**Größe**
Che taglia porti?	Was für eine Größe trägst du?
numero ['nuːmero]	**(Schuh)Größe**
Che numero di scarpa porta?	Welche Schuhgröße tragen Sie?
largo ['largo]	**weit**
Questi pantaloni sono troppo larghi.	Diese Hose ist zu weit.
stretto ['stretto]	**eng**
È stretto di vita.	Das ist zu eng an der Taille.
lungo ['lungo]	**lang**
Le maniche sono troppo lunghe.	Die Ärmel sind zu lang.
corto ['korto]	**kurz**
Cerco pantaloni corti.	Ich suche kurze Hosen.
in tinta unita [in 'tinta u'niːta]	**einfarbig**
a quadri [a ku'aːdri]	**kariert**
a righe [a 'riːge]	**gestreift**
a puntini [a pun'tiːni]	**gepunktet**
buco ['buːko]	**Loch**
cucire [ku'tʃiːre]	**nähen**
Se vuoi, ti cucio il buco nel calzino.	Wenn du willst, nähe ich dir das Loch in der Socke.
stile *m* ['stiːle]	**Stil**
uno stile personalizzato	ein individueller Stil
stoffa – tessuto ['stɔffa – tes'suːto]	**Stoff – Gewebe**
seta ['seːta]	**Seide**

4.1 Malattie e sintomi
Krankheiten und Symptome

malattia [malat'ti:a]	**Krankheit** (*allgemein*)
malattie infantili	Kinderkrankheiten
male *m* ['ma:le]	**Krankheit** (*im Sinne von Unwohlsein bzw. Schmerzen*)
Ad andare in macchina gli viene subito il mal d'auto.	Ihm wird beim Autofahren sofort übel.
mal di gola – mal di testa	Halsschmerzen – Kopfschmerzen

Folgt dem Substantiv *male* ein zweites Wort, z. B. bei *mal di* ... (= ...schmerzen), fällt das auslautende *-e* von *male* ersatzlos weg.

ammalarsi [amma'larsi]	**krank werden**
Chi si ammala deve consultare un medico.	Wer krank wird, muss einen Arzt zu Rate ziehen.
ammalato [amma'la:to]	**krank, erkrankt**
Da quando è ammalato?	Seit wann sind Sie krank?
malato(-a) [ma'la:to]	**Kranke – krank**
Come sta il malato oggi?	Wie geht es dem Kranken heute?
tremare [tre'ma:re]	**zittern**
Il malato trema dal freddo.	Der Kranke zittert vor Kälte.
restare – **rimanere** [res'ta:re – rima'ne:re]	**bleiben**
Se ho la febbre resto a letto.	Wenn ich Fieber habe, bleibe ich im Bett.
Dovrebbe rimanere in casa ancora per qualche giorno.	Sie sollten noch ein paar Tage drin bleiben.
affrontare [affron'ta:re]	**angehen, herangehen an; ins Auge sehen; sich stellen**
Bisogna affrontare le malattie con coraggio.	Krankheiten muss man mutig angehen.
cavarsela [ka'varsela]	**es schaffen; davonkommen**
Se l'è cavata con lievi contusioni.	Er ist mit leichten Prellungen davongekommen.
grave / lieve ['gra:ve – li'ɛ:ve]	**ernst; schwer / harmlos, leicht**
guarire [gua'ri:re]	**wieder gesund werden; verheilen**
Sei guarito? Che bella nuova!	Du bist wieder gesund? Was für eine schöne Nachricht!

guarito [gua'ri:to] — **genesen**
Sei guarito del tutto? — Bist du wieder ganz gesund?
guarigione *f* [guari'dʒo:ne] — **Besserung, Genesung**

i Gute Besserung wünscht man in Italien mit *buona / pronta guarigione!* (= gute / rasche Besserung!).

riprendersi [ri'prɛndersi] — **sich erholen**
Mi sono ripreso del tutto. — Ich habe mich völlig erholt.
riguardarsi [riguar'darsi] — **sich schonen**
Deve riguardarsi. — Sie müssen sich schonen.
stare male / bene ['sta:re 'ma:le / 'bɛ:ne] — **schlecht / gut gehen**
Stai male? – No, sto bene. — Geht's dir schlecht? – Nein, mir geht's gut.
far male / bene ['far 'ma:le / 'bɛ:ne] — **weh tun / gut tun**
Dove Le fa male? — Wo tut es Ihnen weh?
Questa medicina Le farà bene. — Diese Medizin wird Ihnen gut tun.
soffrire [sof'fri:re] — **leiden**
Soffre di mal di mare. — Er wird leicht seekrank.
sintomo ['sintomo] — **Symptom; Anzeichen**
scomparire [skompa'ri:re] — **verschwinden**
Bisogna prendere la medicina finché i sintomi sono scomparsi. — Man muss die Medizin nehmen, bis die Symptome weg sind.
attacco [at'takko] — **Anfall**
un attacco d'asma / di emicrania — ein Asthma- / Migräneanfall
febbre *f* ['fɛbbre] — **Fieber**
avere la febbre — Fieber haben
avere un po' di febbre — erhöhte Temperatur haben
misurare [mizu'ra:re] — **messen**
Ha già misurato la febbre? — Haben Sie schon Fieber gemessen?
termometro [ter'mɔ:metro] — **Thermometer**
nausea ['nauzea] — **Übelkeit**
Ha la nausea? — Ist Ihnen übel?
vomitare – vomito [vomi'ta:re – 'vɔ:mito] — **erbrechen – Erbrechen**
colpo ['kolpo] — **Anfall**
colpo di calore – colpo di sole — (ein) Hitzschlag – (ein) Sonnenstich
avere un collasso [a've:re un kol'lasso] — **zusammenbrechen; kollabieren**
raffreddore *m* [raffred'do:re] — **Erkältung; Schnupfen; Grippe**
buscarsi un raffreddore — sich einen Schnupfen holen

starnutire [starnu'ti:re]	**niesen**
Chi è raffreddato starnutisce spesso.	Wer erkältet ist, niest oft.
infezione *f* [infetsi'o:ne]	**Infektion**
influenza [influ'ɛntsa]	(die) **Grippe**
Si è presa un'influenza.	Sie kriegte die Grippe.
tossire – **tosse** *f* [tos'si:re – 'tosse]	**husten** – **Husten**
Lei ha una brutta tosse.	Sie hat einen schlimmen Husten.
indigestione *f* [indidʒesti'one]	**Verdauungsstörung**
diarrea [diar'rɛ:a]	**Durchfall**
ulcera allo stomaco ['ultʃera]	(Magen-)**Geschwür**
tumore *m* [tu'mo:re]	**Tumor; Geschwulst**
tumore benigno / maligno	ein gutartiger / bösartiger Tumor
cancro ['kankro]	**Krebs**
cancro allo stomaco / al seno	Magen- / Brustkrebs
È morta di cancro.	Sie starb an Krebs.

Die Endung *-ite* bedeutet *infiammazione* (= -entzündung), ist weiblich und immer betont.
appendicite (= Blinddarmentzündung) • *bronchite* (= Entzündung der Bronchien) • *polmonite* (= Lungenentzündung) • *gastrite* (= Magenschleimhautentzündung) • *tonsillite* (= Mandelentzündung)

farsi male ['fa:rsi 'ma:le]	**sich weh tun**
crampo ['krampo]	**Krampf**
Ho un crampo alla gamba.	Ich habe einen Krampf im Bein.
strappo ['strappo]	**Zerrung**
gonfiarsi [gonfi'arsi]	**(an)schwellen**
Mi ha punto un insetto e la puntura si è subito gonfiata.	Mich hat ein Insekt gestochen und der Stich ist sofort angeschwollen.
contusione *f* [kontuzi'o:ne]	**Prellung**
allergico – **allergia** [al'lɛrdʒiko – aller'dʒi:a]	**allergisch** – **Allergie**
Rosa è allergica ai pollini.	Rosa ist gegen Pollen allergisch.
prudere – **prurito** ['pru:dere – pru'ri:to]	**jucken** – **Juckreiz**
Mi prudono le mani.	Mir jucken die Hände.
insonnia [in'sɔnnia]	**Schlaflosigkeit**
Molta gente soffre di insonnia.	Viele Leute leiden unter Schlaflosigkeit.
svenimento [zveni'mento]	**Bewusstlosigkeit**
svenire	bewusstlos werden

4.2 Incidenti e ferite
Unfälle und Verletzungen

incidente *m* [intʃi'dɛnte]	**Unfall**
C'è un incidente in via Roma.	In der Via Roma ist ein Unfall.
Voglio denunciare un incidente.	Ich möchte einen Unfall melden.
È stata ferita in un incidente.	Sie wurde bei einem Unfall verletzt.
causare [kau'za:re]	**verursachen**
Secondo la polizia sarebbe stato un capriolo a causare l'incidente.	Der Polizei zufolge soll ein Reh den Unfall verursacht haben.
scivolare [ʃivo'la:re]	**(aus)rutschen**
Il pedone è scivolato su una buccia di banana.	Der Fußgänger ist auf einer Bananenschale ausgerutscht.
schiantarsi [skian'tarsi]	**zusammenstoßen; abstürzen**
Il ladro si è schiantato con la macchina contro un muro.	Der Dieb fuhr mit dem Auto gegen eine Mauer.
scontro / collisione *f* ['skontro / kollisi'o:ne]	**Zusammenstoß**
Sei persone sono morte nello scontro.	Bei dem Zusammenstoß kamen sechs Menschen ums Leben.
cozzare [kot'tsa:re]	(*Auto*) **prallen** (gegen)
La macchina ha cozzato contro il guardrail.	Das Auto prallte gegen die Leitplanke.

Dass jemand angefahren wird, kann mit *urtare* oder *investire* ausgedrückt werden, das Überfahrenwerden entweder ebenfalls mit *investire* oder aber mit *travolgere*.

incolume / illeso / indenne [in'kɔ:lume / il'le:zo / in'dɛnne]	**unverletzt**
ferire [fe'ri:re] – **ferirsi** [fe'ri:rsi]	**verletzen, sich verletzen**
Si è ferita durante l'incendio.	Sie hat sich bei dem Brand verletzt.
ferita [fe'ri:ta]	**Verletzung**
Ha subito ferite alla testa.	Er / Sie erlitt Kopfverletzungen.
cadere [ka'de:re]	**(herunter)fallen; stürzen**
rompere ['rompere] – **rompersi**	**brechen – sich brechen**
È caduto e si è rotto la / una gamba.	Er ist gestürzt und hat sich das / ein Bein gebrochen.
frattura – fratturarsi [frat'tu:ra – frattu'rarsi]	(Knochen-)**Bruch; Fraktur – sich brechen**

ustione *f* – **ustionarsi** [usti'o:ne – ustio'narsi]	**Verbrennung – sich verbrennen**
Si è ustionato un dito.	Er hat sich einen Finger verbrüht.
scottatura – scottarsi [skotta'tu:ra – skot'tarsi]	**Sonnenbrand – sich einen Sonnenbrand zuziehen**
soffocamento – soffocare [soffoka'mento – soffo'ka:re]	**Ersticken – ersticken**
Due persone sono morte soffocate.	Zwei Personen erstickten.
slogare – lussare [zlo'ga:re – lus'sa:re]	**ausrenken / verrenken – auskugeln**
Mi sono slogata un piede.	Ich habe mir einen Fuß vertreten.
distorcere / storcere [dis'tɔrtʃere / 'stɔrtʃere]	**verdrehen; verrenken; verstauchen**
livido – contusione *f* – **ematoma** *m* ['li:vido – kontuzi'o:ne – ema'tɔ:ma]	**blauer Fleck – Prellung – Bluterguss**
Aveva lividi dappertutto.	Er / Sie hatte überall blaue Flecken.
sanguinare [sangui'na:re]	**bluten**
Mi sanguina il naso!	Meine Nase blutet!
fasciare una ferita [fa'ʃa:re]	eine Wunde **verbinden**
benda ['benda]	**Verband**
cerotto [tʃe'rɔtto]	(Heft-)**Pflaster**
Dai, passami un cerotto!	Gib mir schnell mal ein Pflaster!
vittima / ferito(-a) ['vittima / fe'ri:to]	(Unfall-)**Opfer; Verletzte(r)**
shock *m* ['ʃɔk]	**Schock**
Era sotto shock.	Sie stand unter Schock.
soccorso [sok'korso]	**Hilfe; Hilfeleistung**
prestare i primi soccorsi	Erste Hilfe leisten
pronto soccorso / ricovero d'urgenza	Notaufnahme
soccorrere	bergen
rianimare [riani'ma:re]	**wiederbeleben**
curare [ku'ra:re]	(ärztlich) **behandeln**
Le vittime sono state curate da un medico sul luogo dell'incidente.	Die Opfer sind an der Unfallstelle ärztlich versorgt worden.
ambulanza [ambu'lantsa]	**Krankenwagen**
chiamare l'ambulanza	einen Krankenwagen rufen
ricoverare [rikove'ra:re] in ospedale	ins Krankenhaus **einliefern**
caso d'emergenza ['ka:zo demer'dʒɛntsa]	**Notfall**
condizioni *fpl* [konditsi'o:ni]	**Zustand; Verfassung**
Versa ancora in condizioni critiche.	Ihr / Sein Zustand ist immer noch kritisch.

4.3 Invalidità
Behinderungen

invalidità [invalidi'ta]	**Invalidität; Erwerbsunfähigkeit**
invalido [in'va:lido]	**invalide; körperbehindert / Invalide**
Dopo l'incidente sul lavoro Franco è rimasto invalido.	Nach dem Arbeitsunfall war Franco schwer behindert.
disturbo [dis'turbo]	(Funktions-)**Störung**
Egli soffre di disturbi mentali.	Er leidet an einer Geisteskrankheit.
difetto [di'fɛtto]	**Fehler**
difetto di pronuncia	Sprachfehler
ritardato(-a) (mentale) [ritar'da:to]	(geistig) **zurückgeblieben;** (geistig) **Zurückgebliebene(r)**
handicap *m* ['andikap]	**Behinderung**
handicappato(-a) [andikap'pa:to]	**behindert; ein(e) Behinderte(r)**
handicappato fisicamente / mentalmente	körperlich / geistig behindert
ridurre – riduzione *f* / **debolezza** [ri'durre – ridutsi'o:ne / debo'lettsa]	**beeinträchtigen – Beeinträchtigung**
debolezza d'udito	Schwerhörigkeit
La facoltà visiva di Letizia è ridotta.	Letizias Sehkraft ist eingeschränkt.
inabile [i'na:bile]	**unfähig; untauglich / Behinderte(r)**
inabile al lavoro	arbeitsunfähig
incapace – incapacità [inka'pa:tʃe – inkapatʃi'ta]	**außerstande – Unfähigkeit**
È incapace di parlare / camminare.	Er kann nicht sprechen / laufen.
storpio – storpiarsi ['stɔrpio – storpi'arsi]	**Krüppel / verkrüppelt – zum Krüppel werden**
È caduto da cavallo e si è storpiato.	Er ist vom Pferd gestürzt und zum Krüppel geworden.
sordo ['sordo]	**taub**
È sordo da un orecchio.	Er ist taub auf einem Ohr.
sordomuto [sordo'mu:to]	**taubstumm**
muto ['mu:to]	**stumm**
cieco ['tʃɛ:ko]	**blind**
È cieco dalla nascita.	Er ist von Geburt an blind.
paralizzato [paralid'dza:to]	**gelähmt**
controllare [kontrol'la:re]	**kontrollieren**
Non riesce a controllare né i muscoli delle braccia né quelli del collo.	Er / Sie kann ihre Arm- und Nackenmuskeln nicht kontrollieren.

4.4 Dal medico – in ospedale
Beim Arzt – im Krankenhaus

i Umgangssprachlich und in der Anrede wird der Arzt auch *dottore* bzw. *dottoressa* [dot'toːre, -'ressa] genannt.

medico generico ['mɛːdiko dʒe'nɛːriko]	**praktischer Arzt / praktische Ärztin**
medico di base / di famiglia ['mɛːdiko di 'baːze / fa'miːʎa]	**Hausarzt / Hausärztin**
specialista *m / f* [spetʃa'lista]	**Facharzt / Fachärztin**

Alcuni specialisti **(= Einige Fachärzte)**
otorinolaringoiatra m / f (= Hals-Nasen-Ohren-Arzt / -Ärztin) • *ginecologo /-a* (= Frauenarzt / -ärztin) • *oculista m / f* (= Augenarzt / -ärztin) • *ortopedico* (= Orthopäde / Orthopädin) • *pediatra m / f* (= Kinderarzt / -ärztin) • *chirurgo* (= Chirurg /-in)

ambulatorio [ambula'tɔːrio]	**Arztpraxis**
orario di ambulatorio [o'raːrio di ambula'tɔːrio]	**Sprechstunde**
L'ambulatorio è aperto tutti i giorni dalle ... alle ..., escluso il sabato.	Täglich Sprechstunde von ... bis ..., außer samstags.
anticamera / sala d'attesa [anti'kaːmera / 'saːla dat'teːza]	**Wartezimmer, -raum**
studio medico ['stuːdio 'mɛːdiko]	**Behandlungsraum**
aspettare [aspet'taːre]	**warten**
Scusi, c'è da aspettare molto?	Entschuldigen Sie, muss man lange warten?
attendere [at'tɛndere]	**warten**
Attenda un momento, per favore.	Warten Sie bitte einen Augenblick.
appuntamento [appunta'mento]	**Termin**
Vorrei fissare un appuntamento.	Ich möchte einen Termin ausmachen.

i Außer bei Fachärzten ist ein Termin in Italien unüblich. Die Devise lautet: Hingehen und anstellen.

paziente *m / f* [patsi'ɛnte]	**Patient(in)**
disturbi *mpl* [di'sturbi]	**Beschwerden**

Che disturbi ha? Dove Le fa male?	Wo fehlt es Ihnen denn? Wo tut's denn weh?
Ho disturbi / problemi / mal / dolori di ...	Ich habe ...beschwerden / ...weh / ...schmerzen.
dolore *m* [do'lo:re]	**Schmerz**
Dottore, ho un dolore lancinante / forte / persistente qui.	Herr Doktor, ich habe einen stechenden / starken / hartnäckigen Schmerz an dieser Stelle.
mal di ... ['mal di]	**...schmerzen; ...weh**
Ho un terribile mal di testa.	Ich habe schreckliche Kopfschmerzen.
fatica [fa'ti:ka]	**Mühe, Anstrengung**
Faccio fatica a concentrarmi.	Ich habe Mühe, mich zu konzentrieren.
appetito [appe'ti:to]	**Appetit**
Ha appetito?	Wie ist es mit Ihrem Appetit?
auscultare [auskul'ta:re]	**abhorchen**
Dica 33 (trentatre)!	Sagen Sie mal „Aah"!
respirare [respi'ra:re]	**atmen**
Respiri profondamente!	Atmen Sie bitte tief durch!
febbre *f* ['fɛbbre]	**Fieber**
misurare [mizu'ra:re]	**messen**
Dobbiamo misurare la febbre / la temperatura.	Wir müssen das Fieber / die Temperatur messen.
Ho 40 di febbre.	Ich habe 40 Fieber.
pressione *f* **del sangue** [pressi'o:ne del 'sangue]	**Blutdruck**
Adesso Le misuro la pressione (del sangue).	Jetzt messe ich Ihren Blutdruck.
radiografia (*ugs.:* i raggi x) [radiogra'fi:a]	**Röntgenaufnahme**
Per sicurezza facciamo una radiografia.	Wir werden sicherheitshalber röntgen.
iniezione *f* / **puntura** [inietsi'o:ne / pun'tu:ra]	**Spritze**
Il medico Le fa una puntura.	Der Arzt gibt Ihnen eine Spritze.
spogliarsi [spo'ʎarsi]	**sich ausziehen**
Si vuole spogliare, per favore?	Würden Sie sich bitte ausziehen?
rivestirsi [rive'stirsi]	**sich wieder anziehen**
Si può rivestire.	Sie können sich wieder anziehen.
visitare [vizi'ta:re]	**untersuchen**
Si sdrai sul lettino, così La posso visitare.	Legen Sie sich bitte auf die Liege, dann kann ich Sie untersuchen.

Das Verb *visitare* hat drei Bedeutungen: untersuchen, besuchen (*I nipoti visitano la nonna.*) und besichtigen (*Oggi visitiamo il duomo di Milano.*).

visita medica ['vi:zita 'mɛ:dika]	**ärztliche Untersuchung**
sottoporsi a visita medica	sich (ärztlich) untersuchen lassen
esame *m* – **esaminare** [e'za:me – ezami'na:re]	**Untersuchung – untersuchen**
Dovremo fare un esame del sangue.	Wir werden eine Blutuntersuchung machen müssen.
risultato [risul'ta:to]	**Ergebnis**
Per i risultati può ripassare tra tre giorni.	Wegen der Ergebnisse können Sie in drei Tagen wiederkommen
risultare [risul'ta:re]	**sich erweisen als; ausfallen**
Può stare tranquillo, l'esame è risultato negativo.	Sie können beruhigt sein, der Test ist negativ ausgefallen.
mancanza – **mancare** [man'kantsa – man'ka:re]	**Mangel – fehlen**
Dall'esame risulta che Lei soffre di una mancanza di mangano.	Aus der Untersuchung geht hervor, dass Sie an Manganmangel leiden.
medicamento / **medicina** [medika'mento / medi'tʃi:na]	**Medikament / Medizin**
pillola ['pillola] / **pastiglia** [pas'ti:ʎa] / **compressa** [kom'prɛssa]	**Pille; Tablette**
Prenda queste compresse due volte al giorno.	Nehmen Sie diese Tabletten zweimal am Tag.
fare effetto ['fa:re ef'fɛtto]	**wirken**
Attenzione che queste compresse fanno effetto subito!	Vorsicht, diese Pillen wirken sofort!
pomata [po'ma:ta]	**Salbe**
Le prescrivo una pomata per lenire il dolore.	Ich verschreibe Ihnen eine Salbe, die den Schmerz lindert.
ricetta [ri'tʃɛtta]	**Rezept**
Le serve una ricetta?	Brauchen Sie ein Rezept?
prescrivere [pres'kri:vere]	**verschreiben**
Le prescrivo queste supposte. Ne prenda due al giorno.	Ich verschreibe Ihnen diese Zäpfchen. Nehmen Sie zwei am Tag davon.
trattamento [tratta'mento]	**Anwendung**
Con i trattamenti di fango mi sento molto meglio.	Mit den Fangoanwendungen geht's mir viel besser.

ambulanza [ambu'lantsa]	**Krankenwagen**
Potrebbe chiamare un'ambulanza?	Könnten Sie einen Krankenwagen holen?
pronto soccorso ['pronto sok'korso]	**Notaufnahme**
È un'emergenza, dov'è un pronto soccorso?	Das ist ein Notfall, wo ist eine Notaufnahme?
ospedale *m* [ospe'da:le]	**Krankenhaus; Klinik**
Giorgio è stato ricoverato in ospedale.	Giorgio ist ins Krankenhaus eingeliefert worden.
ambulatorio [ambula'tɔ:rio]	**Ambulanz**
infermiera(-e) [infer'miɛ:ra]	**(Kranken)Schwester, -pfleger**
operazione *f* [operatsi'o:ne]	**Operation**
operare [ope'ra:re]	**operieren**
Dovremo operarLa.	Wir werden Sie operieren müssen.
dentista *m / f* [den'tista]	**Zahnarzt / Zahnärztin**
Ho un appuntamento dal dentista.	Ich habe einen Termin beim Zahnarzt.
andare dal dentista	zum Zahnarzt gehen
sensibile [sen'si:bile]	**empfindlich**
Il dente è sensibile al freddo.	Der Zahn ist kälteempfindlich.
far / aver male [far / a'ver 'ma:le]	**wehtun**
Il dente mi fa male solo quando mastico.	Der Zahn tut nur weh, wenn ich kaue.
Ho mal di denti.	Ich habe Zahnweh.
gengiva [dʒen'dʒi:va]	**Zahnfleisch**
Mi sanguinano le gengive.	Mein Zahnfleisch blutet.

Der Begriff *gengiva* wird in der Regel im Plural gebraucht, da zumeist vom Zahnfleisch des Ober- und Unterkiefers die Rede ist.

ballare [bal'la:re]	**wackeln**
Ho un dente che balla.	Ich habe einen Zahn, der wackelt.
dente *m* ['dɛnte]	**Zahn**
estrarre / togliere un dente	einen Zahn ziehen
Mi hanno tolto un dente.	Mir ist ein Zahn gezogen worden.
otturare [ottu'ra:re]	**füllen; plombieren**
Bisogna otturare questo dente.	Dieser Zahn muss plombiert werden.
corona [ko'ro:na]	**Krone**
ponte *m* ['ponte]	**Brücke**
tartaro ['tartaro]	**Zahnstein**
Qui c'è molto tartaro.	Sie haben viel Zahnstein.

4.5 Vivere in modo sano
Gesunde Lebensweise

salute *f* [sa'lu:te]	**Gesundheit**
Nuotare fa bene alla salute.	Schwimmen ist gesundheitsfördernd.
dieta [di'ɛ:ta]	**Diät; Schlankheitskur**
fare una dieta	eine Diät machen
fare a meno di ['fa:re a 'me:no di]	**auf etw. verzichten**
Chi è a dieta fa a meno di dolciumi e grassi.	Wer auf Diät ist, verzichtet auf Süßigkeiten und Fette.
nutrirsi di [nu'trirsi di]	**sich ernähren;** *(Tiere)* **fressen**
Si nutre di cibi sani.	Er ernährt sich mit gesunden Lebensmitteln.
distinguere [dis'tinguere]	**unterscheiden**
Bisogna distinguere le diete sane da quelle malsane.	Man muss gesunde von ungesunden Diäten unterscheiden.
digiunare [didʒu'na:re]	**fasten**
Digiunare fa bene alla salute.	Fasten ist gesund.
prevenire [preve'ni:re]	**vorbeugen**
Si può digiunare per prevenire le malattie.	Man kann fasten, um Krankheiten vorzubeugen.
biologico [bio'lɔ:dʒiko]	**biologisch; Bio-**
alimenti / prodotti biologici	Biokost; Bio-Lebensmittel
integrale [inte'gra:le]	**Vollkorn-**
alimenti / prodotti integrali	Vollwertkost
tisana [ti'za:na]	**Kräutertee**
Desidero una tisana di menta.	Einen Pfefferminztee, bitte.
vitamina [vita'mi:na]	**Vitamin**
con l'aggiunta di vitamina C	mit Vitamin C-Zusatz
movimento [movi'mento]	**Bewegung**
Ha bisogno di più movimento.	Sie brauchen mehr Bewegung.
muoversi [muɔ'versi]	**sich bewegen**
Non ti muovi abbastanza.	Du bewegst dich nicht genug.
esercizio [eser'tʃi:tsio]	**Übung**
essere fuori esercizio	aus der Übung sein
allenamento [allena'mento]	**Training**
allenarsi [allen'arsi]	**trainieren**
Devo allenarmi tutti i giorni.	Ich muss täglich trainieren.
palestra [pa'lɛstra]	**Fitness-Center**
Mi accompagni in palestra?	Kommst du mit ins Fitness-Center?
camminare [kammi'na:re]	**spazieren gehen; wandern**

Kapitel 5

5.1 Appartamenti e case
Wohnungen und Häuser

casa ['ka:za]	**Haus; Wohnung**
casa popolare	Sozialwohnung
a casa [a 'ka:sa]	**zu Hause, zuhause; nach Hause, heim**
Chi mi accompagna a casa?	Wer bringt mich nach Hause?
facciata [fat'tʃa:ta]	**Fassade**
Molto bella la facciata di questo palazzo!	Sehr schön die Fassade dieses Altbaus!
rovina [ro'vi:na]	**Ruine**
Ma quella casa è una rovina! Io non la comprerei!	Das Haus ist ja eine Ruine! Ich würde es nicht kaufen!
tenda ['tenda]	**Zelt**
camper *m* ['kamper]	**Wohnmobil**
Quest'anno non andiamo in campeggio, prendiamo il camper.	Dieses Jahr campen wir nicht, wir nehmen das Wohnmobil.
roulotte *f* [ru'lɔt]	**Wohnwagen**
padrone(-a) di casa [pa'dro:ne di 'ka:sa]	**Hausbesitzer(in) / Gastgeber(in)**
I vostri padroni di casa sono gentili?	Sind eure Hausbesitzer nett?
cambiare casa [kambi'a:re 'ka:sa]	**umziehen**
trasferirsi [trasfe'rirsi]	**(um)ziehen**
Ho sentito che cambiate casa. Dove vi trasferite?	Ich habe gehört, dass ihr umzieht. Wo zieht ihr hin?
andare ad abitare a / in	ziehen nach (*Stadt bzw. Land*)
traslocare – trasloco [trazlo'ka:re – traz'lɔ:ko]	**umziehen – Umzug**
Come fate il trasloco? Con una spedizione?	Wie macht ihr den Umzug? Mit einer Spedition?
appartamento [apparta'mento]	(Etagen-)**Wohnung**
cercare – trovare [tʃer'ka:re – tro'va:re]	**suchen – finden**
Cerchiamo appartamento. Abbiamo messo un annuncio sul giornale.	Wir sind auf Wohnungssuche. Wir haben eine Anzeige geschaltet.
Hai poi trovato casa?	Hast du dann schließlich eine Wohnung gefunden?
ampio – angusto ['ampio – an'gusto]	**groß, geräumig; breit; weit – eng**

I monolocali sono angusti. — Einzimmerappartements sind eng.

superficie *f* [super'fi:tʃe] — **Oberfläche**

la superficie abitabile — die Wohnfläche

ristrutturare – far fare [ristruttu'ra:re – far 'fa:re] — **renovieren – machen, richten lassen**

Dobbiamo ristrutturare il bagno. — Wir müssen das Bad renovieren.

rifare [ri'fa:re] — **erneuern**

Dobbiamo rifare il parquet: è rovinato. — Wir müssen das Parkett erneuern. Es ist kaputt.

piano [pi'a:no] — **Stock(werk); Etage**

Vivono al terzo piano. — Sie wohnen im dritten Stock.

una casa a sei piani — ein sechsgeschossiges Haus

pianoterra *minv* [pi'a:no'tɛrra] — **Erdgeschoss, Parterre**

Non è pericoloso vivere al pianoterra? — Ist es nicht gefährlich, im Erdgeschoss zu wohnen?

ascensore *m* [aʃen'so:re] — **Aufzug**

prendere l'ascensore — mit dem Aufzug fahren; den Aufzug nehmen

Saliamo con l'ascensore e scendiamo a piedi. — Wir fahren mit dem Aufzug hoch und gehen zu Fuß hinunter.

salire – scendere [sa'li:re – 'ʃendere] — **hinaufgehen, -fahren – hinuntergehen, -fahren**

Abbiamo salito la scala di corsa. — Wir sind die Treppe hinaufgerannt.

Sei sceso a piedi? — Bist du zu Fuß hinuntergegangen?

Salire und *scendere* stehen im Perfekt **intransitiv** mit *essere*, **transitiv** (= mit direktem Objekt, z.B. *salire le scale*) mit *avere*.

scala ['ska:la] — **Leiter; Treppe**

Facciamo le scale? – No, sono stanco. — Nehmen wir die Treppe? – Nein, ich bin müde.

Le parti di una casa o di un appartamento **(= Teile eines Hauses oder einer Wohnung)**

camera / *stanza* / *locale* *m* ['ka:mera / 'stantsa / lo'ka:le] (= Zimmer/Raum) • *camera da letto* / *dei bambini* / *degli ospiti* ['ka:mera da 'lɛtto / 'de:i bam'bi:ni / 'de:ʎi 'ɔspiti] (= Schlaf- / Kinder- / Gästezimmer) • *salotto* / *soggiorno* [sa'lɔtto / sod'dʒorno] (= Wohnzimmer) • *sala da pranzo* ['sa:la da 'prandzo] (= Esszimmer) • *studio* ['stu:dio] (= Arbeitszimmer) • *servizi* *mpl* [ser'vi:tsi] (= Küche und Bad) • *bagno* ['ba:ɲo] (= Badezimmer) • *cucina* [ku'tʃi:na] (= Küche) •

ingresso [iŋ'grɛsso] (= Eingang) • *corridoio* [korri'do:io] (= Korridor / Gang / Flur) • *mansarda* [man'sarda] (= Dachzimmer) • *cantina* [kan'ti:na] (= Keller) • *sala hobby* ['sa:la 'ɔbbi] (= Hobbyraum) • *lavanderia* [lavande'ri:a] (= Waschraum im Keller) • *balcone m* [bal'ko:ne] (= Balkon) • *terrazza* [ter'rattsa] (= Terrasse) • *giardino* [dʒar'di:no] (= Garten) • *prato* ['pra:to] (= Rasen; Wiese) • *ai(u)ola* [aiu'ɔ:la] (= Beet) • *piscina* [piʃ'ʃi:na] (= Pool) • *garage m / box m / autorimessa* [ga'ra:ʒ / 'bɔks / autori'messa] (= Garage)

porta ['pɔrta] — **Tür**
C'è qualcuno alla porta. — Es ist jemand an der Tür.
bussare [bus'sa:re] — **klopfen**
Hanno bussato! Vai a vedere chi è? — Es hat geklopft! Schaust du mal, wer es ist?
suonare [suo'na:re] — **klingeln, läuten**
Hanno suonato! Vai ad aprire? — Es hat geklingelt. Machst du auf?
chiave *f* [ki'a:ve] — **Schlüssel**
Ho perso le chiavi di casa, che bidone! — Ich hab' die Hausschlüssel verloren, so ein Pech!
chiudere a chiave [ki'u:dere a ki'a:ve] — **abschließen, -sperren**
Hai chiuso a chiave? — Hast du abgeschlossen?
entrare – **entrata** [en'tra:re – en'tra:ta] — **hereinkommen; hineingehen; passen – Eingang**
Entri pure! — Kommen Sie herein!
Vediamo se il cartone entra in questo sacchetto. — Schauen wir mal, ob der Karton in diese Tüte passt.
uscire – **uscita** [uʃ'ʃi:re – u'ʃi:ta] — **herauskommen; hinausgehen, ausgehen – Ausgang**
A che ora esci di casa? — Um wie viel Uhr gehst du aus dem Haus?
Usciamo stasera? — Gehen wir heute Abend aus?
finestra [fi'nɛstra] — **Fenster**
affacciarsi alla finestra — ans Fenster treten; am Fenster erscheinen
muro ['mu:ro] — **Mauer**
I muri della rocca sono spessi. — Die Mauern der Burg sind dick.

Nicht verwechseln: *i muri* sind der Regelfall, *le mura* die Mauern einer Stadt!

parete *f* [pa're:te] — **Wand**

Dovremo imbiancare le pareti, tesoro! — Wir werden die Wände streichen müssen, Schatz!

pavimento [pavi'mento] — **(Fuß)boden**

Il pavimento in bagno è rivestito di mattonelle. — Der Fußboden im Bad ist mit Fliesen verkleidet.

riscaldamento [riskalda'mento] — **Heizung**

Accendo il riscaldamento? Fa freddo! — Soll ich die Heizung anmachen? Es ist kalt!

Nicht verwechseln: *soffitto* [sof'fitto] ist die (Zimmer)Decke, *soffitta* [sof'fitta] ist das Dachgeschoss, der Boden!

tetto ['tetto] — **Dach**

Il merlo canta sul tetto. — Die Amsel singt auf dem Dach.

cortile *m* [kor'ti:le] — **Hof**

I bambini giocano nel cortile. — Die Kinder spielen im Hof.

abitazione *f* [abitatsi'o:ne] — **Wohnraum; Wohnung**

la scarsità di abitazioni — der Wohnungsmangel

alloggio [al'lɔddʒo] — **Wohnung**

il mercato degli alloggi — der Wohnungsmarkt

affittare – **affitto** [affit'ta:re – af'fitto] — **(ver)mieten – Miete**

Gli affitti nelle grandi città sono alle stelle. — Die Mieten in Großstädten sind extrem hoch.

Sei riuscito ad affittare quell'appartamento? – No, il proprietario non me l'ha affittato. — Hast du es geschafft, diese Wohnung zu mieten? – Nein, der Besitzer hat sie mir nicht vermietet.

Vorsicht: *affittare* gilt für unbewegliche Sachen (z.B. Haus), *noleggiare* [noled'dʒa:re] hingegen für bewegliche Sachen (Auto, Fahrrad, Liegestuhl etc.)!

in affitto / in condominio [in af'fitto / in kondo'minio] — **Miet- / Eigentums-**

Il vostro appartamento è in affitto o in condominio? — Ist eure Wohnung eine Miet- oder eine Eigentumswohnung?

locatore *m* – **locatario** [loka'to:re / loka'ta:rio] — Vermieter – Mieter

contratto di locazione [kon'tratto di lokatsi'o:ne] — **Mietvertrag**

Avete già stipulato il contratto di locazione? — Habt ihr den Mietvertrag schon abgeschlossen?

rinnovare [rinno'va:re] — **erneuern**

5.2 Mobili, arredamento, ecc.
Möbel, Einrichtung usw.

mobile *m* ['mɔbile]	**Möbel(stück)**
ammobiliato [ammobili'a:to]	**möbliert**
Affittasi appartamento ammobiliato.	Möblierte Wohnung zu vermieten.
arredamento [arreda'mento]	**Einrichtung, Ausstattung**
arredare [arre'da:re]	**einrichten, möblieren**
Questo soggiorno è arredato con gusto.	Dieses Wohnzimmer ist geschmackvoll eingerichtet.
accogliente [akko'ʎɛnte]	**gemütlich, einladend**
La vostra casa è molto accogliente!	Eure Wohnung ist sehr gemütlich!
armadio [ar'ma:dio]	**Schrank**
È molto capiente il tuo armadio!	Dein Schrank ist sehr geräumig!
gruccia ['gruttʃa]	**Bügel**
Posso avere anche la gruccia?	Kann ich den Bügel auch haben?
appendere [ap'pɛndere]	**aufhängen**
Hai appeso l'abito sulla gruccia?	Hast du den Anzug auf den Bügel gehängt?
sofà *m* / **divano** [so'fa / di'va:no]	**Sofa**
comodo ['kɔ:modo]	**bequem**
Questo divano è elegante e comodo.	Dieses Sofa ist elegant und bequem.
poltrona [pol'tro:na]	**Sessel**
Si è seduti in una poltrona.	Man sitzt in einem Sessel.
sedia ['sɛ:dia]	**Stuhl**
Si è seduti su una sedia.	Man sitzt auf einem Stuhl.
libreria [libre'ri:a]	**Bücherregal, -schrank**
scaffale *m* [skaf'fa:le]	**Regal**(-brett)
Il libro che cerchi è sull'ultimo scaffale in alto.	Das Buch, das du suchst, ist im obersten Regal.
cassetto [kas'setto]	**Schublade**
La perforatrice è nell'ultimo cassetto in basso.	Der Locher ist in der untersten Schublade.

Tavolo ['ta:volo] ist der Tisch als Gegenstand, *tavola* ['ta:vola] ist der gedeckte (Ess)Tisch, *tavolino* [tavo'li:no] ein Beistelltisch und *scrivania* [skriva'ni:a] der Schreibtisch.

tende *fpl* ['tɛnda]	**Vorhänge**
tapparella [tappa'rɛlla]	**Rollo**

abbassare [abbas'sa:re]	**senken, herunterlassen; leiser stellen**
Abbassi la tapparella e chiudi le tende?	Lässt du das Rollo herab und machst die Vorhänge zu?
tappeto [tap'pe:to]	**Teppich**
moquette *f* [mɔ'kɛt]	**Teppichboden**
far cadere ['fa:r ka'de:re]	**fallen lassen**
rovinare [rovi'na:re]	**ruinieren; kaputtmachen**
Attenzione a non far cadere il gelato! Altrimenti rovini la moquette!	Pass' auf, dass du das Eis nicht fallen lässt! Sonst ruinierst du den Teppichboden!
televisore *m* [televi'zo:re]	**Fernseher**
accendere – **acceso** [at'tʃɛndere – at'tʃe:so]	**einschalten – an, eingeschaltet**
spegnere – **spento** ['spɛ:ɲere – 'spɛnto]	**ausschalten – aus(geschaltet)**
videoregistratore *m* [videoredʒistra'to:re]	**Videorekorder**
Il videoregistratore lo tengo per i vecchi nastri VHS.	Den Videorekorder behalte ich für die alten VHS-Kassetten.
lettore *m* **DVD** – **registratore** *m* **DVD** [let'to:re divu'di – redʒis-tra'to:re divu'di]	**DVD-Player – DVD-Rekorder**
luce *f* ['lu:tʃe]	**Licht**
Spegni la luce?	Machst du das Licht aus?
lampada ['lampada]	**Lampe**
candela [kan'de:la]	**Kerze**
decorare – **decorazione** *f* [deko'ra:re – dekoratsi'o:ne]	**dekorieren, schmücken – Dekoration**
Che ne dici? Decoriamo la tavola con qualche candela?	Was meinst du? Schmücken wir den Tisch mit ein paar Kerzen?
letto ['lɛtto]	**Bett**
andare a letto [an'da:re a 'lɛtto]	**ins Bett / schlafen gehen**
lenzuolo [lentsu'ɔ:lo], *pl. le lenzuola!*	**Laken**
cuscino [kuʃ'ʃi:no]	**Kissen**
coperta [ko'pɛrta]	**Decke**

i In Italien deckt man sich traditionell mit *lenzuola e coperte* zu.

bagno ['ba:ɲo]	**Bad**
gabinetto [gabi'netto]	**Toilette**

i In förmlicheren Situationen oder in Privatwohnungen fragen Sie: *Scusi, dov'è il bagno?* (= Verzeihung, wo ist die Toilette?). An einer Tankstelle oder im Kino fragen Sie: *Scusi, dove sono i gabinetti?* (= Verzeihung, wo ist die Toilette?).

vasca da bagno ['vaska da 'baːɲo]	**Badewanne**
doccia ['dottʃa]	**Dusche**
lavandino [lavan'diːno]	**Waschbecken**
rubinetto [rubi'netto]	**Wasserhahn**
Il rubinetto gocciola.	Der Hahn tropft.
cucina [ku'tʃiːna]	**Küche**
una bella cucina abitabile	eine schöne Wohnküche
panchina [paŋ'kiːna]	**(Sitz-)Bank**
In Baviera spesso c'è una panchina in cucina.	In Bayern steht oft eine Bank in der Küche.

***Alcuni elettrodomestici* (= Einige Elektrohaushaltsgeräte)**
elettrodomestico [elettrodo'mɛstiko] (= Elektrohaushaltsgerät) • *frigorifero* [frigo'riːfero] (= Kühlschrank) • *congelatore m* [kondʒela'toːre] (= Gefrierschrank) • *fornello* [for'nɛllo] (= Herd) • *forno* ['forno] (= Backofen) • *microonde m* [mikro'onde] (= Mikrowelle) • *lavatrice f* [lava'triːtʃe] (= Waschmaschine) • *lavastoviglie f* [lavasto'viːʎe] (= Spülmaschine) • *aspirapolvere m* [aspira'polvere] (= Staubsauger) • *ferro da stiro* ['fɛrro da 'stiːro] (= Bügeleisen) • *aria condizionata* ['aːria 'konditsio'naːta] (= Klimaanlage)

orologio [oro'lɔːdʒo]	**Uhr**
Hai caricato l'orologio in cucina?	Hast du die Küchenuhr aufgezogen?
sveglia ['zveːʎa]	**Wecker**
mettere la sveglia alle sette	den Wecker auf sieben stellen
campanello [kampa'nɛllo]	(Tür-)**Klingel**
Si prega di suonare il campanello!	Bitte klingeln!

***Altri oggetti in casa* (= Weitere Gegenstände im Haus)**
ago ['aːgo] (= Nadel) • *spillo* ['spillo] (= (Steck-)Nadel) • *corda* ['kɔrda] (= Schnur; Seil) • *gancio* ['gantʃo] (= Haken) • *catena* [ka'teːna] (= Kette) • *lampadina* [lampa'dina] (= Glühbirne) • *cassetta* [kas'setta] (= Kiste) • *cestino* [tʃes'tiːno] (= (kleiner) Korb) • *cesto* ['tʃesto] (= (großer) Korb) • *specchio* ['spɛkkio] (= Spiegel) • *bilancia* [bi'lantʃa] (= Personenwaage) • *pattumiera* [pattumi'ɛːra] (= Mülleimer)

5.3 Lavori domestici
Hausarbeit

lavori domestici *mpl* [la'vo:ri do'mɛstitʃi]	**Hausarbeit(en)**
fare i lavori di casa	die Hausarbeit erledigen
pulire [pu'li:re]	**sauber machen, putzen**
Oggi pulisco i vetri.	Heute putze ich die Fenster.
fare le pulizie ['fa:re le puli'tsi:e]	**sauber machen, putzen**
mettere a posto / in ordine *m* ['mettere a 'posto / in 'ordine]	**aufräumen, in Ordnung bringen**
Dovrò mettere in ordine la mia camera!	Ich werde mein Zimmer aufräumen müssen.
(ri)ordinare [(ri)ordi'na:re]	**aufräumen**
(dis-)ordinato [(dis)ordi'na:to]	**(un-)ordentlich, (un-)aufgeräumt**
disordine *m* [di'zordine]	**Unordnung, Durcheinander**
lavare [la'va:re]	**waschen**
lavare i piatti [la'va:re i pi'atti]	**Geschirr abwaschen**
detersivo [deter'si:vo]	**Reinigungs- / Wasch- / Spülmittel**
occorrere [ok'korrere]	**erforderlich sein; brauchen**
Per lavare i piatti occorre un detersivo.	Zum Abwaschen braucht man ein Spülmittel.
asciugare [aʃʃu'ga:re]	**(ab)trocknen**
dare una mano ['da:re una 'ma:no]	**helfen**
Mi dai una mano a asciugare le stoviglie?	Hilfst du mir, das Geschirr abzutrocknen?

***Altre parole intorno ai lavori di casa* (= Weitere Wörter rund um die Hausarbeit)**
sistemare [siste'ma:re] (= ordnen) • *fare il bucato* ['fa:re il bu'ka:to] (= Wäsche waschen) • *polvere f* ['polvere] (= Staub) • *spolverare* [spolve'ra:re] (= abstauben) • *scopare – scopa* [sko'pa:re – 'sko:pa] (= fegen – Besen) • *smacchiare – macchia* [zmakki'a:re – 'makkia] (= Fleck entfernen – Fleck) • *apparecchiare* [apparekki'a:re] (*la tavola*) (= (den Tisch) decken) • *sparecchiare* [sparekki'a:re] (= ab-, wegräumen) • *piegare* [pie'ga:re] (= falten, zusammenlegen) • *stirare* [sti'ra:re] (= bügeln) • *raccogliere* [rak'kɔ:ʎere] (= (auf-)sammeln; (auf-)wischen)

pulito – sporco [pu'li:to – 'spɔrko]	**sauber – schmutzig**
sporcizia [spor'tʃi:tsia]	**Schmutz, Dreck**

6.1 Comunità
Gemeinschaften

comunità [komuni'ta]	**Gemeinschaft**
appartenere a una comunità	einer Gemeinschaft angehören
extracomunitario(-a) ['ɛkstrakomuni'taːrio]	**nicht aus der EU stammende(r) Ausländer(in)**
straniero(-a) [strani'ɛːro]	**Ausländer(in) – ausländisch**
popolo ['pɔpolo]	**Volk**
I popoli europei vivono in pace e libertà.	Die europäischen Völker leben in Frieden und Freiheit.
libertà [liber'ta]	**Freiheit**
unione *f* [uni'oːne]	**Union; Vereinigung**
l'Unione Europea (UE)	die Europäische Union
Europa – **europeo** [eu'rɔːpa – euro'pɛːo]	**Europa – europäisch**
Sono cittadino europeo.	Ich bin EU-Bürger.
società [sotʃe'ta]	**Gesellschaft**
il ruolo della donna nella società	die Rolle der Frau in der Gesellschaft
Paese – **paese** *m* [pa'eːze]	**Land – Dorf**
i Paesi dell'Europa orientale	die osteuropäischen Länder
paese di campagna	Dorf auf dem Lande
nazione *f* [natsi'oːne]	**Volk; Nation**
nazionalità [natsionali'ta]	**Nationalität**
(Lei) di che nazionalità è?	Was für eine Nationalität haben Sie?
(inter)nazionale [internatsio'naːle]	**(inter)national**
Stato ['staːto]	**Staat**
regione *f* – **regionale** [re'dʒoːne – redʒo'naːle]	(*Italien*) **Region / Gebiet – regional**

i ***L'Italia è costituita da*** (= besteht aus) ***20 regioni:*** *il Friuli-Venezia Giulia* (= Friaul-Julisch Venetien), *il Veneto* (= Venetien), *il Trentino-Alto Adige* (= Trentino-Oberes Etschtal), *la Lombardia* (= Lombardei), *la Val d'Aosta* (= Aosta-Tal), *il Piemonte* (= Piemont), *la Liguria* (= Ligurien), *le Marche* (= Marken), *l'Emilia-Romagna* (= Emilia-Romagna), *l'Umbria* (= Umbrien), *la Toscana* (= Toskana), *l'Abruzzo* (= Abruzzen), *il Lazio* (= Latium), *il Molise* (= Molise), *la Campania* (= Kampanien), *la Puglia* (= Apulien), *la Basilicata o anche la Lucania* (= Basilikata), *la Calabria* (= Kalabrien), *la Sardegna* (= Sardinien), *la Sicilia* (= Sizilien).

provincia [pro'vintʃa]	(*Italien*) **Provinz** (*ungefähr*: Kreis)
la provincia di Milano	Provinz Mailand
area ['a:rea]	**Gegend; Gebiet**
una bella area residenziale	eine schöne Wohngegend
capitale *f* [kapi'ta:le]	**Hauptstadt** (einer Nation)
capoluogo [kapo'luɔ:go]	**Hauptstadt** (einer Region / eines Bundeslandes)
comune *m* [ko'mu:ne]	(Stadt-)**Gemeinde; Gemeindeverwaltung**
Si sono sposati in comune.	Sie haben standesamtlich geheiratet.
città [tʃit'ta]	(Groß-)**Stadt**
il centro città	die Innenstadt; das Stadtzentrum
Vai in città domani?	Fährst du morgen in die Stadt?
quartiere *m* [kuarti'ɛ:re]	**Stadtteil; Viertel**
un quartiere bene	ein besserer Stadtteil
popolazione *f* [popolatsi'o:ne]	**Bevölkerung(szahl)**
La popolazione mondiale cresce di anno in anno.	Die Weltbevölkerungszahl steigt von Jahr zu Jahr.

i In italienischen Anschriften ist stets auch **die Provinz** anzuführen, selbst wenn die Post in die Provinzhauptstadt selbst geht; also z. B. 20123 Milano (MI), 63017 Porto San Giorgio (AP) [= Provinz Ascoli Piceno in den Südmarken].

6.2 Sistemi politici e politica
Politische Systeme und Politik

politica – **politico** [po'li:tika – po'li:tiko]	**Politik – politisch**
un uomo politico	ein Politiker
sistema *m* [sis'tɛ:ma]	**System; Art, Weise**
I sistemi politici occidentali sono democratici.	Die westlichen politischen Systeme sind demokratisch.
Hai per caso capito il sistema come montare questo passeggino?	Hast du vielleicht verstanden, wie dieser Buggy zusammengebaut wird?
democrazia [demokra'tsi:a]	**Demokratie**
una democrazia parlamentare	eine parlamentarische Demokratie
democratico [demo'kra:tiko]	**demokratisch**
repubblica [re'pubblika]	**Republik**
L'Italia è una repubblica parlamentare.	Italien ist eine parlamentarische Republik.
costituzione *f* [kostitutsi'o:ne]	**Verfassung**
fondamentale [fondamen'ta:le]	**von grundlegender Bedeutung, Grund-**
La costituzione garantisce i diritti fondamentali.	Die Verfassung gewährleistet die Grundrechte.
partito [par'ti:to]	**Partei**
membro di partito	(Partei-)Mitglied
iscriversi ad un partito	einer Partei beitreten
potere *m* [po'te:re]	**Macht**
il partito al potere	die Partei an der Macht
il centro [il 'tʃentro]	**die Mitte; das Zentrum**
essere di destra / di sinistra ['ɛssere di 'dɛstra / di si'nistra]	**ein(e) Rechte(r) / ein(e) Linke(r) sein**
elezione *f* [eletsi'o:ne]	**Wahl**
campagna elettorale	Wahlkampf
eleggere [e'lɛddʒere]	**wählen**
Il Presidente della Repubblica viene eletto per sette anni.	Der Präsident der Republik Italien wird auf sieben Jahre gewählt.
voto ['vo:to]	**Wahl; Abstimmung; Stimme**
votare [vo'ta:re]	**wählen; (ab)stimmen**
Per chi hai votato?	Für wen hast du gestimmt?
candidato(-a) [kandi'da:to]	**Kandidat(in)**
Non saprei per quale candidato votare!	Ich wüsste nicht, welchen Kandidaten ich wählen soll!

6.3 Il potere legislativo
Die gesetzgebende Gewalt

camera ['ka:mera]	**Kammer**
Camera dei Deputati	Abgeordnetenkammer
parlamento bicamerale	Parlament mit zwei Kammern

i Das italienische Modell sieht einen *bicameralismo perfetto* vor, d.h., dass beide Kammern des Parlaments (= Abgeordnetenkammer und Senat) verfassungsrechtlich mit der gleichen Macht ausgestattet sind. Die *camera* hat 630 Abgeordnete, der *senato* hat 315 Mitglieder, die allesamt auf fünf Jahre gewählt werden. Parlamente haben es in Italien allerdings recht schwer, seit 1945 haben sich weit über 50 Regierungskoalitionen abgelöst. Das aktive Wahlrecht für die *camera* beträgt 18 Jahre, für den *senato* 25 Jahre.

parlamento [parla'mento]	**Parlament**
Il parlamento italiano è formato dalla Camera dei Deputati e dal Senato.	Das italienische Parlament besteht aus der Abgeordnetenkammer und dem Senat.
deputato(-a) [depu'ta:to]	(Parlaments-)**Abgeordnete(r)**
senatore(-trice) [sena'to:re(-'tri:tʃe)]	**Senator(in)**
senatore a vita	Senator auf Lebenszeit
leader *m/f* ['li:der]	**Führer(in)**
il/la leader dell'opposizione	der/die Oppositionsführer(in)
maggioranza [maddʒo'rantsa]	**Mehrheit**
eleggere a maggioranza	mit Stimmenmehrheit wählen
minoranza [mino'rantsa]	**Minderheit**
essere in minoranza	in der Minderheit sein
verbale *m* [ver'ba:le]	das **Protokoll**
stendere il verbale	ein Protokoll abfassen
discorso [dis'korso]	**Rede**
tenere un discorso	eine Rede halten
legge *f* ['lɛddʒe]	**Gesetz**
La legge è uguale per tutti.	Vor dem Gesetz sind alle gleich.
emanare una legge	ein Gesetz erlassen
a norma di legge	laut Gesetz
bilancio [bi'lantʃo]	**Haushalt(splan); Etat**
pareggiare il bilancio	den Haushalt ausgleichen
sciogliere ['ʃɔ:ʎere]	**auflösen**
sciogliere il parlamento	das Parlament auflösen

6.4 Governo
Regierung

governo [go'vɛrno]	**Regierung**
il governo federale	die Bundesregierung
formare un governo	eine Regierung bilden
cambiamento di governo [kambia'mento di go'vɛrno]	**Regierungswechsel**
favorevole [favo're:vole]	**zustimmend; günstig**
Sono favorevole a un cambiamento di governo.	Ich stehe einem Regierungswechsel zustimmend gegenüber.
governare [gover'na:re]	**regieren**
Chi governa da voi?	Wer regiert bei euch?
opposizione *f* [oppozitsi'o:ne]	**Opposition; Widerstand**
formare [for'ma:re]	**bilden, entwickeln; formen**
Governo e opposizione formano il Parlamento.	Regierung und Opposition bilden das Parlament.
presidente *m* [prezi'dɛnte]	**Präsident; Vorsitzende**
il Presidente del Consiglio	Ministerpräsident
il presidente del consiglio direttivo	der Vorstandsvorsitzende
consiglio [kon'si:ʎo]	**Rat; Rat(schlag)**
il Consiglio dei Ministri	der Ministerrat
Ti do un consiglio: non insistere!	Ich geb' dir einen Rat: Lass' gut sein!
cancelliere *m* [kantʃelli'ɛ:re]	**Kanzler**
Capo dello Stato ['ka:po 'dello 'sta:to]	**Staatsoberhaupt**
indipendente [indipen'dɛnte]	**unabhängig**
Il Capo dello Stato deve essere indipendente.	Das Staatsoberhaupt muss unabhängig sein.
gabinetto [gabi'netto]	**Kabinett**
ministero [mini'stɛ:ro]	**Ministerium**
il Ministero per gli Affari Esteri	das Außenministerium
carica ['ka:rika]	**Amt**
È entrato in carica il 1° maggio.	Er trat am 1. Mai sein Amt an.
ministro [mi'nistro]	**Minister(in)**
ministro per gli / degli Esteri	Außenminister(in)
nomina – nominare ['nɔ:mina – nomi'na:re]	**Ernennung – ernennen**
È stato nominato ministro per gli Esteri.	Er wurde zum Außenminister ernannt.
dimettersi [di'mettersi]	**zurücktreten**
Si è dimesso.	Er ist zurückgetreten.

6.5 Sistema giuridico e polizia
Rechtswesen und Polizei

legge *f* ['lɛddʒe]	**Gesetz; Recht**
rispettare la legge	das Gesetz befolgen
(il)legale [(il)le'ga:le]	**(il)legal, (un)gesetzlich**
un comportamento (il)legale	ein (il)legales Verhalten
tribunale *m* [tribu'na:le]	**Gericht**
deporre in tribunale	vor Gericht aussagen
corte *f* ['korte]	**Gericht(shof)**
giurare [dʒu'ra:re]	**schwören**
Giuri di dire la verità!	Schwören Sie, die Wahrheit zu sagen!
processo [pro'tʃɛsso]	(Gerichts-)**Verfahren; Prozess**
azione *f* [atsi'o:ne]	**Verfahren; Klage**
intentare / promuovere un'azione	gegen jemanden Klage erheben
civile / penale [tʃi'vi:le / pe'na:le]	**zivil, bürgerlich / strafrechtlich**
È un'azione civile.	Es ist ein Zivilverfahren.
giudice *m* ['dʒu:ditʃe]	**Richter**
prova ['prɔ:va]	**Beweis, Nachweis**
evidente [evi'dɛnte]	**offensichtlich**
Le prove sono evidenti.	Die Beweise sind offensichtlich.
avvocato [avvo'ka:to]	**Rechtsanwalt**
rivolgersi a [ri'vɔldʒersi a]	**sich wenden an**
Penso che dovremo rivolgerci a un avvocato.	Ich denke, wir werden uns an einen Anwalt wenden müssen.
denuncia – **denunciare** [de'nuntʃa – denun'tʃa:re]	**Anzeige – anzeigen**
Mi hanno denunciato per aver fumato in un bar!	Ich bin angezeigt worden, weil ich in einer Bar geraucht habe!
accusa – **accusare** [ak'ku:za – akku'za:re]	**Anklage – beschuldigen; anklagen**
È stato accusato di furto.	Er wurde des Diebstahls beschuldigt.
difesa – **difendere** [di'fe:sa – di'fɛndere]	**Verteidigung – verteidigen**
testimone *m / f* [testi'mɔ:ne]	**Zeuge / Zeugin**
Sono testimone oculare dell'incidente.	Ich bin Augenzeuge des Unfalls.
descrivere [des'kri:vere]	**beschreiben**
Posso descrivere come è successo.	Ich kann beschreiben, wie es geschehen ist.

reato [re'a:to]	**Straftat; Delikt**
crimine *m* ['kri:mine]	**Verbrechen; Straftat**
commettere un crimine	ein Verbrechen begehen
omicidio [omi'tʃi:dio]	(*juristisch*) **Tötung; Mord; Totschlag**
squadra omicidi	Mordkommission

Der italienische Begriff *squadra* [sku'a:dra] hat im Deutschen zahlreiche Bedeutungen: *squadra azzurra* [sku'a:dra ad'dzurra] (= italienische Fussballnationalmannschaft); *squadra di soccorso* [sku'a:dra di sok'korso] (= Rettungsdienst); *squadra di polizia* [sku'a:dra di poli'tsi:a] (= Polizeistreife); *squadra di operai* [sku'a:dra di ope'ra:i] (= Team von Arbeitern); *lavoro di squadra* [la'vo:ro di sku'a:dra] (= Teamarbeit).

innocente – colpevole [inno'tʃɛnte – kol'pe:vole]	**unschuldig – schuldig**
sospetto(-a) – sospettare [sos'pɛtto – sospet'ta:re]	**Verdächtige(r) – verdächtigen**
È stato sospettato di scippo.	Er wurde des Handtaschendiebstahls verdächtigt.
imputato(-a) [impu'ta:to]	**Angeklagte(r)**
dichiarare [dikia'ra:re]	**erklären / verzollen**
Ha qualcosa da dichiarare?	Haben Sie etwas zu verzollen?
dichiarazione *f* [dikiaratsi'o:ne]	**Erklärung**
secondo le sue dichiarazioni	seinen Erklärungen zufolge
assolvere [as'sɔlvere]	**freisprechen**
L'imputato ha dichiarato sempre la sua innocenza e alla fine è stato assolto.	Der Angeklagte hat stets seine Unschuld beteuert und ist schließlich freigesprochen worden.
convincere [kon'vintʃere]	**überzeugen**
Ciò non mi convince.	Das überzeugt mich nicht.
ammettere [am'mettere]	**zugeben**
Il ladro ha ammesso di aver rubato.	Der Dieb hat zugegeben, dass er gestohlen hat.
confessare [konfes'sa:re]	**gestehen**
colpa / innocenza ['kolpa / inno'tʃɛntsa]	**(Un)Schuld**
Ha confessato la sua colpa.	Er hat seine Schuld gestanden.
dubbio – dubitare ['dubbio – dubi'ta:re]	**Zweifel – bezweifeln**
Nutro dubbi. Dubito della sua innocenza.	Ich hege Zweifel. Ich bezweifele ihre / seine Unschuld.
condannare [kondan'na:re]	**verurteilen**

pena ['pe:na]	**Strafe**
È stato condannato a una pena detentiva.	Er ist zu einer Haftstrafe verurteilt worden.
punire [pu'ni:re]	**bestrafen**
L'eccesso di velocità è stato punito con una multa salata.	Die Geschwindigkeitsübertretung ist mit einem saftigen Bußgeld bestraft worden.
conclusione *f* [konkluzi'o:ne]	**(Ab)schluss, Ende**
concludere – **concludersi** [koɲ'klu:dere – koɲ'klu:dersi]	**beenden, abschließen** – **enden**
Il processo si è concluso con una sentenza d'assoluzione.	Der Prozess endete mit einem Freispruch.
Ho concluso il progetto appena stanotte.	Ich habe das Projekt gerade erst heute nacht abgeschlossen.
multa ['multa]	**Bußgeld; Strafzettel**
Mi hanno dato una multa di 20 euro.	Ich habe einen Strafzettel über 20 Euro bekommen.
prigione *f* [pri'dʒo:ne]	**Gefängnis**
evadere [e'va:dere]	**fliehen, ausbrechen**
È evaso dalla prigione.	Er ist aus dem Gefängnis ausgebrochen.
guardia [gu'ardia]	**Wache**
Polizia di Stato [poli'tsi:a di 'sta:to]	**(Staats)Polizei**
stazione *f* di polizia	(Polizei-)Revier, Wache
poliziotto(-a) [politsi'ɔtto]	**Polizist(in)**
proteggere [pro'tɛddʒere]	**(be)schützen**
La polizia protegge i cittadini.	Die Polizei schützt die Bürger.
arrestare – **arresto** [arres'ta:re – ar'rɛsto]	**festnehmen, verhaften** – **Festnahme, Haft**
La polizia ha arrestato due sospetti.	Die Polizei hat zwei Verdächtige festgenommen.
Carabiniere *m* [karabini'ɛ:re]	**Polizist, Gendarm**
controllare [kontrol'la:re]	**kontrollieren, überprüfen**
Mi hanno controllato i Carabinieri.	Ich bin von den Carabinieri kontrolliert worden.
obbligare – **costringere** [obbli'ga:re – kos'trindʒere]	**zwingen**
I Carabinieri mi hanno obbligato a seguirli.	Die Carabinieri haben mich gezwungen, ihnen zu folgen.
modulo ['mɔ:dulo]	**Formular**
compilare un modulo	ein Formular ausfüllen
vigile(-essa) ['vi:dʒile, vidʒi'lessa]	**Verkehrspolizist(in)**
regolare il traffico	den Verkehr regeln

6.6 Tasse
Steuern

tassa – **tasse** ['tassa]	**Steuer – Steuern**
aumentare / **abbassare** [aumen'ta:re / abbas'sa:re]	**erhöhen / herabsetzen, senken**
Purtroppo continuano a aumentare le tasse.	Leider werden die Steuern ständig erhöht.
restituire [restitu'i:re]	**zurückgeben, rückerstatten**
Ai fortunati viene restituito qualcosa.	Den Glücklichen wird etwas rückerstattet.
aumento / riduzione delle tasse	Steuererhöhung / Steuersenkung
esente da tasse; esentasse	steuerfrei
imposta [im'pɔsta]	**Steuer; Abgabe**
imposte dirette / indirette	direkte / indirekte Steuern
imposta sul valore aggiunto (= IVA) [im'pɔsta sul va'lo:re ad'dʒunto]	**Mehrwertsteuer**
lordo / **netto** ['lordo / 'netto]	**brutto, Brutto- / netto, Netto-**
L'importo lordo è di 100 euro, al netto di IVA invece è di 80 euro.	Der Bruttobetrag beträgt 100 Euro, ohne MWSt. dagegen macht er 80 Euro aus.
fisco / erario ['fisko / e'ra:rio]	**Fiskus / Steuerbehörde**
fiscale [fis'ka:le]	**steuerlich, Steuer-**
consulente *m / f* fiscale / fiscalista *m / f*	Steuerberater(in)
evasione *f* fiscale	Steuerhinterziehung
ricevuta fiscale [ritʃe'vu:ta]	ein steuerlichen Vorschriften entsprechender **Beleg**
scontrino fiscale [skon'tri:no]	ein steuerlichen Vorschriften entsprechender **Kassenbon**
evadere [e'va:dere]	**hinterziehen**
Purtroppo molti evadono le imposte impuniti.	Leider hinterziehen viele ungestraft Steuern.
codice *m* **fiscale** ['kɔ:ditʃe fis'ka:le]	**Steuernummer**
Hai già richiesto il tuo codice fiscale?	Hast du schon deine Steuernummer beantragt?
reddito ['rɛddito]	**Einkommen**
compilare la dichiarazione dei redditi	die Einkommensteuererklärung ausfüllen
lavorare a / in nero [lavo'ra:re a / in 'ne:ro]	**schwarz arbeiten**

6.7 Sicurezza sociale
Soziale Sicherheit

sicurezza sociale [siku'rettsa so'tʃa:le]	**soziale Sicherheit**
La sicurezza sociale negli Stati occidentali diventa sempre meno.	Die soziale Sicherheit in den Staaten des Westens wird immer geringer.
assistenza sociale [assi'stɛntsa so'tʃa:le]	**Sozialhilfe**
approfittare di [approfit'ta:re di]	**(aus)nutzen**
Alcune pecore nere approfittano delle prestazioni dello Stato sociale.	Einige schwarze Schafe nutzen die Leistungen des Sozialstaats aus.
previdenza sociale [previ'dɛntsa so'tʃa:le]	**Sozialversicherung**
contributi *mpl* per la previdenza sociale	Sozialversicherungsbeitrag
pagare i contributi per la pensione	in eine Pensionskasse einzahlen
sussidio [sus'si:dio]	**Unterstützung**
sussidio di malattia	Krankengeld
indennità *f inv* [indenni'ta]	**...geld**
indennità di disoccupazione	Arbeitslosengeld
indennità di gravidanza	Mutterschaftsgeld
prestazione *f* **sociale** [prestatsi'o:ne so'tʃa:le]	**Sozialleistung**
tagli delle prestazioni sociali	Streichungen von Sozialleistungen
aver bisogno di [a'ver bi'sɔ:ɲo]	**brauchen, benötigen**
Molti hanno bisogno delle prestazioni sociali.	Viele brauchen Sozialleistungen.
assegno familiare per i figli [as'se:ɲo famili'a:re per i 'fi:ʎi]	**Kindergeld**
cassa mutua di malattia ['kassa 'mu:tua di malat'ti:a]	**Krankenversicherung; Krankenkasse**
pensione *f* [pensi'o:ne]	**Rente; Pension; Ruhegehalt**
cassa pensioni	Pensionskasse
emarginato(-a) sociale [emardʒi'na:to so'tʃa:le]	**Angehörige(r) einer sozialen Randgruppe**
associazione *f* **benefica** [assotʃattsi'o:ne be'nɛ:fika]	**Wohltätigkeitsverein**

6.8 Relazioni internazionali
Internationale Beziehungen

mondo – **mondiale** ['mondo – mondi'a:le] — **Welt – weltweit, Welt-**

I rapporti internazionali sono importanti per la pace. — Internationale Beziehungen sind wichtig für den Frieden.

rapporto [rap'pɔ:rto] — **Verhältnis, Beziehung**

stabilire rapporti con altri Paesi — Beziehungen zu anderen Staaten herstellen

diplomazia – **diplomatico** [diplomat'tsi:a – diplo'ma:tiko] — **Diplomatie – diplomatisch**

Questa battuta non è stata molto diplomatica. — Diese Bemerkung ist nicht sehr diplomatisch gewesen.

organizzazione *f* [organiddzatsi'o:ne] — **Organisation**

congresso [koŋ'grɛsso] — **Kongress, Tagung**

riunirsi [riu'nirsi] — **zusammenkommen**

I membri dell'organizzazione internazionale si sono riuniti in un congresso. — Die Mitglieder der internationalen Organisation sind zu einem Kongress zusammengekommen.

crisi *finv* ['kri:zi] — **Krise**

conferenza [konfe'rɛntsa] — **Konferenz**

Alla conferenza è stata discussa la crisi del Medio Oriente. — Bei der Konferenz wurde die Krise des Mittleren Ostens erörtert.

negoziare – **negoziazioni** *fpl* [negottsi'a:re] — **verhandeln – Verhandlungen**

Dopo lunghe negoziazioni si è giunti a un accordo. — Nach langen Verhandlungen ist man zu einer Einigung gelangt.

accordo [ak'kɔrdo] — **Einigung; Abkommen**

pace *f* ['pa:tʃe] — **Friede**

firmare un accordo di pace — ein Friedensabkommen unterzeichnen

l'**Unione** *f* **Europea** (= **UE**) [uni'o:ne euro'pɛ:a] — die **Europäische Union** (= EU)

L'Unione Europea ormai è composta da 27 Stati membri. — Die Europäische Union besteht inzwischen aus 27 Mitgliedsstaaten.

Die **Grenze** zwischen zwei Staaten kann sowohl *il confine* [kon'fi:ne] als auch *la frontiera* [fron'tie:ra] heißen.

6.9 Difesa, guerra, esercito
Verteidigung, Krieg, Militär

difendere – **difesa** [di'fɛndere – di'fe:za]	**verteidigen – Verteidigung**
rifiutare [rifiu'ta:re]	**ablehnen, zurückweisen**
rifiutarsi [rifiu'tarsi]	**sich weigern**
Lui si è rifiutato di prestare servizio militare.	Er hat sich geweigert, Militärdienst zu leisten.
servizio militare [ser'vi:tsio mili'ta:re]	**Wehrpflicht / Wehrdienst**
Lui ha assolto il servizio militare.	Er leistete seinen Wehrdienst ab.
esercito [e'zɛrtʃito]	**Armee; Heer**
l'aeronautica [laero'nautika]	**die Luftwaffe**
la marina [la ma'ri:na]	**die** (Kriegs-)**Marine**
truppa ['truppa]	**Truppe**
sicurezza [siku'rettsa]	**Sicherheit**
Le truppe dell'esercito difendono la sicurezza del Paese.	Die Truppen des Heeres verteidigen die Sicherheit des Landes.
ufficiale *m* [uffi'tʃa:le]	**Offizier**
soldato [sol'da:to]	**Soldat**
promuovere [promu'ɔ:vere]	**befördern**
È stato promosso capitano.	Er wurde zum Hauptmann befördert.
generale *m* [dʒene'ra:le]	**General**
uniforme *f* [uni'forme]	**Uniform; Dienstkleidung**
I soldati indossano uniformi.	Soldaten tragen Uniformen.
Le uniformi di un noto corriere sono marroni.	Die Dienstkleidung eines bekannten Kurierdienstes ist braun.
spia *f* [sp'i:a]	**Spion(in)**
scoprire una spia	einen Spion enttarnen
guerra [gu'ɛrra]	**Krieg**
la seconda guerra mondiale	der Zweite Weltkrieg
vincere / perdere la guerra	den Krieg gewinnen / verlieren
situazione *f* [situatsi'o:ne]	**Situation**
La situazione precipita: sembra scoppiare una guerra.	Die Situation kippt: Es scheint ein Krieg auszubrechen.
scoppiare [skoppi'a:re]	**ausbrechen; explodieren**
pericolo [pe'ri:kolo]	**Gefahr**
C'è pericolo di guerra.	Es herrscht Kriegsgefahr.
attacco – **attaccare** [at'takko – attak'ka:re]	**Angriff – angreifen**

occupare – occupazione *f* [okku'pa:re – okkupatsi'o:ne]	**besetzen – Besetzung**
l'occupazione della Polonia	die Besetzung Polens
battaglia [bat'taʎa]	**Schlacht**
campo di battaglia	Schlachtfeld
combattimento [kombatti'mento]	**Kampf; Gefecht**
combattere [kom'battere]	**kämpfen**
lotta ['lɔtta]	**Kampf, Ringen**
I soldati combattono in una lotta tenace.	Die Soldaten kämpfen in einem zähen Ringen.
vittoria – **sconfitta** [vit'tɔ:ria – skon'fitta]	**Sieg – Niederlage**
avanzare [avan'tsa:re]	**vorrücken; vorankommen**
Le truppe avanzano.	Die Truppen rücken vor.
La fila avanza solo lentamente.	Die Schlange kommt nur langsam voran.
fuga – fuggire ['fu:ga – fud'dʒi:re]	**Flucht – fliehen, flüchten**
Dopo la sconfitta i superstiti si danno alla fuga.	Nach der Niederlage fliehen die Überlebenden.
fronte *m* ['fronte]	**Front**
allontanarsi [allonta'narsi]	**sich entfernen**
Allontanarsi dal fronte è Alto Tradimento.	Sich von der Front zu entfernen, ist Hochverrat.
avvicinarsi [avvitʃi'narsi]	**sich nähern**
Dopo una lunga marcia il plotone si avvicina a un faggeto.	Nach einem langen Marsch nähert sich der Zug einem Buchenhain.
marcia ['martʃa]	**Marsch**
liberare [libe'ra:re]	**befreien**
liberare gli ostaggi	die Geiseln befreien
resistenza [rezi'stɛntsa]	**Widerstand**
incontrare una forte resistenza	auf starken Widerstand stoßen
missile *m* ['missile]	**Rakete**
arma (*pl le armi!*) ['arma]	**Waffe**
bomba ['bomba]	**Bombe**
esplodere – esplosione *f* [es'plɔ:dere – esplozi'o:ne]	**explodieren; detonieren; platzen – Explosion**
In centro sono esplosi due ordigni.	Im Zentrum sind zwei Sprengsätze detoniert.
distruggere – distruzione *f* [dist'ruddʒere – distrutsi'o:ne]	**zerstören – Zerstörung**
prigioniero(-a) [pridʒoni'ɛ:ro]	**Gefangene**
Furono fatti prigionieri.	Sie wurden gefangen genommen.

7.1 Disoccupazione
Arbeitslosigkeit

disoccupazione *f* [dizokku-patsi'o:ne]	**Arbeits- / Erwerbslosigkeit**
La disoccupazione è in aumento.	Die Arbeitslosigkeit nimmt zu.
tasso ['tasso]	**Rate; Satz**
Il tasso di disoccupazione a gennaio è stato dell'11%.	Die Arbeitslosenrate im Januar betrug 11%.
disoccupato(-a) [dizokku'pa:to]	**arbeitslos; Arbeitslose(r)**
È disoccupato da tre mesi.	Er ist seit drei Monaten arbeitslos.
lavoro – **lavorare** [la'vo:ro – lavo'ra:re]	**Arbeit – arbeiten**
Trovare un lavoro di questi tempi è un colpo di fortuna.	Heutzutage Arbeit zu finden ist ein Glücksfall.
dare lavoro – **assumere** ['da:re la'vo:ro – as'su:mere]	**beschäftigen, einstellen**
A un cinquantenne oggi non dà più lavoro nessuno.	Einen Fünfzigjährigen stellt heute niemand mehr ein.
posto di lavoro ['posto di la'vo:ro]	**Arbeitsplatz**
impiegare – **impiego** [impie'ga:re – impi'ɛ:go]	**beschäftigen – Beschäftigung**
senza lavoro ['sɛntsa la'vo:ro]	**ohne Arbeit; arbeitslos**
Improvvisamente mi sono trovato senza lavoro.	Plötzlich stand ich ohne Arbeit da.
licenziare – **licenziamento** [litʃentsi'a:re – litʃentsia'mento]	**kündigen – Kündigung**
La ditta licenzia altri 500 lavoratori.	Die Firma entlässt weitere 500 Beschäftigte.
licenziarsi [litʃentsi'arsi]	**(selbst) kündigen**
Si è licenziato perché non sopportava più la pressione.	Er hat gekündigt, weil er dem Druck nicht mehr standhielt.
frequentare un corso di **riqualificazione** *f* **professionale** [rikualifikatsi'o:ne professio'na:le]	eine **Umschulung** machen
protesta [pro'tɛsta] – **protestare**	**Protest – protestieren**
sciopero – **scioperare** ['ʃɔ:pero – ʃope'ra:re]	**Streik – streiken**
Il sindacato ha incitato i membri allo sciopero.	Die Gewerkschaft hat die Mitglieder zum Streik aufgerufen.

7.2 Droghe, alcol e fumo
Drogen, Alkohol und Rauch

abuso [a'bu:zo]	**Missbrauch**
L'abuso di droghe è molto diffuso nei Paesi occidentali.	Drogenmissbrauch ist in den westlichen Ländern weit verbreitet.
droga ['drɔ:ga]	**Droge; Rauschmittel; Rauschgift**
droghe pesanti / leggere	harte / weiche Drogen
tossicodipendente *m / f*	Drogenabhängige(r)
spaccio di droga ['spattʃo di 'drɔ:ga]	der **Drogen- / Rauschgifthandel**
spacciatore(-trice) di droga	Dealer(in)
la roba (*ugs.*) [la 'rɔ:ba]	**Stoff**
Prendi ancora la roba?	Fixt du immer noch?
spinello [spi'nɛllo]	**Joint**
farsi uno spinello	einen Joint rauchen
eroina [ero'i:na] – **cocaina** [koka'i:na]	**Heroin** – **Kokain**
iniettare / sniffare / fumare cocaina	Kokain spritzen / schnupfen / rauchen
hashish *m* ['aʃiʃ]	**Haschisch**
alcolista *m / f* / **alcolizzato(-a)** [alko'lista / alkolid'dza:to]	**Alkoholiker(in)**
ubriacarsi [ubria'karsi]	**sich betrinken**
ubriaco(-a) [ubri'a:ko]	**betrunken; Betrunkene(r)**
Eravamo tutti ubriachi fradici.	Wir waren alle sinnlos betrunken.
sbornia ['sbɔrnia]	**Rausch**
rischiare [riski'a:re]	**riskieren**
Chi si droga rischia la propria salute.	Wer Drogen nimmt, riskiert seine Gesundheit.
fumare [fu'ma:re] – **fumo** ['fumo]	**rauchen** – **Rauch**
vietato fumare	Rauchen verboten
Il fumo nuoce alla salute.	Rauch schadet der Gesundheit.
rinunciare [rinun'tʃa:re]	**verzichten**
È meglio rinunciare al fumo.	Es ist besser, aufs Rauchen zu verzichten.
sigaretta [siga'rɛtta]	**Zigarette**
sigaro ['si:garo] – **pipa** ['pi:pa]	**Zigarre** – **Pfeife**
tabacco [ta'bakko]	**Tabak**
accendersi una sigaretta [at'tʃɛndersi]	**sich** eine (Zigarette) **anzünden**
accendino [attʃen'di:no]	**Feuerzeug**
fiammifero [fiam'mifero]	**Zünd- / Streichholz**
portacenere *m* [porta'ʃenere]	**Aschenbecher**

7.3 Povertà
Armut

povertà [pover'ta]	**Armut**
cadere in povertà	in Armut geraten
povertà assoluta / relativa	absolute / relative Armut
povero(-a) ['pɔ:vero]	**arm; (der / die) Arme**
Molti poveri non fanno vedere la loro miseria.	Viele Arme zeigen ihr Elend nicht.
benestante [benes'tante]	**wohlhabend;** (der / die) **Wohlhabende**
ricco(-a) ['rikko]	**reich;** (der / die) **Reiche**
I benestanti e i ricchi spesso non badano alla povertà altrui.	Wohlhabende und Reiche achten oft nicht auf die Armut anderer.
miseria [mi'zɛ:ria]	**Elend**
Vivono nella miseria più nera.	Sie leben in tiefstem Elend.
mendicante *m / f* [mendi'kante]	**Bettler(in)**
chiedere l'elemosina [ki'ɛ:dere lele'mɔ:zina]	**betteln**
svantaggiato [zvantad'dʒa:to]	**benachteiligt**
le persone economicamente svantaggiate	die wirtschaftlich Benachteiligten / sozial Schwachen
privo di mezzi ['pri:vo di 'mɛddzi]	**mittellos**
aiutare i bisognosi [aiu'ta:re i bizo'ɲo:si]	**den Bedürftigen helfen**
fare la **carità** [kari'ta]	ein **Almosen** geben
i bisogni di base [i bi'zo:ɲi di 'ba:ze]	**die Grundbedürfnisse**
fame *f* – **affamato** ['fa:me – affa'ma:to]	**Hunger – hungrig**
Da ragazzo ha spesso sofferto la fame.	Als Junge hat er oft gehungert.
morire di fame	verhungern
denutrizione *f* [denutritsi'o:ne]	**(Mangel-)Ernährung**
mensa dei poveri ['mensa dei 'pɔ:veri]	**Suppenküche**
lavoro minorile [la'vo:ro mino'ri:le]	**Kinderarbeit**
sofferenza [soffe'rɛntsa]	**Leiden; Leid**
alleviare le sofferenze dei poveri	das Leid(en) der Armen lindern
disgrazia [diz'gra:tsia]	**Unglück**
Ritrovarsi in povertà è una disgrazia.	Sich in Armut wiederzufinden ist ein Unglück.

7.4 Criminalità e violenza
Verbrechen und Gewalttätigkeit

criminalità [kriminali'ta] — **Verbrechen; Straftat**
la lotta contro la criminalità — der Kampf gegen das Verbrechen
criminale *m/f* [krimi'na:le] — **kriminell; Verbrecher(in); Straftäter(in)**

la malavita [la mala'vi:ta] — **die Unterwelt**
delitto [de'litto] — **Verbrechen**
reato [re'a:to] — **Straftat**
commettere [com'mettere] — **begehen**
Il picciotto ha commesso un reato. — Der kleine Mafioso hat eine Straftat begangen.

costringere [kos'trindʒere] — **zwingen**
Ha costretto il gelataio a pagare il pizzo. — Er hat den Eishändler gezwungen, Schutzgeld zu zahlen.
motivo [mo'ti:vo] — **Grund; Ursache**
Il motivo del reato è stato gelosia. — Der Grund für das Verbrechen war Eifersucht.

delinquente *m/f* [delin'kuεnte] — **Verbrecher(in)**
colpire [kol'pi:re] — **treffen; schlagen**
Il delinquente ha colpito la vittima con un'ascia. — Der Verbrecher hat das Opfer mit einem Beil geschlagen.
vittima ['vittima] — **Opfer**

Reati frequenti **(= häufig begangene Straftaten)**
assassinio [assas'si:nio] (= Mord) • *assassinare* [assassi'na:re] (= ermorden) • *assassino(-a)* [assas'si:no] (= Mörder(in))
stupro ['stu:pro] (= Vergewaltigung) • *stuprare/violentare* [stu'pra:re/violen'ta:re] (= vergewaltigen) • *stupratore* *m* [stupra'to:re] (= Vergewaltiger)
rapina [ra'pi:na] (= Raub) • *rapinare* [rapi'na:re] (= (be-, aus-)rauben) • *rapinatore* *m* [rapina'to:re] (= Räuber)
sequestro [se'kuεstro] (= Entführung) • *sequestrare* [sekues'tra:re] (= entführen) • *sequestratore* *m* [sekuestra'to:re] (= Entführer)
rapimento [rapi'mento] (= Entführung) • *rapire* [ra'pi:re] (= entführen) • *rapitore* *m* [rapi'to:re] (= Entführer)
furto/ladrocinio ['furto/ladro'tʃi:nio] (= Diebstahl) • *rubare* [ru'ba:re] (= stehlen) • *ladro(-a)* ['la:dro] (= Dieb(in))
ricatto/estorsione *f* [ri'katto/estorsi'o:ne] (= Erpressung) • *ricattare/estorcere* [rikat'ta:re/es'tɔrtʃere] (= erpressen) • *ricattatore* *m* [rikatta'to:re] (= Erpresser)

truffa – inganno ['truffa – in'ganno] (= Betrug – Täuschung) • *truffare – ingannare* [truf'fa:re – ingan'na:re] (= betrügen – täuschen) • *truffatore m – imbroglione m* [truffa'to:re – imbroʎ'ʎone] (= Betrüger)
incendio doloso [in'tʃɛndio do'lo:so] (= Brandstiftung) • *incendiare* [intʃen'dia:re] (= in Brand setzen) • *incendiario(-a)* [intʃen'dia:rio] (= Brandstifter)

rapina in banca [ra'pi:na in 'banka] — **Bankraub**
Mani in alto! Questa è una rapina! — Hände hoch! Dies ist ein Überfall!
pistola [pi'stɔ:la] — (Hand-)**Feuerwaffe**

***Ruberie e ladri* (= Stehlen und Diebe)**
furto (= Diebstahl) • *scippo* (= Taschendiebstahl) • *taccheggio* (= Ladendiebstahl) • *ladro* (= Dieb) • *scippatore m* (= Straßenräuber / Handtaschendieb) • *taccheggiatore m* (= Ladendieb)

Sparare a qualcuno (= auf jemanden schießen). Werden Pronomen benutzt, müssen diese dementsprechend im Dativ stehen: *Hanno sparato al proprietario. Gli hanno sparato.*

violenza – violento [vio'lɛntsa – vio'lɛnto] — **Gewalt(tätigkeit) – gewalttätig**
rissa ['rissa] — **Prügelei; Schlägerei**
azzuffarsi [attsuf'farsi] — **sich prügeln; raufen**
picchiare [pikki'a:re] — **schlagen; hauen**
Lo hanno picchiato a sangue. — Er wurde zusammengeschlagen.
pugnalare / accoltellare qualcuno [puɲa'la:re / akkoltel'la:re kual'ku:no] — **auf jemanden einstechen / jemanden niederstechen**
È stata pugnalata a morte. — Sie wurde erstochen.
strangolare / strozzare qualcuno [strango'la:re / strot'tsa:re kual'ku:no] — **jemanden erwürgen / erdrosseln**
legare [le'ga:re] — **fesseln**
mafia – mafioso ['ma:fia – mafi'o:so] — **Mafia – mafiös**
cosca mafiosa ['kɔska mafi'o:sa] — **Mafia-Clan / -Gruppe**
pericoloso [periko'lo:so] — **gefährlich**
minacciare ['minattʃa:re] — **bedrohen, drohen**
carcere *m* ['kartʃere] — **Gefängnis**
galera [ga'lɛ:ra] — **Knast**
Il malavitoso è andato a finire in galera. — Das Mitglied der Unterwelt ist im Knast gelandet.
detenuto(-a) [dete'nu:to] — **Gefangene(r), Häftling**

8.1 Storia
Geschichte

storia ['stɔ:ria]	**Geschichte**
storia antica / medievale / moderna	alte / mittlere / neuere Geschichte
storia contemporanea	(die) Zeitgeschichte
storico(-a) ['stɔ:riko]	**historisch; Historiker(in)**
un personaggio storico	eine historische Persönlichkeit
era ['ɛ:ra]	**Ära; Zeitalter**
Durante l'era della pietra gli uomini vivevano in caverne.	Während der Steinzeit lebten die Menschen in Höhlen.
epoca ['ɛ:poka]	**Epoche; Zeitalter**
periodo [pe'ri:odo]	**Epoche; Zeit**
I primi decenni del '900 furono un periodo sanguinoso.	Die ersten Jahrzehnte des 20. Jh. waren eine blutige Epoche.
In quel periodo non mi piaceva andare a scuola.	Zu jener Zeit ging ich nicht gerne zur Schule.
antico [an'ti:ko]	**alt; antik**
l'antica Roma	das alte Rom
romano(-a) [ro'ma:no]	**römisch; Römer(-in)**
schiavo(-a) [ski'a:vo]	**Sklave, Sklavin**
Gli antichi romani avevano schiavi.	Die alten Römer hielten Sklaven.
caduta [ka'du:ta]	**Sturz; Zusammenbruch**
la caduta dell'impero romano	der Sturz des römischen Reichs
destino [des'ti:no]	**Schicksal**
il destino di un popolo	das Schicksal eines Volkes
imperatore, imperatrice [impera'to:re, -tri:tʃe]	**Kaiser(in)**
re, regina [re, re'dʒi:na]	**König, Königin**
rivoluzione *f* [rivolutsi'o:ne]	**Revolution**
La rivoluzione francese cambiò il volto dell'Europa.	Die französische Revolution änderte das Erscheinungsbild Europas.
civiltà [tʃivil'ta]	**Kultur**
una civiltà preistorica	eine prähistorische Kultur
tradizione *f* – **tradizionale** [traditsi'o:ne – traditsio'na:le]	**Tradition – traditionell**
È bello far rivivere le tradizioni.	Es ist schön, Traditionen wieder aufleben zu lassen.

8.2 Psicologia
Psychologie

psicologia [psikolo'dʒi:a]	**Psychologie**
psicologo(-a) [psi'kɔ:logo]	**Psychologe / Psychologin**
psicologico [psiko'lɔ:dʒiko]	**psychologisch**
comportamento [komporta'mento]	**Verhalten**
comportarsi [kompor'tarsi]	**sich verhalten; sich benehmen**
Ultimamente ti comporti in maniera strana.	In letzter Zeit verhältst du dich merkwürdig.
Bambini, volete comportarvi bene?	Kinder, wollt ihr euch wohl anständig benehmen?
personalità [personali'ta]	**Persönlichkeit**
una personalità equilibrata	eine ausgeglichene Persönlichkeit
creatività – creativo [kreativi'ta – krea'ti:vo]	**Kreativität – kreativ**
Bisogna incentivare la creatività degli alunni.	Man muss die Kreativität der Schüler anregen.
motivare – motivarsi [moti'va:re – moti'varsi]	**motivieren – sich motivieren**
motivazione *f* – **motivato** [motivatsi'o:ne – moti'va:to]	**Motivation – motiviert**
Per ottenere buoni risultati bisogna essere motivati.	Um gute Ergebnisse zu erzielen, muss man motiviert sein.
emozione *f* [emotsi'o:ne]	**Gefühl**
emozioni come gioia e rabbia	Gefühle wie Freude und Zorn
subconscio [sub'kɔnʃo]	**Unterbewusstsein – unterbewusst**
sogno – sognare ['so:ɲo – so'ɲa:re]	**Traum – träumen**
incubo ['inkubo]	**Alptraum**
paura [pa'u:ra]	**Angst**
Stanotte ho avuto un incubo. Che paura!	Heute Nacht habe ich einen Albtraum gehabt. Hab' ich eine Angst gehabt!
depresso(-a) [de'prɛsso]	**deprimiert; depressiv; Depressive(r)**
Ti vedo depresso da quando tua moglie ti ha lasciato.	Du wirkst deprimiert, seit deine Frau dich verlassen hat.
depressione *f* [depressi'o:ne]	**Depression**
terapia [tera'pi:a]	**Therapie**
Ho deciso di fare una terapia.	Ich habe beschlossen, eine Therapie zu machen.
terapista *m* / *f* [tera'pista]	**Therapeut(in)**

8.3 Religioni e confessioni
Religionen und Konfessionen

religione *f* – **religioso** [reli'dʒone – reli'dʒoso]	**Religion – religiös, Religions-**
mistero [mis'tɛːro]	**Geheimnis**
fede *f* ['fede]	**Glaube**
il mistero della fede	das Geheimnis des Glaubens
confessione *f* [konfessi'one]	**Konfession; Glaubensgemeinschaft**
Di che confessione è Lei?	Welcher Glaubensgemeinschaft gehören Sie an?
cristiano(-a) [kristi'ano]	**Christ(in) – christlich**
cattolico(-a) [kat'tɔliko]	**Katholik(in) – katholisch**
protestante *m/f* [protes'tante]	**Protestant(in) – protestantisch; evangelisch**
Molti cristiani sono cattolici o protestanti.	Viele Christen sind katholisch oder protestantisch.
Dio – **divino** ['dio – di'vino]	**Gott – göttlich**
Dio ama le Sue creature.	Gott liebt seine Geschöpfe.

„*Dio*" mit großem „D" bezeichnet den Gott der Christenheit. „Gott/Göttin" mit Plural „Götter/Göttinen" heißt: *dio/dea* und *gli dei/le dee.*

eterno [e'tɛrno]	**ewig**
Padre eterno, ...	Ewiger Vater, ...
credere ['kreːdere]	**glauben**
Credi in Dio? – No, sono ateo.	Glaubst du an Gott? – Nein, ich bin Atheist.
credo di sì / credo di no	ich glaube schon / ich glaube nicht
la Bibbia ['bibbia]	**Bibel**
paradiso [para'diːzo] – **inferno** [in'fɛrno]	**Paradies; Himmel – Hölle**
peccato – **peccare** [pek'kaːto – pek'kaːre]	**Sünde – sündigen**
Chi non pecca molto, dovrebbe andare in paradiso.	Wer nicht viel sündigt, sollte ins Paradies kommen.
angelo ['andʒelo]	**Engel**
Gli angeli custodi vegliano su di noi.	Die Schutzengel wachen über uns.
diavolo [di'avolo]	**Teufel**
Ma va' al diavolo!	Scher' dich doch zum Teufel!

santo, santa ['santo, 'santa]	**Heilige(r); heilig**
miracolo [mi'ra:kolo]	**Wunder**
I santi devono avere operato un miracolo.	Heilige müssen ein Wunder vollbracht haben.
Chiesa – **chiesa** [ki'ɛza]	**Kirche** *(Institution)* – **Kirche**
Vado in chiesa la domenica.	Ich gehe sonntags zur Kirche.

Verschiedene Arten von Kirchen: *basilica* [ba'zi:lika] (= Basilika, Kirche) • *cattedrale f* [katte'drale] (= Kathedrale; Dom) • *duomo* [du'ɔmo] (= Dom; Münster) • *chiesetta* [kie'zetta] (= Kapelle) • *santuario* [santu'a:rio] (= Wallfahrtskirche) • *sinagoga* [sina'gɔga] (= Synagoge) • *moschea* [mos'kɛa] (= Moschee) • *tempio* ['tɛmpio] (= Tempel). Vorsicht beim Plural von „*tempio*“: *i templi.*

campanile *m* [kampa'ni:le]	**Kirchturm, Glockenturm**
I campanili una volta erano sempre la costruzione più alta di una città.	Glockentürme waren früher immer der höchste Bau einer Stadt.
campana [kam'pa:na]	**Glocke**
Le campane suonano a messa.	Die Glocken läuten zur Messe.
messa ['messa]	**Messe**
andare a messa	zur Messe gehen
predicare [predi'kare]	**predigen**
predicare bene e razzolare male	Wasser predigen und Wein trinken
pregare – **preghiera** [pre'gare – pregi'ɛra]	**beten; bitten** – **Gebet; Bitte**
I fedeli pregano in chiesa.	Die Gläubigen beten in der Kirche.
Ti prego, resta!	Ich bitte dich, bleib'!
confessione *f* [konfessi'one]	**Beichte; Konfession**
confessarsi [konfes'sarsi]	**beichten**
Non è mica tanto facile confessarsi.	Es ist gar nicht so leicht zu beichten.
prete *m* ['prɛte]	**Priester**
Il prete celebra la santa messa.	Der Priester feiert die Heilige Messe.
parrocchia – **parroco** [par'rɔkkia – 'parroko]	**Pfarrsprengel** – **Pfarrer(in)**
Il parroco assiste una parrocchia.	Der Pfarrer betreut eine Pfarrgemeinde.
cardinale *m* [kardi'na:le]	**Kardinal**
il Papa ['papa]	**Papst**
suora [su'ɔ:ra]	**Nonne; Schwester**
frate *m* / **fra'** ['fra:te / 'fra]	**Mönch; Bruder**

Kapitel 9

9.1 Istituzioni scolastiche
Bildungseinrichtungen

istruzione *f* [istrutsi'o:ne]	**Bildung; Ausbildung**
asilo (d'infanzia) [a'zi:lo]	**Kindergarten**
scuola [sku'ɔ:la]	**Schule**
andare a scuola	in die Schule gehen
scolastico [sko'lastiko]	**schulisch, Bildungs-**
scuola elementare / media / secondaria superiore [sku'ɔ:la elemen'ta:re / mɛ:dia / sekon'da:ria superi'o:re]	**Grundschule / Mittelschule / Oberstufe, weiterführende Schule**
liceo [li'tʃɛ:o]	**Gymnasium**
iscriversi [i'skri:versi]	**sich anmelden; sich einschreiben**
Ho deciso di iscrivermi a un corso di pittura.	Ich habe beschlossen, mich bei einem Malkurs anzumelden.
lezione *f* [letsi'o:ne]	(Unterrichts-)**Stunde**
Hai frequentato le lezioni del mattino?	Hast du den Vormittagsunterricht besucht?
orario delle lezioni	Stundenplan
corso ['korso]	**Kurs; Lehrgang**
corso di lingua	Sprachkurs
frequentare [frekuen'ta:re]	**besuchen** (*Schule*); **machen** (*Kurs*)
Frequento la scuola serale.	Ich besuche die Abendschule.
compito ['kompito]	**Klausur; Schulaufgabe**
compito a casa	Hausaufgabe
maturità [maturi'ta]	**Abitur**
istituto professionale [isti'tu:to professio'na:le]	**Berufsfachschule**
università [universi'ta]	**Universität**
andare / studiare all'università	an der Universität studieren
universitario [universi'ta:rio]	**Universitäts-; Studenten-**
aula ['a:ula]	**Aula; Auditorium; Klassenzimmer**
Dov'è l'aula magna?	Wo ist das Audimax?
facoltà [fakol'ta]	**Fakultät**
facoltà di filosofia	philosophische Fakultät
istituto [isti'tu:to] di ricerca	Forschungs**institut**
esame *m* [e'za:me]	**Prüfung; Examen**
sostenere / dare un esame	eine Prüfung ablegen
(non) superare l'esame	die Prüfung (nicht) bestehen

9.2 Materie di studio e abilità
Studienfächer und Fertigkeiten

materia [ma'tɛ:ria]	(Unterrichts-)**Fach**
la mia materia preferita	mein Lieblingsfach
materia facoltativa / obbligatoria	Wahl- / Pflichtfach
matematica [mate'ma:tika]	**Mathematik; Mathe**
educazione *f* **tecnica / fisica** [edukatsi'o:ne 'tɛknika / 'fi:zika]	**Technik / Sport**
lingua straniera ['lingua strani'ɛ:ra]	**Fremdsprache**
latino [la'ti:no]	**Latein**
letteratura italiana [lettera'tu:ra itali'a:na]	**italienische Literatur**
catechismo / religione *f* [kate'kizmo – reli'dʒo:ne]	**Religion(slehre)**
educazione *f* **civica** [edukatsi'o:ne 'tʃi:vika]	**Sozialkunde; Sozialwissenschaften**
storia ['stɔ:ria]	**Geschichte**
geografia [dʒeogra'fi:a]	**Geographie**

Das Fach *scienze* ['ʃɛntse] (= Naturwissenschaften) umfasst *biologia* [biolo'dʒi:a] (= Biologie), *chimica* ['ki:mika] (= Chemie), *fisica* ['fi:sika] (= Physik), *geografia* [dʒeogra'fi:a] (= Geographie), *astronomia* [astro-no'mi:a] (= Astronomie) und *geologia* [dʒeolo'dʒi:a] (= Geologie).

attività [attivi'ta]	**Tätigkeit; Aktivität; Übung(en)**
attività di scrittura / produzione scritta	schriftsprachliche Übungen
attività d'ascolto	Hörverstehen / -verständnis
attività di lettura	Leseverstehen / -verständnis
dettato [det'ta:to]	**Diktat**
Oggi facciamo un dettato.	Heute schreiben wir ein Diktat.
tema *m* ['tɛ:ma]	(Schul-)**Aufsatz / Thema**
scrivere un tema	einen Aufsatz schreiben
argomento [argo'mento]	**Thema; Inhalt**
esporre l'argomento di un libro	den Inhalt eines Buches darlegen
vantaggio [van'taddʒo]	**Vorteil**
Lei ha il vantaggio di essere cresciuta bilingue.	Sie hat den Vorteil, zweisprachig aufgewachsen zu sein.

9.3 Esami e qualificazioni
Prüfungen und Qualifikationen

esame *m* – **esaminare** [e'za:me – ezami'na:re]	**Prüfung, Examen – prüfen**
test *m* – **testare** [tɛst – tɛ'sta:re]	**Test – testen**
L'insegnante testa gli allievi.	Der Lehrer unterzieht die Schüler einem Test.

Prüfungen sind *esami: esame orale / scritto* (= mündliche / schriftliche Prüfung), *esame finale* (= Abschlussprüfung). *Gli studenti si preparano a* (= bereiten sich vor auf) *un esame / fanno un esame* (= machen eine Prüfung). *Lo passano o vengono bocciati.* (= Sie bestehen eine Prüfung oder fallen durch.)

facile – **difficile** ['fa:tʃile – dif'fi:tʃile]	**leicht – schwer**
L'ultimo esame è stato difficile.	Die letzte Prüfung war schwer.
complicato [kompli'ka:to]	**kompliziert**
Che complicato questo compito!	Ist diese Aufgabe vielleicht kompliziert!
errore *m* [er'ro:re]	**Fehler**
Accidenti! Ho fatto un errore e me ne sono accorto solo ora!	Mist! Ich habe einen Fehler gemacht und ihn erst jetzt bemerkt!
prepararsi [prepa'rarsi]	**sich vorbereiten**
Ti sei preparato bene all'esame?	Hast du dich gut auf die Prüfung vorbereitet?
far fatica [far fa'ti:ka]	**Mühe haben**
farcela ['fartʃela]	**es schaffen**
Ho fatto fatica a risolvere l'ultimo compito ma poi ce l'ho fatta.	Ich habe Mühe gehabt, die letzte Aufgabe zu lösen, aber dann habe ich's geschafft.
congratulazione *f* [kongratula-tsi'o:ne]	**Glückwunsch**
Congratulazioni! Ce l'hai fatta!	Glückwunsch! Du hast es geschafft!
congratularsi [koŋgratu'larsi]	**gratulieren, beglückwünschen**
Mi congratulo con te per gli ottimi risultati!	Ich gratuliere dir zu den ausgezeichneten Ergebnissen!
copiare (in un esame) [kopi'a:re]	(in einer Prüfung) **abschreiben**
passare [pas'sa:re]	(Prüfung) **bestehen**

Ha passato l'esame con lode.	Er/Sie bestand die Prüfung mit Auszeichnung.
esame di **laurea** ['laurea]	**Universitätsabschluss**
laurearsi [laure'arsi]	**das Studium abschließen**
Si è laureato in economia aziendale.	Er ist Diplomkaufmann/Betriebswirt.
tesi *f* ['tɛːzi]	**Diplom- / Examens- / Magister-arbeit**
importante – **importanza** [impor'tante – impor'tantsa]	**wichtig – Bedeutung; Wichtigkeit**
La tesi è una parte importante dell'esame di laurea.	Die Diplomarbeit ist ein wichtiger Teil der Diplomprüfung.
voto ['voːto]	**Note**

Noten, mit denen Leistungen bewertet werden, heißen *voti*: *dallo 0 al 10 nelle scuole superiori* (= die Noten von 6 bis 1), *dal 18 al 30 e lode all'università* (= die Noten von 4 bis 1). *Ha preso 10 in entrambi i compiti.* (= Er/Sie hat in beiden Arbeiten eine Eins bekommen.) *In scienze i suoi voti sono meno belli.* (= In den Naturwissenschaften sind seine/ihre Noten weniger gut.) *Ha passato l'esame di matematica per il rotto della cuffia.* (= Er/Sie hat die Mathematikprüfung gerade noch bestanden.)

ottimo ['ɔttimo]	**sehr gut, ausgezeichnet**
È un ottimo sciatore.	Er ist ein ausgezeichneter Skiläufer.
soddisfacente [soddisfa'tʃɛnte]	**zufriedenstellend, befriedigend**
La Sua prestazione è stata soddisfacente.	Ihre Leistung war zufriedenstellend.
sufficiente [suffi'tʃɛnte]	**ausreichend, genug**
È un buono stipendio, ma è appena sufficiente per mantenere una famiglia.	Das ist ein gutes Gehalt, aber es reicht gerade aus, um eine Familie durchzubringen.
pagella [pa'dʒɛlla]	(Jahres-)**Zeugnis**
certificato / attestato [tʃertifi'kaːto / attes'taːto]	(Prüfungs- / Abschluss-)**Zeugnis**
diploma *m* [dip'lɔːma]	**Abschlusszeugnis**

i Um zu **promovieren** (= *ottenere il diploma di dottorato di ricerca*) schreibt man auch in Italien u.a. eine Doktorarbeit oder Dissertation (= *tesi di dottorato*).

9.4 Insegnamento e studio
Lehren und Lernen

insegnare [inse'ɲa:re]	**unterrichten; lehren**
Chi te lo ha insegnato?	Wer hat dir das beigebracht?
insegnamento [inseɲa'mento]	**Unterricht**
insegnamento delle lingue straniere	Fremdsprachenunterricht
insegnante *m / f* [inseɲ'ɲante]	**Lehrer(in)**
scopo ['skɔ:po]	**Zweck; Ziel**
Lo scopo della scuola è l'educazione mentale.	Das Ziel der Schule ist die geistige Erziehung.
maestro(-a) [ma'estro]	**Grundschullehrer(in)**
maestro(-a) di tennis	Tennislehrer(in)
professore(-essa) [profes'so:re(-'essa)]	**Lehrer(in) ab der 6. Klasse; Professor(in)**
il / la prof (*ugs.*)	Lehrer(in) ab der 6. Klasse
istruttore(-trice) [istrut'to:re(-'tri:tʃe)]	**Lehrer(in); Ausbilder(in)**
istruttore di guida	Fahrlehrer
scolaro(-a) [sko'la:ro] / **alunno(-a)** [a'lunno]	**Schüler(in)**
spiegare – **spiegazione** *f* [spie'ga:re – spiegatsi'o:ne]	**erklären – Erklärung**
Il nostro insegnante spiega in maniera molto chiara.	Unser Lehrer erklärt sehr klar.
chiaro [ki'a:ro]	**klar; deutlich**
lezione *f* [letsi'o:ne]	(Unterrichts-)**Stunde**
dare / prendere lezioni d'italiano	Italienischunterricht erteilen / nehmen
motivare [moti'va:re]	**motivieren**
motivare gli studenti	die Schüler motivieren
imparare [impa'ra:re]	**lernen**
imparare una poesia a memoria	ein Gedicht auswendig lernen
studiare [studi'a:re]	**studieren**
Studia medicina a Padova.	Er / Sie studiert in Padua Medizin.
Sto studiando per il compito.	Ich lerne gerade für die Arbeit.
leggere ['lɛddʒere]	**lesen**
leggere un testo ad alta voce	einen Text (laut) vorlesen
libro ['li:bro] – **testo** ['tɛsto]	**Buch – Text**
libro di testo	Lehrbuch
riassumere – **riassunto** [rias'su:mere – rias'sunto]	**zusammenfassen – Zusammenfassung**

E ora facciamo un breve riassunto.	Und nun machen wir eine kurze Zusammenfassung.
scrivere ['skri:vere]	**schreiben**
Oggi ho scritto due compiti.	Heute habe ich zwei Klausuren geschrieben.
penna a sfera / biro *finv* ['penna a sfɛ:ra / bi:ro]	**Kugelschreiber**
penna stilografica ['penna stilo'gra:fika]	**Füllfederhalter, Füller**
matita [ma'ti:ta]	**Bleistift; Buntstift**
gomma (per cancellare) ['gomma]	**Radiergummi**
quaderno [kua'dɛrno]	**Heft**
contare [kon'ta:re]	**zählen**
Contiamo da uno a venti!	Zählen wir von eins bis zwanzig!
calcolare [kalko'la:re]	**(er-, be)rechnen**
Devo solo calcolare questa linea, poi vengo.	Ich muss nur noch diese Linie berechnen, dann komme ich.
linea ['li:nea] – **tabella** [ta'bɛlla]	**Linie** – **Tabelle**
Questa tabella indica i vostri voti.	Diese Tabelle zeigt eure Noten.
in alto / in basso [in 'alto / in 'basso]	**oben / unten**
indicare [indi'ka:re]	**(auf)zeigen; empfehlen**
La soluzione è indicata in basso.	Die Lösung ist unten aufgezeigt.
risolvere [ri'sɔlvere]	**lösen**
Risolviamo questo compito insieme!	Lösen wir diese Aufgabe gemeinsam!
studente, -tessa [stu'dente, -'tessa]	**Schüler(in)** (*Oberstufe*); **Student(in)**
assente – **presente** [as'sɛnte – pre'zɛnte]	**abwesend** – **anwesend**
Oggi sono presenti tutti.	Heute sind alle anwesend.
compiti a casa ['kompiti a 'ka:za]	**Hausaufgabe(n); Hausarbeit(en)**
assegnare / dare i compiti a casa	Hausarbeiten aufgeben
ora ['o:ra]	**Stunde**
Quando comincia la terza ora?	Wann beginnt die dritte Stunde?
cominciare / **iniziare** [komin'tʃa:re / ini'tsia:re]	**beginnen; anfangen**
È già cominciata la lezione?	Hat der Unterricht schon begonnen?
finire [fi'ni:re]	**beenden; fertigmachen**
Lo finiamo domani, è tardi.	Das machen wir morgen fertig, es ist spät.
terminare [termi'na:re]	**beenden; fertig stellen**
Sergio ha terminato gli studi.	Sergio hat sein Studium abgeschlossen.

continuare [kontinu'a:re]	**fortfahren, weitermachen, weiter-**
Chi continua a leggere?	Wer liest weiter?
intervallo [inter'vallo]	**Pause**
A che ora c'è l'intervallo?	Um wie viel Uhr ist die Pause?
livello [li'vɛllo]	**Höhe; Stand; Niveau**
Il tuo italiano ha raggiunto un buon livello!	Dein Italienisch hat ein gutes Niveau erreicht!
progresso [pro'grɛsso]	**Fortschritt**
Hai fatto grandi progressi in poco tempo.	Du hast in kurzer Zeit große Fortschritte gemacht!
procedere [pro'tʃɛ:dere]	**vorankommen; fortsetzen; fortfahren**
Procediamo speditamente, ragazzi.	Wir kommen zügig voran, Kinder.
sapere [sa'pe:re]	**können; wissen**
Sai già molte cose.	Du weißt schon viele Sachen.
Sai nuotare molto bene.	Du kannst sehr gut schwimmen.
cercare di / **provare a** [tʃer'ka:re di / pro'va:re a]	**versuchen**
Ragazzi, cercate di concentrarvi!	Kinder, versucht euch zu konzentrieren!
concentrazione *f* – **concentrarsi** [kontʃentratsi'o:ne – kontʃen'tra:rsi]	**Konzentration – sich konzentrieren**
darsi da fare ['darsi da 'fa:re]	**sich bemühen; sich ins Zeug legen**
Bambini, datevi da fare!	Kinder, legt euch ins Zeug!
badare a [ba'da:re a]	**aufpassen auf; sich kümmern um**
fare attenzione ['fa:re attentsi'o:ne]	**aufpassen**
Fai attenzione a non inciampare in qualcosa!	Pass' auf, dass du nicht über irgendetwas stolperst!
toccare (a) [tok'ka:re]	**dran sein**
Tocca a te!	Du bist dran!
valere la pena [va'le:re la 'pe:na]	**sich lohnen, der Mühe wert sein**
Vale la pena fare quel corso?	Lohnt es sich, diesen Kurs zu machen?
conoscere [ko'noʃʃere]	**kennen; kennen lernen**
significare – **significato** [siɲifi'ka:re – siɲifi'ka:to]	**bedeuten – Bedeutung**
Conosci il significato della parola "addormentarsi"?	Kennst du die Bedeutung des Wortes einschlafen?
voler dire [vo'ler 'di:re]	**bedeuten**
sbaglio ['zba:ʎo]	**Fehler**
sbagliare [zba'ʎa:re]	**einen Fehler machen**
Vede? Ha sbagliato qui e qui.	Sehen Sie? Sie haben hier und hier einen Fehler gemacht.

sbagliarsi [sba'ʎarsi]	**sich irren**
Purtroppo mi sono sbagliato.	Leider habe ich mich geirrt.
domanda [do'manda]	**Frage**
Scusi, avrei una domanda.	Entschuldigen Sie, ich hätte da eine Frage.
domandare / chiedere [doman'da:re / ki'ɛ:dere]	**fragen**
prendere ['prɛndere]	**nehmen**
Chi ha preso il mio evidenziatore?	Wer hat meinen Textmarker genommen?
prendere appunti ['prɛndere ap'punti]	**mitschreiben, sich Notizen machen**
foglio ['fɔ:ʎo]	**Blatt**
aprire – chiudere [a'pri:re – ki'u:dere]	**öffnen, aufmachen – schließen**
Bambini, aprite i libri a pagina diciotto!	Kinder, macht die Bücher auf Seite 18 auf!
argomento [argo'mento]	**Thema**
Oggi abbiamo trattato un nuovo argomento.	Heute haben wir ein neues Thema behandelt.
eccellente [ettʃel'lɛnte]	**hervorragend**
Le sue prestazioni sono eccellenti.	Seine / Ihre Leistungen sind hervorragend.
esempio [e'zempio]	**Beispiel**
Mi fai un esempio?	Machst du mir ein Beispiel?
proposta [pro'posta]	**Vorschlag**
Chi ha una proposta da fare?	Wer macht einen Vorschlag?
pratica – praticare ['pra:tika – prati'ka:re]	**Übung, Praxis – praktizieren, üben**
Bisogna praticare una lingua.	Eine Sprache muss man üben.
riguardare [riguar'da:re]	**betreffen, angehen**
No, questa faccenda non mi riguarda!	Nein, diese Sache geht mich nichts an!
silenzio [si'lɛntsio]	**Ruhe; Stille**
parlare più / meno forte [par'la:re pi'u / 'meno 'fɔrte]	**lauter / leiser sprechen**
Bambini, parlate meno forte! Silenzio!	Kinder, sprecht leiser! Ruhe!
consegnare [konse'ɲa:re]	**übergeben; ab-, zurückgeben**
Se avete finito, consegnate!	Wenn ihr fertig seid, gebt ab!
bocciare [bot'tʃa:re]	**nicht versetzen**
Lo hanno bocciato! Deve ripetere l'anno.	Er ist nicht versetzt worden! Er muss das Jahr wiederholen.
ripetere [ri'pɛ:tere]	**wiederholen**

Kapitel 10

10.1 Pittura e scultura
Malerei und Bildhauerei

arte *f* ['arte]	**Kunst**
In Italia si possono ammirare molte opere d'arte.	In Italien kann man viele Kunstwerke bestaunen.
artista *m/f* [ar'tista]	**Künstler(in)**
dipingere [di'pindʒere]	**malen**
dipingere un ritratto	ein Porträt malen
dipinto [di'pinto]	**bemalt; Bild; Gemälde**
un dipinto del Beato Angelico	ein Gemälde des Beato Angelico
pittore(-trice) [pit'to:re(-'tri:tʃe)]	**Maler(in)**
pittura [pit'tu:ra]	(die) **Malerei; Bild; Gemälde**
Si tratta di una pittura antica.	Es handelt sich um ein altes Bild.
quadro [ku'a:dro]	**Bild**
appendere un quadro	ein Bild aufhängen
disegno [di'seɲo]	**Zeichnung**
disegnare [dise'ɲa:re]	**zeichnen**
Ma sai disegnare molto bene!	Du kannst aber gut zeichnen!
fumetto [fu'metto]	**Comic**
Sturmtruppen è un noto fumetto italiano.	Sturmtruppen ist ein bekannter italienischer Comic.
tela ['te:la]	**Leinwand**
pennello [pen'nɛllo]	**Pinsel**
In uno studio non possono mancare tela e pennello.	In einem Atelier dürfen Leinwand und Pinsel nicht fehlen.
soggetto [sod'dʒɛtto]	**Gegenstand**
paesaggio [pae'zaddʒo]	**Landschaft**
Mi piace il soggetto di questo dipinto: il paesaggio è proprio ameno!	Mir gefällt der Gegenstand dieses Bildes: Die Landschaft ist wirklich lieblich!
ritratto – ritrattare [rit'ratto – ritrat'tare]	**Porträt – porträtieren**
Chi ti ha fatto quel ritratto?	Wer hat das Porträt von dir gemacht?
affresco [af'fresko]	**Fresko**
Guarda: tutte le pareti sono coperte di affreschi!	Schau: Alle Wände sind mit Fresken bedeckt!
nudo ['nu:do]	**Akt**
nudo seduto / in piedi / sdraiato	sitzender / stehender / liegender Akt

composizione *f* [kompositsi'o:ne]	**Komposition; (Bild)Aufbau**
La composizione di questo quadro mi sembra perfetta.	Der Aufbau dieses Bildes scheint mir vollendet zu sein.
falso ['falso]	**Fälschung; gefälscht, falsch**
Secondo me quel dipinto è falso!	Meiner Ansicht nach ist dieses Bild falsch.
originale *m* [oridʒi'na:le]	**Original(-); ursprünglich; originell**
È l'originale! L'ho fatto esaminare.	Es ist das Original. Ich hab's überprüfen lassen.
esposizione *f* [espozitsi'o:ne]	**Ausstellung**
esporre [es'porre]	**ausstellen**
Espongono solo pochi quadri.	Sie stellen nur wenige Bilder aus.
mostra – **mostrare** ['mostra – mos'tra:re]	**Ausstellung** – **zeigen**
Adesso ti mostro il mio quadro preferito.	Jetzt zeige ich dir mein Lieblingsbild.
galleria (d'arte) [galler'i:a (d'arte)]	(Kunst-)**Galerie**
museo [mu'zɛ:o]	**Museum**
i Musei Vaticani	das Vatikanmuseum
scultura [skul'tu:ra]	**Skulptur; Plastik; Bildwerk; Bildhauerkunst; Bildhauerei**
una scultura di marmo	eine Marmorskulptur / -plastik
scultore – **scultrice** [skul'to:re, -'tri:tʃe]	**Bildhauer(in)**
Michelangelo fu un celebre scultore.	Michelangelo war ein berühmter Bildhauer.
scolpire [skol'pi:re]	(*Holz*) **schnitzen;** (*Stein*) **meißeln**
scolpire un blocco di porfido	einen Porphyrblock behauen
una **statua** di marmo ['sta:tua]	eine Marmor**statue**
un **busto** di bronzo ['busto]	eine Bronze**büste**
una **figura** in gesso [fi'gu:ra]	eine Gips**figur**
mosaico [mo'za:iko]	**Mosaik**
i mosaici di Pompei	die Mosaike von Pompei
ammirazione *f* [ammiratsi'o:ne]	**Bewunderung**
ammirare [ammi'ra:re]	**bewundern**
Ammiro i bravi artisti.	Ich bewundere tüchtige Künstler.

Die wichtigsten Farben: *arancione* [aran'tʃo:ne] (= orange) • *azzurro* [ad'dzurro] (= himmel-, azurblau) • *bianco* [bi'aŋko] (= weiß) • *blu* [blu] (= blau) • *celeste* [tʃe'lɛste] (= hell-, himmelblau) • *giallo* ['dʒallo] (= gelb) • *grigio* ['gri:dʒo] (= grau) • *marrone* [mar'ro:ne] (= braun) • *nero* ['ne:ro] (= schwarz) • *rosso* ['rosso] (= rot) • *verde* ['verde] (= grün) • *colorato* [kolo'ra:to] (= farbig).

10.2 Fotografia
Fotografie

fotografia [fotogra'fi:a]	(die) **Fotografie** (= *Kunst + Verfahren*); **Foto(grafie); Aufnahme**
fotografie in bianco e nero / a colori	Schwarzweiß- / Farbabzüge
Ci farebbe una foto?	Würden Sie uns fotografieren?
fotografare [fotogra'fa:re]	**fotografieren**
Ho fotografato un tramonto stupendo.	Ich habe einen prächtigen Sonnenuntergang aufgenommen.
fotografo [fo'tɔ:grafo]	**Fotograf**
fotografico [fotog'ra:fiko]	**fotografisch; Foto-**
la mia attrezzatura fotografica	meine Fotoausrüstung
scattare alcune foto [skat'ta:re al'ku:ne 'fɔ:to]	ein paar **Schnappschüsse machen**
flash *m* ['flɛʃ]	**Blitz(licht)**
Non mi piace usare il flash.	Ich blitze nicht gern.
macchina fotografica ['makkina fotog'ra:fika]	**Kamera;** (Foto-)**Apparat**
una fotocamera digitale [didʒi'ta:le]	**Digitalkamera**
obiettivo [obiet'ti:vo]	**Objektiv**
cambiare l'obiettivo	das Objektiv auswechseln
montare / smontare l'obiettivo	das Objektiv einsetzen / abnehmen
teleobiettivo	Teleobjektiv
grandangolo	Weitwinkelobjektiv
caricare la pellicola [kari'ka:re la pel'li:kola]	**den Film einlegen**
soggetto – motivo [sod'dʒɛtto – mo'ti:vo]	(Aufnahme-)**Objekt – Motiv**
mirino [mi'ri:no]	**Sucher**
mettere a fuoco ['mettere a fu'ɔ:ko]	**die Entfernung einstellen**
Il soggetto deve essere messo a fuoco.	Der Aufnahmegegenstand muss scharf sein.
apertura [aper'tu:ra]	**Blende(nöffnung)**
regolare l'apertura a 8	die Blende auf 8 stellen
Sorridere, prego! [sor'ri:dere 'prɛ:go]	**Bitte recht freundlich!**
riavvolgere la pellicola [riav'vɔldʒere]	den Film **zurückspulen**
sviluppare la pellicola [zvilup'pa:re]	den Film **entwickeln**
negativo [nega'ti:vo]	**Negativ**

10.3 Musica e ballo
Musik und Tanz

musica ['mu:zika]	**Musik**
Metto un po' di musica?	Soll ich ein bisschen Musik auflegen?
un brano musicale	ein Musikstück
classico ['klassiko]	**klassisch**
Preferisci la musica classica o quella leggera?	Magst du lieber klassische oder leichte Musik?
musicale [muzi'ka:le]	**musikalisch; Musik-**
strumento musicale	Musikinstrument
musicista *m/f* [muzi'tʃista]	**Musiker(in)**
I futuri musicisti studiano al conservatorio.	Künftige Musiker studieren am Konservatorium.
cantare [kan'ta:re]	**singen**
Mi dispiace ma non canto bene.	Leider kann ich nicht gut singen.
cantante *m/f* [kan'tante]	**Sänger(in)**
Le arie di quella cantante tolgono proprio il fiato!	Die Arien dieser Sängerin verschlagen einem wirklich den Atem!
canto ['kanto]	**Singen; Gesang**
Luca prende lezioni di canto.	Lukas nimmt Gesangstunden.
canzone *f* [kan'tso:ne]	**Lied; Song; Chanson**
coro ['kɔ:ro]	(*Oper, Oratorium*) **Chor; Refrain**
Il coro del Nabucco è famoso.	Der Chor aus dem Nabucco ist berühmt.
melodia [melo'di:a]	**Melodie**
Questa melodia è orecchiabile.	Diese Melodie geht ins Ohr.
suonare [suɔ'na:re]	(ein Musikinstrument) **spielen**
Sai suonare il pianoforte?	Kannst du Klavier spielen?
accompagnare [akkompa'ɲa:re]	(instrumental) **begleiten**
Lui la accompagnava al piano.	Er begleitete sie auf dem Klavier.

Einige Musikinstrumente:
strumento (musicale) [stru'mento] (= (Musik-)Instrument) • *chitarra* [ki'tarra] (= Gitarre) • *organo* ['ɔrgano] (= Orgel) • *pianoforte m* [piano'fɔrte] (= Klavier) • *violino* [vio'li:no] (= Geige, Violine).

compositore(-trice) [komposi'to:re(-'tri:tʃe)]	**Komponist(in)**
opera (lirica) ['ɔ:pera]	**Oper**

Verdi è tra i maggiori compositori di opere liriche italiani.	Verdi gehört zu den größten italienischen Opernkomponisten.
prima ['pri:ma]	**Premiere; Ur- / Erstaufführung**
La prima è stata un successo clamoroso.	Die Premiere war ein riesiger Erfolg.
direttore(-trice) [diret'to:re(-'tri:tʃe)]	**Dirigent(in)**
Mio padre è stato un bravo direttore d'orchestra.	Mein Vater ist ein tüchtiger Dirigent gewesen.
dirigere [di'ri:dʒere]	**dirigieren**
Il direttore dirige l'orchestra.	Der Dirigent dirigiert das Orchester.
orchestra [or'kɛstra]	**Orchester**
orchestra da camera	Kammerorchester
banda ['banda]	**Kapelle; Band**
concerto [kon'tʃɛrto]	**Konzert** (= *Veranstaltung + Komposition*)
Siamo andati ad un concerto.	Wir waren in einem Konzert.
nota ['nɔta]	**Note**
Sai leggere le note musicali?	Kannst du Noten lesen?
tono ['tɔ:no]	**Tonhöhe / -lage; Stimmlage**
scala ['ska:la]	**Tonleiter**
la scala di do maggiore	die C-Dur-Tonleiter
maggiore – minore [mad'dʒo:re – mi'no:re]	**Dur – Moll**
tempo ['tɛmpo]	**Takt**
Perché non puoi stare a tempo?	Warum kannst du nicht im Takt bleiben?
ritmo ['ritmo]	**Rhythmus**
Che ritmo! Balliamo?	Was für ein Rhythmus! Tanzen wir?
impianto stereo [impi'anto 'stɛ:reo]	**Stereoanlage**
L'impianto stereo non sostituisce uno strumento musicale.	Die Stereoanlage ersetzt kein Musikinstrument.
ballo / danza ['ballo / 'dantsa]	**Tanz; Ball**
Ultimamente frequento una scuola di ballo.	In letzter Zeit gehe ich in eine Tanzschule.
ballare [bal'la:re]	**tanzen**
Come sarebbe a dire che non sai ballare? Vieni!	Was soll das heißen, dass du nicht tanzen kannst? Komm!
ballerino(-a) [balle'ri:no]	**Tänzer(in)**
È la prima ballerina della Scala.	Sie ist Primaballerina an der Scala.
balletto [bal'letto]	(das) **Ballett**

10.4 Teatro e cinema
Theater und Film

teatro [te'a:tro]	**Theater**
Dai, andiamo a teatro!	Gehen wir doch ins Theater!
cinema *m* ['tʃi:nema]	**Kino**
Siamo andati al cinema.	Wir sind ins Kino gegangen.
sala ['sa:la]	**Saal; Raum**
Dov'è la nostra sala?	Wo ist unser Vorführraum?
film *m* ['film]	(Kino-)**Film**
Scusa, dove danno quel film?	Entschuldige, wo läuft der Film?
fenomenale [fenome'na:le]	**phänomenal; großartig**
Fenomenale questo film!	Großartig dieser Film!
girare [dʒi'ra:re]	**drehen; wenden; umblättern**
Questo film lo hanno girato in Sicilia.	Diesen Film haben sie auf Sizilien gedreht.
Potresti girare la pagina?	Könntest du umblättern?
schermo ['skermo]	**Leinwand; Kino; Bildschirm**
adattare per lo schermo	für die Leinwand bearbeiten
cassa ['kassa]	(Theater-/Kino-)**Kasse**
A che ora apre la cassa?	Um wie viel Uhr öffnet die Kasse?
biglietto d'ingresso [bi'ʎetto diŋ'grɛsso]	**Eintrittskarte**
Hai prenotato i biglietti?	Hast du die Karten reserviert?
abbonamento – abbonato [abbona'mento – abbo'na:to]	**Abonnement – abonniert**
abbonarsi [abbo'narsi]	**abonnieren**
Ti sei poi abbonato a quel ciclo di concerti?	Hast du diesen Konzertzyklus abonniert?
spettatore, spettatrice [spetta'to:re, -'tri:tʃe]	**Zuschauer(in)**
il pubblico ['pubbliko]	das **Publikum;** die **Zuschauer**
Il pubblico era entusiasta.	Das Publikum war begeistert.
applauso – applaudire [app'la:uzo – applau'di:re]	**Applaus – applaudieren; klatschen**
Perché non applaudisci?	Warum klatschst du nicht?
rappresentazione *f* [rapprezenta-tsi'o:ne]	**Vorstellung, Aufführung**
una rappresentazione noiosa	eine langweilige Aufführung
spettacolo [spet'ta:kolo]	**Vorstellung**
Andiamo allo spettacolo della mezzanotte?	Gehen wir in die Mitternachtsvorstellung?

posto (a sedere) ['pɔsto]	(Sitz-)**Platz**
Non ci sono più posti a sedere.	Die Sitzplätze sind leider aus.
fila ['fi:la]	**Reihe**
In quale fila siamo?	In welcher Reihe sitzen wir?
programma *m* [prog'ramma]	**Programm**
essere in programma	auf dem Programm stehen
regista *m/f* – **regia** [re'dʒista – re'dʒi:a]	(Film-/Theater-)**Regisseur(in)** – **Regie**
famoso [fa'mo:so]	**berühmt**
Benigni è un attore e regista famoso.	Benigni ist ein berühmter Schauspieler und Regisseur.
palco(scenico) ['palko('ʃɛniko)]	**Bühne**
recitare sul palco	auf der Bühne spielen
costume *m* [ko'stu:me]	**Kostüm**
recitare [retʃi'ta:re]	**spielen**
Che ruolo reciti?	Was für eine Rolle spielst du?
ruolo [ru'ɔ:lo]	**Rolle**
pezzo – **brano** ['pɛttso – 'brano]	**Stück**
Di che cosa parla il pezzo?	Wovon handelt das Stück?
commedia – **tragedia** [kom'mɛdia – tra'dʒɛdia]	**Komödie** – **Tragödie**
le commedie di Dario Fo	die Komödien von Dario Fo
giallo ['dʒallo]	**Krimi**
1° atto, 3ª scena ['pri:mo 'atto, 'tɛrtsa 'ʃe:na]	**1. Akt, 3. Szene**
trama ['tra:ma]	**Handlung**
La trama è la seguente: ...	Die Handlung ist folgende: ...
azione *f* [atsi'o:ne]	**Handlung; Action**
In quel pezzo c'è molta azione.	In dem Stück passiert viel.
eroe/eroina [e'rɔ:e/ero'i:na]	**Held(in)**
L'eroe della commedia è ...	Der Held des Stücks ist ...
attore(-trice) [at'to:re(-'tri:tʃe)]	**Schauspieler(in)**
popolare [popo'la:re]	**beliebt**
un attore popolare	ein beliebter Schauspieler
critico ['kri:tiko]	**Kritiker(in); kritisch**
critica – **criticare** ['kri:tika – kriti'ka:re]	**Kritik** – **kritisieren**
un'aspra critica	eine harsche Kritik
successo – **fiasco** [sut'tʃɛsso – fi'asko]	**Erfolg** – **Reinfall**
un successo strepitoso – un fiasco clamoroso	ein Riesenerfolg – ein totaler Reinfall

10.5 Architettura e edilizia
Architektur und Bauwesen

architettura [arkitet'tu:ra]	(die) **Architektur**
architetto(-a) [arki'tetto]	**Architekt(in)**
architettonico [arkitet'tɔniko]	**architektonisch**
Il Bauhaus è uno stile architettonico.	Bauhaus ist ein Baustil.
progetto [pro'dʒɛtto]	**Entwurf; Gestaltung**
il progetto di un nuovo edificio	die Entwürfe für ein neues Gebäude
progettare [prodʒet'ta:re]	**entwerfen**
Gli architetti progettano edifici.	Architekten entwerfen Gebäude.
progettazione *f* [prodʒettatsi'o:ne]	(die) **Planung**
studio di progettazione	Planungsbüro
licenza di costruzione [li'tʃɛntsa]	(die) (Bau)**genehmigung**
concedere [kon'tʃɛ:dere]	**erteilen; gewähren**
Non sempre il comune concede una licenza.	Nicht immer erteilt die Gemeinde eine Genehmigung.
costruire [kostru'i:re]	**bauen**
Costruite una casa? Complimenti!	Ihr baut? Glückwunsch!
costruzione *f* [kostrutsi'o:ne]	**Bauwerk;** (das) **Bauen**
terreno da costruzione	Baugrundstück; Bauland
edilizia [edi'li:tsia]	**Bauwesen**
cantiere edile *m* [kanti'ɛ:re 'ɛdile]	**Baustelle**
Nel Mezzogiorno ci sono molti cantieri abusivi.	In Süditalien gibt es viele ungenehmigte Baustellen.
edificio [edi'fi:tʃo]	**Gebäude**
Questo edificio è il Municipio.	Dieses Gebäude ist das Rathaus.
fontana [fon'ta:na]	**(Spring)Brunnen**
la fontana di Trevi	der Trevi-Brunnen

> ***Chi lavora in un cantiere edile* (= Wer arbeitet auf der Baustelle)?**
> *L'ingegnere edile* [indʒe'ɲe:re e'di:le] (= Bauingenieur) • *il geometra* [dʒe'ɔ:metra] (= Geometer; Statiker) • *il muratore* [mura'to:re] (= Maurer) • *il piastrellista* [piastrel'lista] (= Fliesenleger) • *l'elettricista* [elettri'tʃista] (= Elektriker) • *l'idraulico* [i'draulico] (= Installateur)

mattone *m* [mat'to:ne]	**Ziegelstein; Backstein**
pietra – **stucco** – **vetro** [pi'ɛ:tra – 'stukko – 've:tro]	**Stein** – **Stuck** – **Glas**

10.6 Letteratura
Literatur

letteratura [lettera'tu:ra]	(die) **Literatur**
storia della letteratura	Literaturgeschichte
opera ['ɔ:pera]	**Werk**
Le opere di Alberto Moravia in 20 tomi.	Alberto Moravias Werke in 20 Bänden.

Generi di narrativa **(= Arten von Erzählliteratur)**
romanzo (= Roman) • *giallo* (= Krimi) • *novella* (= Novelle) • *romanzo rosa* (= Liebesroman) • *fantascienza* (= Science Fiction) • *romanzetto* (= Groschenheft) • *fotoromanzo* (= Fotoroman)

favola ['fa:vola] / **fiaba** [fi'a:ba]	**Märchen**
le favole della nonna	aus Omas Märchenstube
leggenda [led'dʒɛnda]	**Legende; Sage**
le leggende nordiche	nordische Sagen
biografia [biogra'fi:a]	**Biografie; Lebensbeschreibung**
Hai letto quella biografia di Dante?	Hast du diese Biographie über Dante gelesen?
diario [di'a:rio]	**Tagebuch**
Tengo un diario da molti anni.	Ich führe seit vielen Jahren Tagebuch.

I tre generi letterari e alcuni tipi di letteratura **(= Die drei Dichtungsgattungen und einige Arten von Literatur):** *dramma m* ['dramma] (= Drama) • *prosa* ['prɔ:za] (= Prosa) • *lirica* ['li:rika] (= Lyrik) • *commedia – comico* [kom'mɛ:dia – 'kɔ:miko] (= Komödie – komisch) • *tragedia – tragico* [tra'dʒɛ:dia – tra:dʒiko] (= Tragödie – tragisch) • *satira – satirico* ['sa:tira – sa'ti:riko] (= Satire – satirisch).

poesia – **poetico** [poe'zi:a – po'ɛ:tico]	(die) **Lyrik; Gedicht** – **poetisch**
poeta, **poetessa** [po'ɛ:ta, poe'tessa]	**Dichter(-in)**
rima ['ri:ma]	**Reim**
"Cuore" fa rima con "dolore".	„Herz" reimt sich auf „Schmerz".
scrittore(-trice) [skrit'to:re(-'tri:tʃe)]	**Schriftsteller(in)**
Mi piacciono gli scrittori contemporanei.	Mir gefallen zeitgenössische Schriftseller.
autore(-trice) [au'to:re(-'tri:tʃe)]	**Autor(in); Verfasser(in)**
atmosfera [atmos'fɛ:ra]	**Atmosphäre**

11.1 Giorni e occasioni di festa, vacanze
Feiertage, festliche Anlässe, Urlaub

vacanza [va'kantsa] — **Urlaub; Ferien**
essere in vacanza — im Urlaub sein
ferie *fpl* ['fɛːrie] — **Ferien**
Chiuso per ferie. — Wegen Urlaub geschlossen.
trascorrere [tras'korrere] — **verbringen**
Quest'anno dove trascorri le vacanze? — Wo verbringst du dieses Jahr deinen Urlaub?
essere fortunato ['ɛssere fortu'naːto] — **Glück haben**
Sei fortunato! Quattro settimane di vacanze sono lunghe! — Du hast Glück! Vier Wochen Urlaub sind lang!
rimandare [riman'daːre] — **verschieben**
Dovrò rimandare le mie vacanze. — Ich werde meinen Urlaub verschieben müssen.

fine-settimana *m* / **week-end** *m* ['fiːne-setti'maːna / 'uiːkend] — **Wochenende**
Durante il fine-settimana siamo via. — Wir sind übers Wochenende weg / verreist.

i ***Festività civili in Italia*** **(= Bürgerliche Feiertage)**
Anniversario della Liberazione (25 aprile) (= Befreiungstag)
Festa del Lavoro (Primo maggio) (= 1. Mai / „Tag der Arbeit")
Festa della Repubblica (2 giugno) (= Tag der Republik)
Giorno dell'unità nazionale (4 novembre) (= Tag der Nationalen Einheit)

Carnevale (= Fasching) *con giovedì grasso* (= Altweiberfastnacht), *lunedì grasso e martedì grasso* (= Rosenmontag / Faschingsdienstag)

Festa della mamma (seconda domenica di maggio) (= Muttertag)
Festa del papà / San Giuseppe (19 marzo) (= Vatertag)
Festa della donna (8 marzo) (= Frauentag)
Festa degli innamorati / San Valentino (14 febbraio) (= Valentinstag)

i ***Festività religiose in Italia*** **(= Kirchliche Feiertage)**
Capodanno (= Silvester)
Epifania (= Heilige Drei Könige)
Pasqua (= Ostern), *Lunedì dell'Angelo* (= Ostermontag)

Ferragosto / Assunzione di Maria Vergine (15 agosto) (= Mariä Himmelfahrt)
Ognissanti (1° novembre) (= Allerheiligen)
Festa dell' Immacolata (8 dicembre) (= Unbefleckte Empfängnis)
Natale (25 dicembre) (= Weihnachten)
Santo Stefano (26 dicembre) (= 2. Weihnachtsfeiertag)

celebrare [tʃeleb'ra:re]	**feiern**; (feierlich) **begehen**
celebrare un battesimo	eine Taufe feiern
festa ['fɛsta]	**Feier; Feiertag**
festività [festivi'ta]	**Feier(lichkeit); Fest**
la festività del Santo Natale	das Heilige Weihnachtsfest
carnevale *m* [karne'va:le]	**Fasching; Karneval**
Vai al corteo di carnevale?	Gehst du zum Karnevalsumzug?
la maschera ['maskera]	**Maske**
vestirsi in maschera	sich verkleiden

i ***Alcune delle maschere di Carnevale più famose:***
Arlecchino, Colombina, Pantalone, Pulcinella, Balanzone, Meneghino.

compleanno [komple'anno]	**Geburtstag**
Quand'è il tuo compleanno?	Wann hast du Geburtstag?
augurio [au'gu:rio]	**Glückwunsch**
Tanti auguri di buon compleanno!	Herzlichen Glückwunsch zum Geburtstag!
da parte di [da 'parte di]	**von**
Auguri anche da parte di Remo!	Alles Gute auch von Remo!
compiere gli anni ['kompiere ʎi 'anni]	**Geburtstag haben**
Rolando quando compie gli anni?	Wann hat Rolando Geburtstag?
augurare [augu'ra:re]	**wünschen**
Ti auguro ogni bene!	Ich wünsche dir alles Gute!
regalo [re'ga:lo]	**Geschenk**
Ti hanno fatto molti regali per il tuo compleanno?	Hast du viele Geschenke zum Geburtstag bekommen?
regalare [rega'la:re]	**schenken**
Cosa gli regaliamo?	Was schenken wir ihm?
ricordo [ri'kɔrdo]	**Erinnerung; Andenken**
Ti regalo questo ciondolo come ricordo.	Ich schenke dir diesen Anhänger als Andenken.
anniversario [anniver'sa:rio]	**Jahrestag; Jubiläum**
Celebriamo il 50° anniversario della ditta.	Wir feiern unser fünfzigjähriges Jubiläum/Bestehen.

11.2 I rapporti sociali
Gesellschaftlicher Umgang

compagnia [kompa'ɲi:a]	**Gesellschaft; Umgang**
Mi fai compagnia?	Leistet du mir Gesellschaft?
accompagnare [akkompa'ɲa:re]	**begleiten**
Nonno, ti accompagno io!	Opa, ich begleite dich!
visita ['vi:zita]	**Besuch; Untersuchung** (*Arzt*)
Pensavamo di farti una visita.	Wir hatten vor, dich zu besuchen.
andare a trovare [an'da:re a tro'va:re]	**besuchen**
visitare [vizi'ta:re]	**besichtigen; untersuchen** (*Arzt*); **besuchen**
Domani vengo a visitarti.	Morgen besuche ich dich.
trovarsi [tro'varsi]	**sich treffen**
incontrarsi [iŋkon'trarsi]	**sich treffen**
A che ora ci incontriamo?	Um wie viel Uhr treffen wir uns?
incontro [iŋ'kontro]	**Treffen; Begegnung**
incontrare [iŋkon'tra:re]	**treffen; begegnen**
Sai chi ho incontrato in centro?	Weißt du, wem ich im Zentrum begegnet bin?
accogliere [ak'kɔ:ʎere]	**empfangen; begrüßen**
Come ti hanno accolto?	Wie haben sie dich empfangen?
dare il **benvenuto** [benve'nu:to]	**willkommen** heißen
salutare [salu'ta:re]	**(be)grüßen; (sich) verabschieden**
Piero non saluta mai nessuno.	Piero grüßt niemanden.
saluto [sa'lu:to]	**Gruß**
Tanti saluti dai nonni!	Viele Grüße von den Großeltern!
farsi vivo ['farsi 'vi:vo]	**sich melden; sich sehen lassen**
Ti fai vivo domani?	Meldest du dich morgen?
uscire [u'ʃi:re]	**ausgehen**
Usciamo stasera?	Gehen wir heute abend aus?
appuntamento [appunta'mento]	**Verabredung, Treffen**
Ho fissato l'appuntamento per giovedì.	Ich habe das Treffen für Donnerstag vereinbart.
festa ['fɛsta]	**Party**
dare / fare una festa	eine Party geben / feiern
festeggiare [fested'dʒa:re]	**feiern**
Festeggi il tuo compleanno?	Feierst du deinen Geburtstag?
preparativo [prepara'ti:vo]	**Vorbereitung**
A che punto sono i preparativi?	Wie weit sind die Vorbereitungen?
riunione *f* [riuni'o:ne]	**Treffen; Zusammenkunft, Meeting**
Il capo è in riunione.	Der Chef ist in einem Meeting.

ospite *m/f* ['ɔspite]	**Gastgeber(in); Gast**
Marco è un ospite gentile.	Mario ist ein netter Gastgeber.
Abbiamo ospiti a cena.	Wir haben Gäste zum Abendessen.
invito [in'vi:to]	**Einladung**
Grazie per l'invito.	Danke für die Einladung.
invitare [invi'ta:re]	**einladen**
Siamo invitati al party?	Sind wir zur Party eingeladen?
ringraziare [riŋgratsi'a:re]	**(sich be)danken**
Ti ringrazio del gentile invito!	Ich dank' dir für die nette Einladung!

Vorsicht! *Ringraziare* **wird** anders als im Deutschen **nicht rückbezüglich gebildet**! „*Mi ringrazio*" hieße also: ich danke mir selbst!

aderire [ade'ri:re]	annehmen; beitreten (Partei)
Aderisco volentieri al Suo invito.	Ich nehme Ihre Einladung gerne an.
accomodarsi [akkomo'darsi]	**Platz nehmen; sich setzen**
Prego, si accomodi!	Bitte nehmen Sie Platz!
presentare [prezen'ta:re]	**vorstellen**
Ora ti presento ai miei amici.	Jetzt stelle ich dich meinen Freunden vor.
dare del tu / Lei ['da:re del tu / lɛi]	**duzen / siezen**
Propongo di darci del tu.	Ich schlage vor, wir duzen uns.
addio [ad'di:o]	**Abschied; leb'wohl**
la festa d'addio	das Abschiedsfest
rifiuto [rifi'u:to]	**Ablehnung; Weigerung**
rifiutare [rifiu'ta:re]	**ablehnen; zurückweisen**
rifiutare un invito	eine Einladung ablehnen
rifiutarsi [rifiu'tarsi]	**sich weigern**
Mi rifiuto di venire in maschera.	Ich weigere mich, verkleidet zu kommen.
brindisi *m* ['brindizi]	**Toast; Trinkspruch**
brindare [brin'da:re]	**anstoßen; trinken**
Brindiamo alla nostra amicizia!	Trinken wir auf unsere Freundschaft!
sollevare [solle'va:re]	**(er-, auf-)heben**
Solleviamo i bicchieri!	Erheben wir die Gläser!

i ***Tipici brindisi*** **(= Gebräuchliche Trinksprüche)**
Alla Vostra / tua salute! (= Auf Ihr / dein Wohl!)
Cin, cin! (= Prost! / Prosit! / Zum Wohl!)

11.3 Divertimenti e hobby
Vergnügungen und Hobbys

circo ['tʃirko]	**Zirkus**
Andiamo al circo?	Gehen wir in den Zirkus?
discoteca [disko'tɛːka]	**Diskothek**
Andiamo spesso in discoteca.	Wir gehen oft in die Disko.
gara ['gaːra]	(Wett-)**Kampf; Wettbewerb**
scommettere [skom'mettere]	**wetten**
Scommettiamo che vince la gara il numero 4?	Wetten wir, dass die Nummer 4 den Wettbewerb gewinnt?
zoo ['dzɔo]	**Tiergarten; Zoo**
Bambini, andiamo allo zoo?	Kinder, gehen wir in den Zoo?
voglia ['vɔːʎa]	**Lust**
Hai voglia di andare al cinema?	Hast du Lust, ins Kino zu gehen?
divertimento [diverti'mento]	**Vergnügen; Unterhaltung**
Buon divertimento!	Viel Vergnügen!
divertirsi [diver'tirsi]	**Spaß haben, sich amüsieren**
Ciao bambini, e divertitevi!	Tschüss Kinder, amüsiert euch!
scherzo ['skertso]	**Scherz; Spaß**
L'ho detto per scherzo!	Das habe ich zum Spaß gesagt!
scherzare [sker'tsaːre]	**scherzen**
Scherzi?	Machst du Witze?
barzelletta [bardzel'letta]	**Witz**
Mi piacciono le barzellette.	Ich mag Witze.
risata [ri'zaːta]	**Lachen; Gelächter**
Ci siamo fatti molte risate.	Wir haben oft gelacht.
godersi [go'dersi]	**genießen**
Godiamoci il sole!	Genießen wir die Sonne!
passeggiata [passed'dʒaːta]	**Spaziergang**
passeggiare [passed'dʒaːre]	**spazieren (gehen)**
È bello passeggiare lungo un viale ombroso.	Es ist schön, eine schattige Allee entlang zu spazieren.
andare a spasso [an'daːre a 'spasso]	**spazieren gehen**
Chi va a spasso dopo pranzo?	Wer geht nach dem Mittagessen spazieren?
riposare [ripo'saːre]	**(sich) ausruhen**
Mi piace riposare dopo mangiato.	Ich ruhe mich gerne nach dem Essen aus.
riposarsi [ripo'sarsi]	**sich ausruhen**
indovinare [indovi'naːre]	**(er)raten**
Chi indovina di chi parlo?	Wer errät, von wem ich spreche?

gioco ['dʒɔːko]	**Spiel**
giocare a carte [dʒo'kaːre a 'karte]	**Karten spielen**
hobby *m* ['ɔbbi]	**Hobby**
I miei hobby sono ...	Zu meinen Hobbys gehören ...
passatempo [passa'tempo]	**Zeitvertreib; Hobby**
Qual è il tuo passatempo preferito?	Was ist deine Lieblingsbeschäftigung?
interesse *m* [inte'rɛsse]	**Interesse(ngebiet)**
Quali interessi ha Lei?	Was für Interessen haben Sie?
interessarsi [interes'sarsi]	**sich interessieren**
Lui si interessa di francobolli.	Er interessiert sich für Briefmarken.
attività [attivi'ta]	**Betätigung; Tätigkeit; Beschäftigung**
le attività del tempo libero	Freizeitbeschäftigungen

> ***Manualità*** **(= Handarbeit, Kunsthandwerk, Basteln)**
> *cucire* (= nähen) • *lavorare a maglia* (= stricken) • *lavorare all'uncinetto* (= häkeln) • *ricamare* (= sticken) • *fare bricolage* (= basteln) • *lavorare con la ceramica* (= töpfern)

rilassarsi [rilas'sarsi]	**sich entspannen**
Mi rilasso andando al cinema.	Ich entspanne mich durch Kinobesuche.
tempo libero ['tempo 'liːbero]	**Freizeit**
Cosa fai nel tuo tempo libero?	Was machst du in deiner Freizeit?
dedicarsi a un hobby [dedi'karsi]	sich einem Hobby **widmen**
collezione *f* [kollettsi'oːne]	**Sammlung**
collezionare [kollettsio'naːre]	**sammeln**
I bambini collezionano figurine.	Kinder sammeln Abziehbildchen.

> ***Cosa colleziona la gente*** **(= Was die Leute so sammeln)**
> *francobolli* (= Briefmarken) • *cartoline* (= Postkarten) • *schede telefoniche* (= Telefonkarten) • *monete* (= Münzen) • *autografi* (= Autogramme) • *antichità* (= Antiquitäten)

pesca ['peska] – **pescare** [pes'kaːre]	**Angeln; Fischen – angeln, fischen**
Va a pesca per rilassarsi.	Zur Entspannung geht er angeln.
fotografia [fotogra'fiːa]	**Fotografie**
fotografare [fotogra'faːre]	**fotografieren**
Ci potrebbe fotografare?	Könnten Sie mal fotografieren?
mi piace fare qualcosa [mi pi'aːtʃe]	**ich tue** etwas **gern**
Mi piace ascoltare la musica.	Ich höre gern Musik.

11.4 Viaggi e turismo, alloggio
Reisen und Tourismus, Unterkunft

agenzia viaggi [adʒen'tsia vi'addʒi]	**Reisebüro**
viaggio [vi'addʒo]	**Reise**
essere in viaggio d'affari	auf Geschäftsreise sein
Buon viaggio! Fai buon viaggio!	Gute Reise! Gute Fahrt!
viaggiare [viad'dʒa:re]	**reisen**
Preferisco viaggiare in treno.	Ich reise lieber mit dem Zug.
viaggiatore, viaggiatrice [viaddʒa'to:re, -tri:tʃe]	**Reisende** *m/f*
I viaggiatori sono pregati di non fumare.	Die Reisenden werden gebeten, nicht zu rauchen.
andare [an'da:re]	**gehen; fahren**
Dove andate?	Wo fahrt ihr hin?
Come va?	Wie geht's?

Andare / venire a prendere [an'da:re / ve'ni:re a 'prɛndere] **(abholen).** Der Gebrauch von *andare* oder *venire* hängt von der Sprechabsicht ab: Sprechen Sie von Dritten, benutzen Sie *andare*, wenden Sie sich an jemand anderen, benutzen sie *venire*. *Chi va a prendere il nonno* (Wer holt den Opa ab)? *Ti vengo a prendere* (Ich hole dich ab).

(ri)tornare [(ri)tor'na:re]	**zurückkehren, -kommen**
Quando tornate?	Wann kehrt ihr zurück?
turismo [tu'rizmo]	**Tourismus**
L'isola vive di turismo.	Die Insel lebt vom Tourismus.
turista *m/f* [tu'rista]	**Tourist(in)**
turistico [tu'ristiko]	**touristisch**
Quella località è molto turistica.	Jener Ort ist sehr touristisch.
all'estero [all'ɛstero]	**ins Ausland / im Ausland**
Quest'anno andiamo all'estero.	Dieses Jahr fahren wir ins Ausland.
giro ['dʒi:ro]	**Tour; (Rund-)Fahrt; (Rund-)Reise**
fare il giro della città	eine Stadttour machen
non veder l'ora [non ve'der l'ora]	**es nicht abwarten können**
Non vedo l'ora di partire.	Ich kann es gar nicht abwarten, abzufahren.
visitare [vizi'ta:re]	**besuchen; besichtigen**
Abbiamo visitato il duomo.	Wir haben den Dom besichtigt.
soggiorno [sod'dʒorno]	**Aufenthalt**
azienda autonoma di soggiorno	Fremdenverkehrsamt

guida [gu'i:da]	**Fremdenführer; Reiseleiter(in) / Reiseführer** (Buch)
La nostra guida parla anche tedesco.	Unser(e) Reiseleiter(in) spricht auch Deutsch.
orario di apertura [o'ra:rio di aper'tu:ra]	**Öffnungszeiten**
A che ora apre?	Wann wird hier geöffnet?
arrivare [arri'va:re]	**ankommen**
A che ora arriviamo?	Um wie viel Uhr kommen wir an?
arrivo [ar'ri:vo]	**Ankunft**
il tabellone degli arrivi	die Ankunftstafel / -anzeige
partire [par'ti:re]	**abfahren, -reisen**
Quando partite? – Domani.	Wann fahrt ihr los? – Morgen.
partenza [par'tɛntsa]	**Abreise; Abfahrt; Abflug**
il tabellone delle partenze	die Abfahrtstafel / -anzeige
ritardo [ri'tardo]	**Verspätung; Verzögerung**
Il treno arriva in ritardo.	Der Zug kommt verspätet an.
autostop *m* [auto'stɔp]	**Autostopp; Trampen**
fare l'autostop	Autostopp machen; trampen
dogana [do'ga:na]	**Zoll**
Abbiamo passato la dogana senza problemi.	Wir sind problemlos durch den Zoll gekommen.
visto ['visto]	**Visum**
richiedere un visto [riki'ɛ:dere]	ein Visum **beantragen**
richiesta di un visto [riki'ɛsta]	**Antrag** auf ein Visum
passaporto [passa'pɔrto]	(Reise-)**Pass**
Passaporti, prego!	Passkontrolle, bitte!
valido ['va:lido]	**gültig**
Questo visto è valido 90 giorni.	Dieses Visum ist 90 Tage gültig.
carta d'identità ['karta didenti'ta]	**Personalausweis**
assicurazione *f* [assikuratsi'o:ne]	**Versicherung**
assicurazione contro la perdita di ...	Versicherung gegen den Verlust von ...
cambio ['kambio]	**Umtausch** (*Geld*)
cambiare [kambi'a:re]	**wechseln; umtauschen**
cambiare dollari in euro	Dollar in Euro umtauschen
bagagli *mpl* [ba'ga:ʎi]	**Gepäck**
deposito bagagli	Gepäckaufbewahrung
valigia [va'li:dʒa]	**Koffer**
fare / disfare le valigie	die Koffer packen / auspacken
zaino ['dza:ino]	**Rucksack**
noleggiare [noled'dʒa:re]	**(ver)mieten**
Noleggia ombrelloni?	Vermieten Sie Sonnenschirme?

tariffa [ta'riffa]	**Tarif**
Qual è la tariffa giornaliera?	Wie hoch ist der Tagestarif?
alloggio [al'lɔddʒo]	**Unterkunft;** (Nacht-)**Quartier**
un alloggio accogliente	eine gemütliche Unterkunft
hotel *m* [o'tɛl] / **albergo** [al'bɛrgo]	**Hotel**
pensione *f* [pensi'o:ne]	(Fremden-)**Pension**
Alcune pensioni offrono solo pernottamento e colazione.	Manche Pensionen bieten nur Übernachtung und Frühstück.
ostello della gioventù [o'stɛllo 'della dʒoven'tu]	**Jugendherberge**
campeggio [kam'peddʒo]	**Campingplatz, Camping**
Il campeggio si trova in una pineta.	Der Campingplatz liegt in einem Pinienhain.
prenotazione *f* [prenotatsi'o:ne]	(Zimmer-)**Reservierung**
prenotare [preno'ta:re]	**buchen; reservieren**
Abbiamo prenotato una camera al Prince Hotel.	Wir haben ein Zimmer im Prince Hotel gebucht.
supplemento [supple'mento]	**Aufschlag; Aufpreis**
pernottamento [pernotta'mento]	**Übernachtung**
Sono stati cinque pernottamenti.	Es waren fünf Übernachtungen.
camera ['ka:mera]	**Zimmer**
supplemento camera singola	Einzelzimmeraufschlag
singolo ['singolo] / **doppio** ['doppio]	**Einzel- / Zweibett-**
camera singola con bagno	ein Einzelzimmer mit Bad
camera matrimoniale / doppia	Zimmer mit Doppelbett / Zweibettzimmer
disporre [dis'porre]	**verfügen; (an)ordnen**
La camera dispone di tv satellitare.	Das Zimmer verfügt über Satelliten-TV.
colazione *f* [kolatsi'o:ne]	**Frühstück**
La colazione viene servita dalle 7.00 alle 9.00.	Frühstück gibt es von 7.00 bis 9.00 Uhr.
disturbare [distur'ba:re]	**stören**
Non disturbare.	Bitte nicht stören.
portiere(-a) [porti'ɛ:re]	(Hotel-)**Portier / Empfangsdame**
Lasci le chiavi al portiere.	Hinterlassen Sie Ihre Schlüssel beim Portier.
cassiere(-a) [kassi'ɛ:re]	**Kassierer(in)**
C'è un cassiere o si paga all'automatico?	Gibt es einen Kassierer oder wird am Automaten gezahlt?

11.5 Acquisti
Einkaufen

Frasi utili	**Nützliche Redensarten**
Cerco ... ['tʃerko]	Ich suche ...
Avete / Ha ...? [a've:te / a]	Haben / Führen Sie ...?
Dove trovo ...? ['do:ve 'trɔ:vo]	Wo finde ich ...?
Quanto costa ...? ['kuanto 'kosta]	Was kostet ...?
Quant'è? ['kuant'ɜ]	Was macht das?
Qual è ...? ['kual ɜ]	Welche(r) ist ...?

spesa ['spe:sa]	**Einkauf**
carrello (per la spesa) [kar'rɛllo]	**Einkaufswagen**
fare la spesa ['fare la 'spe:sa]	**einkaufen**
Di solito faccio la spesa sabato mattina.	Für gewöhnlich kaufe ich samstags vormittags ein.
fare spese ['fare 'spe:se]	**Shopping machen; shoppen**
comprare [kom'pra:re]	**kaufen**
Compriamo un po' di frutta?	Kaufen wir ein wenig Obst?
acquisto [akku'isto]	**Kauf; Erwerb**
Oggi ho fatto buoni acquisti.	Heute habe ich schöne Sachen gekauft.
acquistare [akku'ista:re]	**kaufen; erwerben**
Avete poi acquistato il villino?	Habt ihr das Häuschen dann schließlich gekauft?
negozio [ne'gɔ:tsio]	**Laden**
andare per negozi	einen Einkaufsbummel machen
aperto [a'pɛrto]	**offen; geöffnet**
Vedi un po' se il negozio è aperto?	Schaust du mal, ob das Geschäft geöffnet ist?
chiuso [ki'u:so]	**zu; geschlossen**
chiuso per ferie	wegen Urlaub geschlossen
generi *mpl* **alimentari** ['dʒeneri alimen'ta:ri]	**Lebensmittel**
Dove trovo i generi alimentari?	Wo finde ich die Lebensmittel?
scelta ['ʃelta]	**(Aus)wahl**
In quel negozio hanno una vasta scelta.	In dem Geschäft haben sie eine große Auswahl.
negoziante *m/f* / **commerciante** *m/f* [negottsi'ante / 'kommer'tʃante]	**Händler(-in)**
commerciale [kommer'tʃale]	**wirtschaftlich; geschäftlich; Geschäfts-**

Il centro commerciale è a due chilometri. — Das Geschäftszentrum ist zwei Kilometer weit weg.

> ***Alcune parti del negozio*** **(Einige Teile des Ladens)**
> *insegna* (= Ladenschild) • *serranda* (= Rolladen) • *vetrina* (= Schaufenster) • *banco* (= Theke) • *bancone m* (= Ladentisch) • *scaffale m* (= Regal) • *espositore m* (= Display) • *il retrobottega* (= Hinterraum des Ladens)

cliente *m/f* [kli'ɛnte]	**Kunde/Kundin**
Per l'assistenza clienti chiamate ...	Unsere Kundenbetreuung erreichen Sie unter der Nummer ...
clientela [klien'tɛla]	**Kundschaft**
commesso(-a) [kom'messo]	**Verkäufer(in)** (*in Laden, Kaufhaus etc.*)
offerta speciale [of'fɛrta spe'tʃa:le]	**günstiges Angebot; Sonderangebot**
Hai visto le offerte speciali?	Hast du die Sonderangebote gesehen?
risparmiare [risparmi'a:re]	**sparen**
Potete risparmiare fino al 40 per cento.	Sie können bis zu 40 Prozent sparen.
a buon prezzo / a buon mercato [a bu'ɔn 'prɛttso / a bu'ɔn mer'ka:to]	**günstig; billig**
L'ho comprato a buon prezzo.	Das habe ich günstig gekauft.
economico [eko'nɔ:miko]	**(spott)billig**
Ma quel prezzo è davvero economico.	Der Preis ist aber wirklich billig.
confronto [kon'fronto]	**Vergleich**
Fammi fare un confronto dei prezzi.	Lass' mich die Preise vergleichen.
confrontare [konfron'ta:re]	**vergleichen**
A confrontare si può risparmiare.	Wenn man vergleicht, kann man sparen.
includere [iŋ'klu:dere]	**beinhalten; umfassen**
Il prezzo include l'assistenza tecnica?	Beinhaltet der Preis den technischen Kundendienst?
incluso / compreso [in'klu:zo / kom'pre:so]	**inklusive**
Il servizio è compreso.	Der Service ist inklusive.
sconto ['skonto]	**Preisnachlass; Rabatt**
Mi fa uno sconto?	Geben Sie mir Rabatt?
No, non effettuiamo sconti.	Nein, wir geben keinen Rabatt.

ricevuta [ritʃe'vu:ta]	**Quittung**
scontrino [skon'tri:no]	**Kassenbon; Beleg**
Mi dà lo scontrino, per favore?	Geben Sie mir bitte den Bon?
cassa ['kassa]	**Kasse**
C'è molto da aspettare alla cassa?	Muss man lange an der Kasse anstehen?
spingere ['spindʒere]	**schieben; drängeln**
Non spinga, per favore! Aspettiamo tutti.	Drängeln Sie bitte nicht! Wir warten alle.
Bimbi, chi spinge il carrello?	Kinder, wer schiebt den Einkaufswagen?
resto ['rɛsto]	**Rest(geld)**
EccoLe il resto!	Da ist Ihr Restgeld!
svendita ['svendita]	**(Aus- / Schluss-)Verkauf**
L'ho comprato in svendita.	Das habe ich im Ausverkauf erstanden.
marca ['marka]	**Marke**
Sara compra solo vestiti di marca.	Sara kauft nur Markenkleidung.

Tipi di negozi e negozianti

cartoleria (= Schreibwarengeschäft) – *cartolaio* (= Schreibwarenhändler)
merceria (= Kurzwarengeschäft) – *merciaio* (= Kurzwarenhändler)
tabaccheria (= Tabakwarengeschäft) – *tabaccaio* (= Tabakwarenhändler)
panetteria (= Bäckerei) – *panettiere* (= Bäcker)
drogheria (= Drogerie) – *droghiere* (= Drogist)
macelleria (= Metzgerei) – *macellaio* (= Metzger)
salumeria (= Wurstwarengeschäft) – *salumiere* (= Wurstwarenhändler)
pescheria (= Fischgeschäft) – *pescivendolo* (= Fischhändler)
edicola (= Zeitungsgeschäft) – *giornalaio* (= Zeitungshändler)
farmacia (= Apotheke) – *farmacista* (= Apotheker/-in)
oreficeria (= Goldschmiede) – *orefice* (= Goldschmied)
gioielleria (= Juweliergeschäft) – *gioielliere* (= Juwelier)
pasticceria (= Konditorei) – *pasticcere* (= Konditor)
negozio ortofrutticolo (Obst- und Gemüseladen) – *fruttivendolo* (Obst- und Gemüsehändler)
supermercato / *ipermercato* (= Supermarkt)
grande magazzino (= Kaufhaus)
centro commerciale (= Einkaufszentrum)

11.6 Sport
Sportarten

sport *m* ['spɔrt]	**Sport; Sportart**
sportivo(-a) [spor'ti:vo]	**Sportler(in); sportlich**
Che sport pratichi?	Welche Sportart betreibst du?
partita [par'ti:ta]	(Wett-)**Spiel; Partie; Match**
Facciamo una partita a scacchi?	Wollen wir eine Partie Schach spielen?
partita di tennis / di calcio	ein Tennismatch / ein Fußballspiel
gara ['ga:ra]	**Wettbewerb**
allenamento [allena'mento]	**Training**
allenarsi [alle'narsi]	**trainieren**
Sergio allena ogni mattina i suoi addominali.	Sergio trainiert jeden Morgen seine Bauchmuskeln.
allenatore(-trice) [allena'to:re, -'tri:tʃe]	**Trainer(in)**
muovere – **mouversi** [muɔ:vere – muɔ:versi]	**(sich) bewegen**
Muoversi fa bene.	Sich zu bewegen tut gut.
Non riesco a muovere il piede.	Ich kann den Fuß nicht bewegen.
sfidare [sfi'da:re]	**herausfordern**
Non bisogna sfidare il destino.	Man darf das Schicksal nicht herausfordern.
vincere (– vinsi – vinto) ['vintʃere]	**gewinnen**
perdere (– persi – perso) ['pɛrdere]	**verlieren**
Avete vinto o perso?	Habt ihr gewonnen oder verloren?
ultimo ['ultimo]	**letzte; Letzte(r)**
Poveretto, è arrivato ultimo!	Der Ärmste ist Letzter geworden!
atleta *m / f* [a'tlɛ:ta]	**Athlet(in); Sportler(in)**
Tutti gli atleti sognano medaglie.	Alle Athleten träumen von Medaillen.
medaglia [me'da:ʎa]	**Medaille**
Le è stata consegnata la medaglia di bronzo.	Ihr ist die Bronzemedaille verliehen worden.
campione(-ssa) (mondiale) [kampi'o:ne(-'nessa)]	(Welt-)**Meister(in)**
record (mondiale) *m* ['rɛkɔrd]	(Welt-)**Rekord**
stabilire / battere / detenere un record	einen Rekord aufstellen / brechen / halten
dilettante *m / f* – **professionista** *m / f* [dilet'tante – professio'nista]	**Amateur(-) – Profi(-)**

corsa ['korsa]	**Rennen; (Wett-)Lauf; Rennsport**
correre ['korrere]	**rennen; laufen**
Ho corso tutto il giorno.	Ich bin den ganzen Tag herumgerannt.
pista / percorso ['pista / per'korso]	(Renn-)**Bahn; Rennstrecke; Piste**
Il percorso è molto difficile.	Die Strecke ist sehr schwer.
sciare [ʃi'a:re]	**Ski laufen; Ski fahren**
Purtroppo non so sciare bene.	Leider kann ich nicht gut Ski laufen.
fare vela ['fa:re 've:la]	**segeln**
I laghi bavaresi sono ideali per fare vela.	Die bayrischen Seen sind ideal zum Segeln.
nuoto [nu'ɔ:to]	**Schwimmen**
nuotare [nuo'ta:re]	**schwimmen**
Dai, andiamo a nuotare!	Na los, gehen wir schwimmen!
calcio ['kaltʃo]	**Fußball(spiel)**
Gli italiani amano il calcio.	Italiener lieben Fußball.
squadra [sku'a:dra]	**Mannschaft**
La squadra azzurra è la nazionale italiana.	Die Blauen sind die italienische Nationalmannschaft.
giocatore(-trice) [dʒoka'to:re, -'tri:tʃe]	**Spieler(in)**
pallone [pal'lo:ne]	**Fußball**
A molti piace giocare a pallone.	Viele spielen gerne Fußball.
arbitro ['arbitro]	**Schiedsrichter**
Quell'arbitro è una schiappa!	Der Schiedsrichter ist eine Flasche!
fischiare [fiski'a:re]	**pfeifen**
Chi fischia la partita?	Wer pfeift das Spiel?
stadio ['sta:dio]	**Stadion**
Sabato prossimo andiamo allo stadio?	Gehen wir nächsten Samstag ins Stadion?
campo (da gioco) ['kampo]	**Spielfeld**
I giocatori scendono in campo.	Die Spieler laufen auf.
go(a)l *m* [gol]	**Tor, Treffer**
segnare [se'ɲa:re]	**erzielen**
Chi ha segnato il primo goal?	Wer hat das erste Tor erzielt?
sconfiggere [skon'fiddʒere]	**besiegen**
Accidenti, ci hanno sconfitti!	Mist, sie haben uns besiegt!
campionato [kampio'na:to]	**Meisterschaft**
Quante squadre disputano il campionato?	Wie viele Mannschaften spielen um die Meisterschaft?
spettatore(-trice) [spetta'to:re, -tri:tʃe]	**Zuschauer(-in)**
tifoso(-a) [ti'fo:so]	**Fan**

Kapitel 12

12.1 Cielo, clima e tempo
Himmel, Klima und Wetter

astronomia [astrono'mi:a]	**Astronomie**
universo [uni'vɛrso]	**Universum**
spazio ['spattsio]	**Weltraum, Weltall**

Die Raumfahrt: *astronauta m/f* [astro'na:uta] (= Astronaut/-in) • *astronave f* [astro'na:ve] (= Raumschiff) • *lancio* ['lantʃo] (= Abschuss, Start) • *navicella* [navi'tʃɛlla] (= Raumfähre) • *satellite m* [sa'tɛllite] (= Satellit) • *spaziale* [spattsi'a:le] (= Weltraum-, Raum-).

pianeta *m* [pia'ne:ta]	**Planet**
luna ['lu:na]	**Mond**
stella ['stella]	**Stern**
brillare [bril'la:re]	**glänzen; leuchten**
Le stelle brillano nel cielo.	Die Sterne leuchten am Himmel.
sole *m* ['sole]	**Sonne**
soleggiato [soled'dʒa:to]	**sonnig**
splendere ['splɛndere]	**scheinen**
È tornato a splendere il sole!	Die Sonne scheint wieder!
raggio ['raddʒo]	**Strahl**
I raggi del sole riscaldano già.	Die Sonnenstrahlen wärmen schon.
ombra ['ombra]	**Schatten**
atmosfera [atmos'fɛ:ra]	**Atmosphäre**
clima *m* ['kli:ma]	**Klima**
Un cambiamento di clima Le farà bene.	Ein Klimawechsel wird Ihnen gut tun.
mite – rigido ['mi:te – 'ri:dʒido]	**mild – rau; streng**
Il clima qui è mite/rigido.	Das Klima hier ist mild/rau.
aria ['a:ria]	**Luft**
L'aria di campagna è pura.	Landluft ist rein.
tempo ['tɛmpo]	**Wetter**
Com'è il tempo? / Che tempo fa?	Wie ist denn das Wetter?
Fa / C'è bel/brutto tempo.	Es ist schön/schlecht.
Il tempo è bello/brutto.	Das Wetter ist schön/schlecht.
splendido ['splɛndido]	**herrlich; großartig; toll**
giornata [dʒor'na:ta]	**Tag** (*fig.* aufs Wetter bezogen)
Che splendida giornata!	Was für ein herrlicher Tag!

Beachten Sie bitte den Unterschied zwischen 1) *mattina / giorno / sera / notte* und 2) *mattinata / giornata / serata / nottata*. 1) bezieht sich auf den Zeitpunkt, 2) bezieht sich auf die Dauer und die Wetterbedingungen: *in mattinata* (= im Laufe des Vormittags).

temperatura [tempera'tu:ra]	**Temperatur**
termometro [ter'mɔ:metro]	**Thermometer**
Il termometro segna la temperatura.	Das Thermometer zeigt die Temperatur an.
caldo – **freddo** ['kaldo – 'freddo]	**warm; heiß; Wärme; Hitze – kalt; Kälte**
fa caldo / freddo	es ist warm / kalt
tiepido [ti'ɛ:pido]	**(lau)warm**
fare la doccia con l'acqua tiepida	mit lauwarmem Wasser duschen
fresco ['fresko]	**kühl; frisch**
È diventato più fresco.	Es ist kühler geworden.
Questo pesce è freschissimo.	Dieser Fisch ist ganz frisch.
cielo ['tʃɛlo]	**Himmel**
Il cielo è terso.	Der Himmel ist stahlend blau.
sereno [se're:no]	**heiter**
Oggi il tempo rimarrà sereno.	Heute wird es heiter bleiben.
coperto [ko'pɛrto]	**bedeckt; bewölkt**
nuvoloso [nuvo'lo:so]	**bewölkt; wolkig; bedeckt**
Rimarrà in prevalenza nuvoloso.	Es bleibt überwiegend bewölkt.
nuvola ['nu:vola]	**Wolke**
Vedi quelle nuvole grigie? Arriva un temporale.	Siehst du die grauen Wolken? Es zieht ein Gewitter auf.
temporale *m* [tempo'ra:le]	**Gewitter**
lampo / fulmine *m* ['lampo / 'fulmine]	**Blitz**
Ho visto il primo lampo!	Ich hab' den ersten Blitz gesehen!
tuono [tu'ɔ:no]	**Donner**
In lontananza si ode il rombo del tuono.	In der Ferne hört man Donnergrollen.
fuoco – **incendio** [fu'ɔ:ko – in'tʃɛndio]	**Feuer – Brand**
Non si gioca col fuoco.	Mit dem Feuer spielt man nicht.
bruciare [bru'tʃa:re]	**brennen**
L'incendio ha bruciato tutta la pineta.	Bei dem Brand ist der gesamte Pinienhain abgebrannt.
fiamma [fi'amma]	**Flamme**
estinguere le fiamme	die Flammen löschen
pioggia – **piovere** [pi'ɔddʒa – pi'ɔ:vere]	**Regen – regnen**

Nelle giornate di pioggia non serve annaffiare.	An regnerischen Tagen braucht man nicht zu gießen.
Tra poco si metterà a piovere.	Bald wird es regnen.
piovoso [pio'vo:so]	**regnerisch, Regen-**
L'inverno è piovoso.	Der Winter ist regnerisch.
goccia – **gocciolare** ['gottʃa – gottʃo'la:re]	**Tropfen** – **tropfen**
Il rubinetto in bagno gocciola.	Der Wasserhahn im Bad tropft.
grandine *f* – **grandinare** ['grandine – grandi'na:re]	**Hagel** – **hageln**
La grandine ha danneggiato il raccolto.	Der Hagel hat die Ernte beschädigt.
colpire [kol'pi:re]	**treffen; schlagen**
Un fulmine ha colpito l'albero.	Ein Blitz hat den Baum getroffen.
neve *f* – **nevicare** ['neve – nevi'ka:re]	**Schnee** – **schneien**
Stanotte è caduta la neve.	Heute Nacht ist Schnee gefallen.
gelo – **gelare** ['dʒɛlo – dʒe'la:re]	**Frost** – **frieren**
Con le prime notti fredde gelano i laghi.	In den ersten kalten Nächten frieren die Seen zu.
Che mani gelate!	Was für eisige Hände!
ghiaccio – **ghiacciare** [gi'attʃo – giat'tʃa:re]	**Eis** – **vereisen**
La serratura è ghiacciata!	Das Schloss ist eingefroren!
sciogliersi ['ʃɔ:ʎersi]	**schmelzen**
A marzo la neve si scioglie.	Im März schmilzt der Schnee.
asciutto – **bagnato** [aʃ'ʃutto – ba'ɲato]	**trocken** – **nass**
umido ['u:mido]	**feucht**
un clima umido	ein feuchtes Klima
nebbia – **nebbioso** ['nebbia – nebbi'o:so]	**Nebel** – **neb(e)lig**
Che nebbia! Va piano!	Was für ein Nebel! Fahr' langsam!
afa – **afoso** ['afa – a'fo:so]	**Schwüle** – **schwül**
Agosto a Milano è molto afoso.	Der August ist in Mailand sehr schwül.
vento – **ventoso** ['vɛnto – ven'to:so]	**Wind** – **windig**
S'è alzato un gelido vento di tramontana.	Es ist ein eisiger Nordwind aufgekommen.
tempesta [tem'pɛsta]	**Sturm; Unwetter**
Per i laghi c'è un avviso di tempesta.	Für die Seen gilt eine Unwetterwarnung.

12.2 La Terra
Die Erde

Terra / terra ['tɛrra] – **terrestre** [ter'rɛstre]	**Erde** (*Planet*); **Erde** (*Erdreich*) – **irdisch**
La Terra ruota intorno al sole.	Die Erde dreht sich um die Sonne.
(all') **Equatore** *m* [ekua'to:re]	(am) **Äquator**
continente *m* [konti'nɛnte]	**Kontinent; Erdteil**
polo ['pɔlo]	**Pol**
I pinguini vivono al polo sud.	Pinguine leben am Südpol.
orizzonte *m* [orid'dzonte]	**Horizont**
Il sole si alza sull'orizzonte.	Die Sonne geht am Horizont auf.
Europa – **europeo(-a)** [eu'rɔ:pa – euro'pɛ:o]	**Europa – europäisch; Europäer(in)**
L'Europa è detta il Vecchio Continente.	Europa wird der alte Kontinent genannt.
America – **americano(-a)** [a'mɛ:rika – ameri'ka:no]	**Amerika – amerikanisch; Amerikaner(in)**
l'America settentrionale / meridionale	Nord- / Südamerika
Australia – australiano(-a) [aust'ra:lia – australi'a:no]	**Australien – australisch; Australier(in)**
Africa – africano(-a) ['a:frika – afri'ka:no]	**Afrika – afrikanisch; Afrikaner(in)**
Asia – asiatico(-a) ['a:zia – azi'a:tiko]	**Asien – asiatisch; Asiate, Asiatin**
Austria – austriaco(-a) ['a:ustria – aus'tri:ako]	**Österreich – österreichisch; Österreicher(in)**
Gran Bretagna – britannico(-a) [gran bre'ta:ɲa – bri'tanniko]	**Großbritannien – britisch; Brite, Britin**
Francia – francese [fran'tʃa – fran'tʃe:ze]	**Frankreich – französisch; Franzose, Französin**
Germania – tedesco(-a) [dʒer'ma:nia – te'desko]	**Deutschland – deutsch; Deutsche(r)**
Grecia – greco(-a) ['grɛ:tʃa – 'grɛ:ko]	**Griechenland – griechisch; Grieche, Griechin**
Inghilterra – inglese [iŋgil'tɛrra – iŋ'gle:ze]	**England – englisch; Engländer(in)**
Olanda – olandese [o'landa – olan'de:ze]	**Holland – holländisch; Holländer(in)**
Portogallo – portoghese [porto'gallo – porto'ge:ze]	**Portugal – portugiesisch; Portugiese, Portugiesin**

Russia – russo(-a) ['russia – 'russo]	**Russland – russisch; Russe, Russin**
Spagna – spagnolo(-a) ['spaːɲa – spa'ɲɔːlo]	**Spanien – spanisch; Spanier(in)**
Svizzera – svizzero(-a) ['zvittsera – 'zvittsero]	**Schweiz – schweizerisch; Schweizer(in)**
Stato del Vaticano ['staːto del vati'kaːno]	**Vatikanstaat**
Turchia – turco(-a) [tur'kiːa – 'turko]	**Türkei – türkisch; Türke, Türkin**
occidente *m* / **ovest** *m* / **occidentale** [ottʃi'dɛnte – 'ɔvest / -den'tale]	**Westen; West- – westlich / West-**
Milano è a ovest di Bergamo.	Mailand ist westlich von Bergamo.
oriente / **est** *m* – **orientale** [ori'ɛnte / 'ɛst – orien'taːle]	**Osten / Ost- – östlich / Ost-**
il Vicino Oriente / il Medio Oriente / l'Estremo Oriente	der Nahe / Mittlere / Ferne Osten
settentrione *m* / **nord** *m* [settentri'oːne / 'nɔrd]	**Norden; Nord-**
(Loro) si sono trasferiti nel nord.	Sie sind nach Norden gezogen.
settentrionale / **del nord** [settentrio'naːle / del 'nɔrd]	**nördlich; Nord-**
L'Italia del nord è benestante.	Norditalien ist wohlhabend.
meridione *m* / **sud** *m* [meridi'oːne / 'sud]	**Süden; Süd-**
a sud del fiume	südlich des Flusses
meridionale / **del sud** [meridio'naːle / del 'sud]	**südlich; Süd-**
l'Italia settentrionale / centrale / meridionale	Nord- / Mittel- / Süditalien

i Mit *Mezzogiorno* (= wörtlich: Mittag) bezeichnet man das südliche – wirtschaftlich, sozial und politisch – unterentwickelte Italien. Zum *Mezzogiorno* gehören die Regionen Abruzzen, Molise, Kampanien, Apulien, Basilikata, Kalabrien, Sizilien und Sardinien.

regione *f* [re'dʒoːne]	**Gebiet; Gegend; Fläche; Region**
L'Italia ha 20 regioni.	Italien besteht aus 20 Regionen.
territorio [terri'tɔːrio]	**Gebiet; Territorium**
Il territorio del parco occupa una superficie di 100 ettari.	Der Park umfasst eine Fläche von 100 Hektar.
terreno [ter'reːno]	**Gelände; Terrain**
Su terreni accidentati ci vuole una jeep.	Auf unebenem Gelände ist ein Jeep erforderlich.

12.3 Mari, laghi, fiumi
Meere, Seen, Flüsse

mare *m* ['ma:re]	(die) **See**; (das) **Meer**
(Mar) **Mediterraneo** [mediter'ra:neo]	**Mittelmeer**
Oggi il mare è calmo / mosso.	Heute ist das Meer ruhig / bewegt.
oceano [o'tʃɛ:ano]	**Ozean; Meer**
Le acque degli oceani sono profonde.	Die Gewässer der Ozeane sind tief.
profondo [pro'fondo]	**tief**
costa ['kɔsta]	**Küste**
Molti tratti di costa italiani sono rocciosi.	Viele italienische Küstenabschnitte sind felsig.
(in / sulla) **spiaggia** [spi'addʒa]	(am) **Strand**
Andiamo in spiaggia?	Gehen wir an den Strand?
lago ['la:go]	(der) **See**
Il Lago di Garda è sempre molto affollato.	Der Gardasee ist immer sehr voll.
fiume *m* [fi'u:me]	**Fluss; Strom**
Il Po sfocia nell'Adriatico.	Der Po mündet in die Adria.
scorrere ['skorrere]	**fließen**
Il fiume scorre attraverso una pianura.	Der Fluss fließt durch eine Ebene.
la riva [la 'ri:va]	**das Ufer**
Sostiamo in riva al fiume.	Wir rasten am Fluss.
sulle rive del Reno	an den Ufern des Rheins
canale *m* [ka'na:le]	**Fahrrinne**; (Fluss-)**Bett; Kanal**
I Navigli sono canali navigabili.	Die Navigli sind schiffbare Kanäle.
torrente *m* [tor'rɛnte]	**Wildbach**
I torrenti in piena sono molto irruenti.	Wildbäche sind bei Hochwasser sehr reißend.
sorgente *f* (termale) [sor'dʒɛnte]	(Thermal-)**Quelle**
una famosa sorgente termale	eine berühmte Thermalquelle
corrente *f* [kor'rɛnte]	**Strömung**
Fa attenzione alle correnti!	Pass' auf die Strömungen auf!
bassa / alta marea [ma'rɛa]	**Ebbe / Flut**
isola ['i:zola]	**Insel**
L'isola di Capri è molto bella.	Die Insel Capri ist sehr schön.
penisola [pe'niz:ola]	**Halbinsel**
L'Italia è una penisola.	Italien ist eine Halbinsel.
porto ['pɔrto]	**Hafen**
La nave entra nel porto.	Das Schiff läuft in den Hafen ein.

12.4 Il paesaggio e l'agricoltura
Die Landschaft und die Landwirtschaft

campagna [kam'paːɲa]	**Land(schaft)**
Vivo in campagna.	Ich lebe auf dem Land.
paesaggio [pae'zaddʒo]	**Landschaft**
(Lei) adora il paesaggio toscano.	Sie liebt die Landschaft der Toskana.
suolo [su'ɔːlo]	**Boden, Erde**
In Lombardia il suolo è fertile.	In der Lombardei ist der Boden fruchtbar.
monte *m* ['monte]	(hoher) **Berg**
Il Monte Cervino è alto 4478 metri.	Das Matterhorn ist 4478 m hoch.
montagna [mon'taːɲa]	**Berg; Gebirge**
In montagna è già nevicato.	Im Gebirge hat es schon geschneit.
vetta / cima ['vetta / 'tʃiːma]	(Berg-)**Gipfel**
Le cime più alte restano innevate.	Die höchsten Gipfel bleiben schneebedeckt.
scoglio – **scogliera rocciosa** ['skɔːʎo – sko'ʎɛːra]	**(Steil-)Klippe**
Andiamo a pescare sugli scogli o andiamo a cercare conchiglie?	Gehen wir auf den Klippen fischen oder Muscheln suchen?
le **Alpi** [le 'alpi]	die **Alpen**
Le Dolomiti fanno parte delle Alpi.	Die Dolomiten sind ein Teil der Alpen.
alpino [al'piːno]	**alpin**
Il clima alpino è molto salutare.	Das Alpenklima ist sehr gesund.
ghiacciaio [giat'tʃaːio]	**Gletscher**
Ai piedi del ghiacciaio c'è un rifugio.	Am Fuße des Gletschers ist eine Hütte.
ripido ['riːpido]	**steil**
Gli alpinisti scalano una ripida parete.	Die Bergsteiger klettern eine steile Wand hinauf.
vulcano [vul'kaːno]	**Vulkan**
L'Etna è un vulcano attivo.	Der Ätna ist ein aktiver Vulkan.
collina – **colle** *m* [kol'liːna – 'kɔlle]	**Hügel**
I sette colli di Roma sono storici.	Die sieben Hügel Roms sind historisch.
roccia ['rɔttʃa]	**Fels(en)**
La via ferrata è scolpita nella roccia.	Der Klettersteig ist in den Fels gehauen.

valle *f* ['valle]	**Tal**
Andiamo a valle o restiamo ancora?	Steigen wir zu Tal oder bleiben wir noch?
sentiero [senti'ɛ:ro]	**Weg, Pfad**
Dov'è il sentiero? Ci siamo smarriti!	Wo ist der Weg? Wir haben uns verlaufen!
funivia [funi'vi:a]	**Seilbahn**
seggiovia [seddʒo'vi:a]	**Sessellift**
Prendiamo la seggiovia o camminiamo?	Nehmen wir den Sessellift oder laufen wir?
grotta ['grɔtta]	**Höhle; Grotte**
Nelle grotte di Toirano si possono ammirare impronte umane.	In den Höhlen von Toirano kann man menschliche Fußabdrücke bestaunen.
pianura [pia'nu:ra]	**Ebene; Flachland**
Il Po attraversa la pianura padana.	Der Po fließt durch die Poebene.
prateria [prate'ri:a]	**Prärie**
deserto [de'zɛrto]	**Wüste**
I deserti avanzano.	Die Wüsten breiten sich aus.
sabbia ['sabbia]	**Sand**
Aspetta che ho sabbia nella scarpa!	Warte, ich habe Sand im Schuh!
palude *f* [pa'lu:de]	**Sumpf**
macchia ['makkia]	**Gebüsch; Gesträuch, Macchia**
Lasciamo la macchia o piantiamo alberi?	Lassen wir das Gesträuch stehen oder pflanzen wir Bäume?
foresta / selva [fo'rɛsta / 'selva]	(größerer) **Wald, Forst**
Molti fanno trecking nella Selva Bavarese.	Viele gehen im Bayerischen Wald wandern.
bosco ['bɔsko]	(kleinerer) **Wald**
Facciamo una passeggiata nel bosco?	Gehen wir im Wald spazieren?

„Hain, Wäldchen" wird auch durch die Endung *-eto / -eta* ausgedrückt: *un uliveto* (= ein Olivenhain), *la pineta* (= der Pinienhain).

radura [ra'du:ra]	**Lichtung**
una radura ai margini del bosco	eine Lichtung am Waldesrand
parco ['parko]	**Park**
parco nazionale	(geschützter) Nationalpark
campo ['kampo]	**Feld; Acker**
I contadini lavorano nei campi.	Die Bauern arbeiten auf den Feldern.

pascolo ['paskolo]	**Weide**
I pastori portano il loro gregge di pecore al pascolo.	Die Hirten führen ihre Schafherde auf die Weide.
giardino [dʒar'di:no]	**Garten**
orto / orticello ['ɔrto / orti'tʃɛllo]	**Gemüsegarten**
frutteto [frut'te:to]	**Obstgarten**
vigneto [vi'ɲe:to]	**Weinberg; Weingarten**
La Sicilia è ricca di orti, frutteti e vigneti.	Sizilien besitzt viele Gemüse-, Obst- und Weingärten.
agricoltura [agrikol'tu:ra]	**Landwirtschaft**
Sempre meno persone lavorano nell'agricoltura.	Immer weniger Menschen arbeiten in der Landwirtschaft.
agricolo [a'gri:kolo]	**landwirtschaftlich, Land-**
fattoria [fatto'ri:a]	**Bauernhaus**
allevamento – allevare [alleva'mento – alle'va:re]	**Zucht – züchten**
In quella fattoria allevano maiali.	Auf diesem Bauernhof werden Schweine gezüchtet.
contadino(-a) [konta'di:no]	**Landwirt(in); Bauer / Bäuerin**
irrigare – irrigazione *f* [irri'ga:re – irrigatsi'o:ne]	**bewässern – Bewässerung**
In estate bisogna irrigare i campi spesso.	Im Sommer muss man oft die Felder bewässern.
coltivare [kolti'va:re]	**bestellen; anbauen**
Qui si coltiva molto l'asparago.	Hier wird viel Spargel angebaut.
crescere ['kre:ʃere]	**wachsen; anbauen; anpflanzen**
Qui il riso non cresce.	Reis gedeiht hier nicht.
seme *m* **– seminare** ['se:me – semi'na:re]	**Samen – säen**
seminare il grano	Getreide anbauen / säen
raccolto [rak'kɔlto]	**Ernte**
Con questa calura il raccolto sarà magro.	Bei dieser Hitze wird die Ernte mager ausfallen.
raccolta – raccogliere [rak'kɔlta – rak'koʎʎere]	**Ernte** (*Vorgang*) **– ernten**
La raccolta delle olive avviene a novembre.	Die Olivenernte findet im November statt.
bestiame *m* [besti'a:me]	**Vieh; Viehbestand**
Il bestiame pascola sui prati.	Auf den Wiesen weidet das Vieh.
stalla ['stalla]	**Stall**
In inverno gli animali restano in stalla.	Im Winter bleiben die Tiere im Stall.
fieno [fi'ɛno]	**Heu**

12.5 La città
Die Stadt

città [tʃit'ta]	(größere) **Stadt**
Abitiamo in città.	Wir wohnen in der Stadt.
fuori città	außerhalb
centro ['tʃɛntro]	**(Stadt)Zentrum**
Domani andiamo in centro?	Fahren wir morgen ins Zentrum?
luogo ['luɔ:go]	**Ort; Platz**
È un luogo malfamato!	Das ist ein verrufener Ort!
località [lokali'ta]	**Ort**
Porto San Giorgio è una bella località balneare.	Porto San Giorgio ist ein schöner Badeort.
municipio [muni'tʃi:pio]	**Rathaus**
sindaco ['sindako]	**Bürgermeister**
Chi è il vostro sindaco?	Wer ist euer Bürgermeister?
abitante *m/f* [abi'tante]	**Stadtbewohner(in)**
Milano ha più di un milione di abitanti.	Mailand hat mehr als eine Million Einwohner.
pianta [pi'anta]	**Karte / Plan**
una pianta del centro di Roma	ein Plan der Innenstadt Roms
periferia [perife'ri:a]	**Stadtrand**
stabilirsi in periferia	sich am Stadtrand niederlassen
dintorni *mpl* [din'torni]	**Umgebung**
nei dintorni di Monaco	in der Umgebung Münchens
quartiere *m* [kuarti'ɛ:re]	**Stadtviertel**
Questo è un quartiere bene.	Das ist ein elegantes Viertel.
zona ['dzɔ:na]	**Gebiet; Gegend**
La zona industriale si trova fuori città.	Das Industriegebiet liegt außerhalb der Stadt.
piazza [pi'a:ttsa]	**Platz**
strada ['stra:da]	**Straße**
Quella strada porta in centro.	Diese Straße führt ins Zentrum.
via ['vi:a]	**Straße** (in der Stadt)
Abito in via Cristoforo Colombo, 1.	Ich wohne in der Cristoforo Colombo-Straße 1.
viale *m* [vi'a:le]	**Allee**
passeggiare lungo i viali	die Alleen entlangspazieren

Unterschied zwischen *strada* und *via*
Strada ist ein allgemeiner Begriff für einen Verkehrsweg, im Unterschied zu *via*, der bei bewohnten Gegenden benutzt wird.

12.6 La tutela dell'ambiente
Der Umweltschutz

ambiente *m* [ambi'ɛnte]	**Umwelt**
tutela – **tutelare** [tu'tɛ:la – tute'la:re]	**Schutz** – **schützen**
la tutela dell'ambiente	Umweltschutz
ambientale [ambien'ta:le]	**Umwelt-**
problemi ambientali	Umweltprobleme
natura – **naturale** [na'tu:ra – natu'ra:le]	**Natur** – **natürlich**
La colza è una fonte d'energia naturale e rigenerativa.	Raps ist eine natürliche, nachwachsende Energiequelle.
alternativo [alterna'ti:vo]	**alternativ**
fonti d'energia alternative	alternative Energiequellen
inquinamento – **inquinare** [inkuina'mento – inkui'na:re]	**(Umwelt)Verschmutzung** – **verschmutzen**
I gas di scarico inquinano.	Abgase verschmutzen.
ecologia [ekolo'dʒi:a] – **ecologico** [eko'lɔdʒiko]	**Ökologie** – **ökologisch**
detersivo ecologico	Ökowaschmittel
rifiuti *mpl* / **immondizie** *fpl* [rifi'u:ti / immon'di:tsie]	**Abfall / Abfälle; Müll**
vietato depositare immondizie	Müllabladen verboten
discarica [dis'ka:rika]	**Müllkippe**
Esistono molto discariche abusive.	Es gibt viele wilde Müllkippen.
buttare via [but'ta:re 'vi:a]	**wegwerfen, -schmeißen**
Meglio usare le cose più volte che buttarle via.	Besser die Dinge mehrmals verwenden als sie wegzuschmeißen.
gettare [dʒet'ta:re]	**werfen; schmeißen**
Getta quella lattina nel cestino!	Wirf' die Dose in den Korb.
nucleare [nukle'a:re]	**nuklear; Atom-; Kern-**
energia nucleare	Kernenergie
solare [so'la:re]	**Sonnen-**
lo sfruttamento dell'energia solare	die Nutzung der Sonnenenergie
riciclare – **riciclaggio** [ritʃik'la:re – ritʃik'laddʒo]	**wieder verwerten / wieder verarbeiten / recyceln** – **Recycling**
Molte cose si possono riciclare.	Vieles kann recycelt werden.
raccolta [rak'kɔlta]	**Sammlung**
fare la raccolta differenziata	Abfalltrennung betreiben
rendere ['rɛndere]	**zurückgeben; abwerfen** (*Ertrag*)
bottiglia a rendere / a perdere	Einweg- / Mehrwegflasche
Questo BOT rende	Dieser Schatzbrief wirft ... ab.

13.1 Animali
Tiere

creatura [krea'tu:ra]	**Wesen; Geschöpf**
Sotto il solleone non c'era creatura vivente.	Unter der sengenden Sonne war kein lebendes Wesen.
animale *m* [ani'ma:le]	**Tier**
animali mansueti / selvatici	zahme / wilde Tiere
bestia ['bestia]	**Tier; Bestie**
A cuccia! ... Brava bestia!	Platz! ... Gutes Tier!
domestico [do'mɛstiko]	**Haus-**
animali domestici	Haustiere
docile – **mansueto** ['dɔ:tʃile – mansu'ɛ:to]	**zahm**
Non avere paura! Nerone non fa niente, è mansueto!	Keine Angst! Nerone tut nichts, er ist zahm!
feroce [fe'ro:tʃe]	**wild** (= *aggressiv*)
Gli squali sono animali feroci.	Haie sind wilde Tiere.
selvaggio [sel'vaddʒo]	**wild** (= *wild lebend*)
Nei parchi nazionali vivono animali selvaggi.	In den Nationalparks leben wilde Tiere.
pelle *f* ['pɛlle]	**Fell** (= *i. S. v. Haut*)
Molti animali vengono cacciati per la loro pelle.	Viele Tiere werden wegen ihres Fells gejagt.
pelo ['pe:lo]	**Fell** (= *Pelz*)
Il gatto si liscia il pelo.	Die Katze putzt sich das Fell.
mammifero [mam'mi:fero]	**Säugetier**
I mammiferi allattano i loro cuccioli.	Säugetiere säugen ihre Kleinen.
razza ['rattsa]	**Rasse**
coda ['ko:da]	**Schwanz**
Il gatto agita la coda quando è nervoso.	Die Katze zuckt mit dem Schwanz, wenn sie nervös ist.
saltare [sal'ta:re]	**springen; hüpfen**
Il gatto è saltato sulla sedia.	Die Katze ist auf den Stuhl gesprungen.
mordere ['mɔrdere]	**beißen**
Alcuni cani mordono.	Einige Hunde beißen.
nutrirsi di [nu'trirsi di]	**sich ernähren von; fressen**
Le mucche si nutrono di erba.	Kühe fressen Gras.

nutrire [nu'tri:re] — **füttern**
Il contadino nutre i suoi animali con foraggio. — Der Bauer füttert seine Tiere mit Viehfutter.

allevare [alle'va:re] — **aufziehen; züchten**
Alcuni contadini allevano bestiame. — Einige Bauern züchten Vieh.

traccia ['trattʃa] — **Spur, Fährte**
Nel sottobosco ci sono tracce di cinghiali. — Im Unterholz sind Wildschweinspuren.

***Alcuni mammiferi* (= Einige Säugetiere)**
cane m – cagna ['ka:ne – 'ka:ɲa] (= Hund – Hündin) • *gatto(-a)* ['gatto] (= Katze; Kater – Katze) • *criceto* [kri'tʃɛto] (= Hamster) • *cavallo* [ka'vallo] (= Pferd) • *toro* ['tɔ:ro] (= Stier) • *mucca / vacca* ['mukka / 'vakka] (= Kuh) • *vitello* [vi'tɛllo] (= Kalb) • *maiale m* [mai'a:le] (= Schwein) • *pecora* ['pɛ:kora] (= Schaf) • *agnello* [a'ɲɛllo] (= Lamm) • *asino / somaro* ['a:zino / so'ma:ro] (= Esel) • *capra* ['ka:pra] (= Ziege) • *coniglio* [ko'ni:ʎo] (= Kaninchen) • *topo* ['tɔ:po] (= Maus) • *ratto* ['ratto] (= Ratte) • *cervo* ['tʃɛrvo] (= Hirsch) • *capriolo* [kapri'ɔ:lo] (= Reh) • *cinghiale m* [tʃingi'a:le] (= Wildschwein) • *lepre f* ['lɛpre] (= Hase) • *scoiattolo* [skoi'attolo] (= Eichhörnchen) • *volpe f* ['volpe] (= Fuchs) • *lupo* ['lu:po] (= Wolf) • *orso* ['orso] (= Bär) • *leone, leonessa* [le'o:ne, leo'nessa] (= Löwe, Löwin) • *tigre f* ['tigre] (= Tiger) • *scimmia* ['ʃimmia] (= Affe) • *foca* ['fɔ:ka] (= Seehund) • *balena* [ba'le:na] (= Wal) • *delfino* [del'fi:no] (= Delphin)

uccello [ut'tʃɛllo] — **Vogel**
uccello migratore / canoro — Zug- / Singvogel
uccello rapace / predatore — Raub- / Greifvogel

penna ['penna] — **Feder**
I gufi hanno zampe forti, artigli aguzzi e penne morbide. — Eulen haben kräftige Läufe, scharfe Krallen und weiche Federn.

ala ['a:la], *pl: le ali* — **Flügel**
L'uccellino si è spezzato un'ala. — Das Vögelchen hat sich einen Flügel gebrochen.

nido ['ni:do] — **Nest**
Nel nostro giardino hanno fatto il nido due merli. — In unserem Garten haben zwei Amseln genistet.

volare [vo'la:re] — **fliegen**
In autunno gli uccelli migratori volano verso Sud. — Im Herbst fliegen die Zugvögel Richtung Süden.

cantare [kan'ta:re] — **singen**

gabbia ['gabbia] — **Käfig**

Il canarino canta nella sua gabbia.	Der Kanarienvogel singt in seinem Käfig.

***Alcuni uccelli* (= Einige Vögel)**
pollo ['pollo] (= Huhn) • *gallina – gallo* [gal'li:na – 'gallo] (= Henne – Hahn) • *anatra* ['a:natra] (= Ente) • *oca* ['ɔ:ka] (= Gans) • *cigno* ['tʃiɲo] (= Schwan) • *colombo / piccione m* [ko'lombo / pit'tʃo:ne] (= Taube) • *passero* ['passero] (= Sperling; Spatz) • *rondine f* ['rondine] (= Schwalbe) • *gabbiano* [gabbi'a:no] (= Möwe) • *pappagallo* [pappa'gallo] (= Papagei) • *canarino* [kana'ri:no] (= Kanarienvogel)

pesce *m* ['peʃe]	**Fisch**
nuotare [nuo'ta:re]	**schwimmen**
I pesci rossi nuotano nello stagno.	Die Goldfische schwimmen im Teich.
pesce *m* **rosso** ['peʃʃe 'rosso]	**Goldfisch**
squalo / pescecane *m* [sku'a:lo / peʃʃe'ka:ne]	**Hai(fisch)**
spina ['spi:na]	**Gräte**
Fate attenzione alle spine!	Passt auf die Gräten auf!
rettile *m* ['rɛttile]	**Reptil; Kriechtier**
insetto [in'sɛtto]	**Insekt**
strisciare [striʃ'ʃa:re]	**kriechen; krabbeln**
Il serpente striscia sull'erba.	Die Schlange kriecht durchs Gras.
pungere ['pundʒere]	**stechen**
Mi ha punto una zanzara.	Mich hat eine Mücke gestochen.
ronzare [ron'dza:re]	**summen; brummen**
Le api ronzano attorno al cespuglio.	Die Bienen summen um den Busch herum.

***Alcuni rettili e insetti* (= Einige Reptilien und Insekten)**
serpente m [ser'pɛnte] (= Schlange) • *rana* ['ra:na] (= Frosch) • *rospo* ['rɔspo] (= Kröte) • *lumaca* [lu'ma:ka] (= Schnecke) • *coccodrillo* [kokko'drillo] (= Krokodil) • *ragno* ['ra:ɲo] (= Spinne) • *farfalla* [far'falla] (= Schmetterling) • *ape f* ['a:pe] (= Biene) • *vespa* ['vɛspa] (= Wespe) • *mosca* ['moska] (= Fliege) • *zanzara* [dzan'dza:ra] (= Mücke) • *formica* [for'mi:ka] (= Ameise) • *verme m* ['vɛrme] (= Wurm)

veterinario(-a) [veteri'na:rio]	**Tierarzt / Tierärztin**
Il nostro cagnolino sta male. Ci sa dire dov'è il prossimo veterinario?	Unserem Hündchen geht es schlecht. Können Sie uns sagen, wo der nächste Tierarzt ist?

13.2 Piante
Pflanzen

vegetazione *f* [vedʒetatsi'o:ne] — **Vegetation, Pflanzen**
La collina è coperta da una fitta vegetazione. — Der Hügel ist mit dichter Vegetation bedeckt.

vegetale [vedʒe'ta:le] — **pflanzlich, Pflanzen-**
il regno vegetale — das Pflanzenreich

pianta – **piantare** [pi'anta – pian'ta:re] — **Pflanze – (an)pflanzen**
Il giardiniere ha trapiantato le piantine nell'aiuola. — Der Gärtner hat die Pflänzchen ins Beet umgepflanzt.

giardino [dʒar'di:no] — **Garten**
Che bel giardino che avete! — Was für einen schönen Garten ihr habt!

fiore *m* – **fiorire** [fi'o:re – fio'ri:re] — **Blume / Blüte – blühen**
Che belle quelle rose in fiore! — Wie schön diese blühenden Rosen sind!
fiori recisi — Schnittblumen
I fiordalisi fioriscono a giugno. — Kornblumen blühen im Juni.

mazzo ['mattso] — **Strauß**

cogliere ['kɔ:ʎere] — **pflücken**
Cogliamo un mazzo di fiori? — Pflücken wir einen Blumenstrauß?

annaffiare [annaffi'a:re] — **gießen**
Non piove da giorni. Bisogna annaffiare i fiori! — Es regnet seit Tagen nicht. Die Blumen müssen gegossen werden!

radice *f* [ra'di:tʃe] — **Wurzel**
Che bello, l'alberello ha messo radici! — Wie schön, das Bäumchen hat Wurzeln geschlagen!

foglia ['fɔʎʎa] — **Blatt**
In autunno gli alberi perdono le foglie. — Im Herbst werfen die Bäume ihre Blätter ab.

> ***Alcuni tipi di fiori*** **(= Einige Blumenarten)**
> *margherita* [marge'ri:ta] (= Margerite) • *garofano* [ga'rɔ:fano] (= Nelke) • *tulipano* [tuli'pa:no] (= Tulpe) • *rosa* ['rɔza] (= Rose) • *giglio* ['dʒiʎʎo] (= Lilie) • *girasole m* [dʒira'so:le] (= Sonnenblume) • *papavero* [pa'pa:vero] (= Klatschmohn)

erba – **erbe** ['ɛrba – 'ɛrbe] — **Gras – Gräser / Kraut / Kräuter**
Chi taglia l'erba sabato? — Wer mäht am Samstag den Rasen?

albero ['albero]	**Baum**
In primavera gli alberi mettono le foglie ed in autunno le perdono.	Im Frühjahr treiben die Bäume Blätter und im Herbst werfen sie sie ab.
bosco – **foresta** ['bɔsko – fo'rɛsta]	**Wald** – **Forst**
Quest'anno passiamo le ferie nella Foresta Nera.	Dieses Jahr verbringen wir die Ferien im Schwarzwald.
tronco ['tronco]	**Stamm**
Questa quercia ha un tronco enorme.	Diese Eiche hat einen riesigen Stamm.
ramo ['ramo]	**Ast**
Durante il temporale è caduto un ramo.	Während des Gewitters ist ein Ast herabgefallen.
abbattere [ab'battere]	**fällen**
Quest'albero è malato. Dobbiamo abbatterlo.	Dieser Baum ist krank. Wir müssen ihn fällen.

Alcuni tipi di alberi **(= Einige Baumarten)**
abete m bianco / rosso [a'be:te bi'aŋko / 'rosso] (= Tanne / Fichte) • *betulla* [be'tulla] (= Birke) • *faggio* ['faddʒo] (= Buche) • *gelso* ['dʒelso] (= Maulbeerbaum) • *pino* ['pi:no] (= Pinie) • *quercia* ['ku'ɛrtʃa] (= Eiche) • *salice m* ['sa:litʃe] (= Weide) • *tiglio* ['tiʎʎo] (= Linde)

tagliare [ta'ʎa:re]	**schneiden / mähen / fällen** (*Baum*)
vite *f* – **viticcio** ['vi:te – vi'tittʃo]	**Wein(rebe)** – **Ranke**
I muri della casa sono coperti di viti.	Die Mauern des Hauses sind mit Reben bedeckt.
fungo ['fungo]	**Pilz**
andare a raccogliere i funghi	Pilze sammeln gehen
tartufo [tar'tu:fo]	**Trüffel**
Esistono tartufi neri e bianchi.	Es gibt schwarze und weiße Trüffel.
mangereccio – **velenoso** [mandʒe'rettʃo – vele'no:so]	**essbar** – **giftig, Gift-**
Il porcino è un fungo mangereccio, l'amanita è molto velenosa.	Der Steinpilz ist ein essbarer Pilz, der Knollenblätterpilz ist sehr giftig.
cereale *m* [tʃere'a:le]	**Getreide**
I cereali fanno bene alla salute.	Getreide ist gut für die Gesundheit.
grano ['gra:no]	**Korn; Weizen**
Il campo di grano si estendeva fino all'orizzonte.	Das Kornfeld reichte bis zum Horizont.

14.1 Fisica
Physik

scienza – **scientifico** ['ʃɛntsa – ʃen'ti:fiko]	**Wissenschaft** – **wissenschaftlich**
scienziato(-a) [ʃentsi'a:to]	**Wissenschaftler(in)**
Gli scienziati studiano le cause dei fenomeni naturali.	Wissenschaftler studieren die Ursachen von Naturphänomenen.
fisica ['fi:zika]	(die) **Physik**
La fisica studia la materia e l'energia.	Die Physik setzt sich mit Materie und Energie auseinander.
teoria [teo'ri:a]	**Theorie**
la teoria della relatività di Einstein	Einsteins Relativitätstheorie
teorico(-a) [te'ɔ:riko]	**Theoretiker(in)** – **theoretisch**
esperimento [esperi'mento]	**Experiment; Versuch**
condurre/effettuare un esperimento	einen Versuch ausführen/machen
atomo – **atomico** ['a:tomo – a'tɔ:miko]	**Atom** – **Atom-**
nucleare [nukle'a:re]	**Atom(kraft)-, Kern(kraft)-**
In Italia non si costruiscono centrali nucleari.	In Italien werden keine Atomkraftwerke gebaut.
trasformare [trasfor'ma:re]	**verändern; verwandeln**
trasformare energia in elettricità	Energie in Elektrizität verwandeln
magnetico [ma'ɲɛ:tiko]	**Magnet-/magnetisch**
un campo magnetico	ein Magnetfeld
calore *m* [ka'lo:re]	**Wärme**
velocità [velotʃi'ta]	**Geschwindigkeit**
forza ['fɔrtsa]	**Kraft**
solido ['sɔ:lido]	**fest; Festkörper; fester Körper**
liquido ['li:kuido]	**flüssig; Flüssigkeit**
una sostanza solida/liquida	ein fester/flüssiger Stoff
gas *m* ['gas] – **vapore** *m* [va'po:re]	**Gas** – **Dampf**
onda ['onda]	**Welle**
microonde	Mikrowellen
misura – **misurare** [mi'zu:ra – mizu'ra:re]	**Maß** – **messen**
misurare una corrente	einen Strom messen
peso ['pe:zo]	**Gewicht**
equilibrio [ekui'li:brio]	**Gleichgewicht**

14.2 Chimica
Chemie

chimica – chimico ['ki:miko – 'ki:mika]	(die) **Chemie – chemisch**
l'industria chimica	die chemische Industrie
farmacia – farmaceutico [farma'tʃi:a – farma'tʃɛ:utiko]	**Pharmazie – pharmazeutisch / Pharma-**
industria farmaceutica	Pharmaindustrie
laboratorio [labora'tɔ:rio]	**Laboratorium; Labor**
assistente *m / f* di laboratorio	Laborant(in)
osservazione *f* [osservatsi'o:ne] – **osservare** [osser'va:re]	**Beobachtung – beobachten**
Hanno unito e osservato le due sostanze in laboratorio.	Sie haben die beiden Substanzen im Laboratorium miteinander verbunden und beobachtet.
unire [u'ni:re]	**vereinigen; verbinden**
analisi *f* – **analizzare** [a'na:lizi – analid'dza:re]	**Analyse / Untersuchung – untersuchen**
analizzare un campione	eine Probe untersuchen
sostanza [so'stantsa]	**Substanz; Stoff**
sostanze cancerogene	krebserzeugende Stoffe
miscela [mi'ʃe:la]	**Gemenge; Gemisch**
una miscela esplosiva	ein explosives Gemisch
esplosivo [esplo'zi:vo]	**explosiv; Sprengstoff**
esplosione [esplozi'o:ne]	**Explosion**
esplodere [es'plɔ:dere]	**explodieren; platzen**
Non urtare quella sostanza, altrimenti esplode!	Stoß' nicht gegen diese Substanz, sonst explodiert sie!
scoppiare [skoppi'a:re]	**ausbrechen** *(Krieg)*; **explodieren**
Accidenti! È scoppiata.	Mist! Sie ist explodiert.
simbolo ['simbolo]	**Symbol**
O è il simbolo dell'ossigeno.	O ist das Symbol für Sauerstoff.
alcol *m* ['alkol]	**Alkohol**
sintesi *f* ['sintezi]	**Synthese**

Substantive griechischer Herkunft, die auf *-i* enden, sind weiblich und unveränderlich: *l'analisi* (= die Analyse), *la crisi* (= die Krise).

sintetizzare – sintetico [sintetid'dza:re – sin'tɛ:tiko]	**synthetisch herstellen – synthetisch, Chemie-**
fibra ['fi:bra] sintetica	Chemie**faser**

14.3 Matematica
Mathematik

matematica [mate'ma:tika]	(die) **Mathematik**
se la matematica non è un'opinione ...	nach Adam Riese ...
calcolo ['kalkolo]	(Be-)**Rechnung**
fare dei calcoli	(Be-)Rechnungen anstellen
(Lui) (non) sa fare bene i calcoli.	Er kann (nicht) gut rechnen.
calcolare [kalko'la:re]	**(aus)rechnen**
contare [kon'ta:re]	**zählen**
Il bambino ora sa contare fino a 8.	Das Kind kann jetzt bis 8 zählen.
addizionare – **sottrarre** [additsio'na:re – sot'trarre]	**addieren** – **subtrahieren**
addizionare dei numeri	Zahlen zusammenrechnen
somma ['somma]	**Summe**
sommare [som'ma:re]	**zusammenzählen, addieren**
moltiplicare – **dividere** [moltipli'ka:re – di'vi:dere]	**multiplizieren** – **dividieren**

55 + 44 = 99: *55 più 44 fa / è uguale a 99; 55 e 44 fa 99; addizionando 55 e 44 si ha 99.*
99 – 44 = 55: *99 meno 44 fa 55; 44 da 99 è 55; sottraendo 44 da 99 si ha 55.*
11 x 6 = 66: *11 per 6 fa 66; moltiplicando 11 per 6 si ha 66.*
66 / 11 = 6: *66 diviso 11 fa 6; dividendo 66 per 11 si ha 6.*

percento – **per cento** [per'tʃɛnto]	**Prozent**
Il prezzo delle sigarette è salito del venti per cento.	Der Zigarettenpreis ist um zwanzig Prozent gestiegen.
quadrato [kua'dra:to]	**Quadrat; quadratisch; Quadrat-**
due metri quadrati	zwei Quadratmeter
12^2 (= 12 al quadrato) fa 144	12 hoch 2 ist 144
uguale [ugu'a:le]	**gleich**
cerchio ['tʃerkio]	**Kreis**
rettangolo – **rettangolare** [ret'tangolo – rettango'la:re]	**Rechteck** – **rechteckig**
triangolo – **triangolare** [tri'angolo – triango'la:re]	**Dreieck** – **dreieckig**
angolo ['angolo]	**Winkel**
un angolo di 90 gradi	ein Winkel von 90 Grad

14.4 I numeri
Zahlen

numero ['nu:mero] — **Zahl; Nummer**
pari – dispari ['pa:ri / 'dispari] — **gerade – ungerade**
zero ['dzɛ:ro] — **Null**
Il termometro segna dieci gradi sotto zero. — Das Thermometer zeigt minus 10 Grad an.

Numeri cardinali **(= Grundzahlen)**

0 = *zero*, 1 = *uno*, 2 = *due*, 3 = *tre*, 4 = *quattro*, 5 = *cinque*, 6 = *sei*, 7 = *sette*, 8 = *otto*, 9 = *nove*, 10 = *dieci*, 11 = *undici*, 12 = *dodici*, 13 = *tredici*, 14 = *quattordici*, 15 = *quindici*, 16 = *sedici*, 17 = *diciassette*, 18 = *diciotto*, 19 = *diciannove*,
20 = *venti*, 21 = *ventuno*, 22 *ventidue*, 23 = *ventitre*, ...
30 = *trenta*, 31 = *trentuno*, 32 = *trentadue*, ...
40 = *quaranta*, 41 = *quarantuno*, 42 = *quarantadue*, ...
50 = *cinquanta*, 51 = *cinquantuno*, 52 = *cinquantadue*, ...
60 = *sessanta*, 61 = *sessantuno*, 62 = *sessantadue*, ...
70 = *settanta*, 71 = *settantuno*, 72 = *settantadue*, ...
80 = *ottanta*, 81 = *ottantuno*, 82 = *ottantadue*, ...
90 = *novanta*, 91 = *novantuno*, 92 = *novantadue*, ...
100 = *cento*, 101 = *cento e uno* / *centouno*, 102 = *centodue*, 108 = *centootto*, 111 = *centoundici*, ...
200 = *duecento*, 288 = *duecentoottantotto*, ...
300 = *trecento*, 400 = *quattrocento*, 500 = *cinquecento*, 600 = *seicento*, 700 = *settecento*, 800 = *ottocento*, 900 = *novecento*,
1 000 = *mille*, 1 001 = *mille e uno* / *milleuno*, 1 050 = *millecinquanta*, 1 100 = *millecento*, ...
2 000 = *duemila*, ...
10 000 = *diecimila*, ...
100 000 = *centomila*, ...
1 000 000 = *un milione*, 1 200 000 = *un milione e duecentomila*, ...
5 000 000 = *cinque milioni*, ...
1 000 000 000 = *un miliardo*

Aussprachehinweise

Bei den Zahlen *undici* bis *sedici* muss die erste Silbe deutlich betont gesprochen werden (Ausnahme: *quattordici*). Von *diciassette* bis *diciannove* muss die zweite Silbe betont werden.
Bei den Ordnungzahlen wird (von 11° bis 100°) die auf das Zahlwort folgende Silbe betont: *undicesimo*.

Numeri ordinali **(= Ordnungszahlen)**

1° *primo*, 2° *secondo*, 3° *terzo*, 4° *quarto*, 5° *quinto*, 6° *sesto*, 7° *settimo*, 8° *ottavo*, 9° *nono*, 10° *decimo*, 11° *undicesimo*, 12° *dodicesimo*, 13° *tredicesimo*, 14° *quattordicesimo*, 15° *quindicesimo*, 16° *sedicesimo*, 17° *diciassettesimo*, 18° *diciottesimo*, 19° *diciannovesimo*, 20° *ventesimo*, 21° *ventunesimo*, 22° *ventiduesimo*, ...

100° *centesimo*, 101° *centesimoprimo* / *centunesimo*, 102° *centesimosecondo*, ...

1 000° *millesimo*, 1 001° *millesimoprimo*, 1 002° *millesimosecondo*, ...

10 000° *d(i)ecimillesimo*, ...

100 000° *centomillesimo*, ...

1 000 000° *milionesimo*

Paolo VI (sesto)	Paul VI.
Questa è l'ottava volta.	Dies ist das achte Mal.
essere al nono mese	im neunten Monat sein
una decina di ['u:na de'tʃi:na di]	**etwa zehn**
un centinaio di ['un tʃenti'na:io di]	**etwa hundert**
un migliaio di ['un mi'ʎa:io di]	**etwa tausend**
In quanti eravate? – Boh, una decina forse.	Wie viele wart ihr? – Hm, vielleicht zehn.

Unregelmäßig sind die Pluralformen von *mille* (= *...mila*, also z. B. *duemila*), *centinaio* (= *centinaia*) und *migliaio* (= *migliaia*), die obendrein weiblich werden!

Numeri frazionari, le frazioni **(= Brüche)**

$^1/_2$ = *un mezzo* / *una metà* • $^3/_2$ = *tre mezzi* • $1^1/_2$ = *uno e mezzo*

$^1/_3$ = *un terzo* • $^2/_3$ = *due terzi* • $2^1/_3$ = *due e un terzo*

$^1/_4$ = *un quarto* • $^3/_4$ = *tre quarti*

$^4/_5$ = *quattro quinti* • $3^3/_5$ = *tre e tre quinti* • $^{145}/_{360}$ *centoquarantacinquetrecentosessantesimi*

Numeri decimali **(= Dezimalzahlen)**

2,684 = *due virgola seicentoottantaquattro*

0,259 = *zero virgola duecentocinquantanove*

Jahreszahlen

1900 = *millenovecento*

1991 = *millenovecentonovantuno*

2005 = *duemila e cinque*

14.5 Materiali, attrezzi, macchine
Werkstoffe, Werkzeuge, Maschinen

tecnica ['tɛknika]	**Technik**
tecnologia [teknolo'dʒi:a]	(die) **Technik / Technologie**
Disponiamo di un'attrezzatura ad alta tecnologia.	Wir haben eine High-Tech-Ausstattung.
tecnologico [tekno'lɔ:dʒiko]	**technologisch, technisch**
il progresso tecnologico	der technische Fortschritt
ingegneria [indʒeɲe'ri:a]	(angewandte) **Technik; Ingenieurwesen**
materiale *m* [materi'a:le]	**Material; Werkstoff**
lavorare un materiale	ein Material bearbeiten
essere di ['ɛssere di]	**sein aus**
Questo tavolo è di vetro.	Dieser Tisch ist aus Glas.
essere composto di ['ɛssere kom'posto di]	**bestehen aus**
Questo distributore è composto di molte componenti.	Dieser Automat besteht aus vielen Bauteilen.

Come può essere un materiale? **(= Wie kann ein Material beschaffen sein?)**
artificiale [artifi'tʃa:le] (= künstlich, Kunst-) • *leggero* [led'dʒɛ:ro] (= leicht) • *pesante* [pe'sante] (= schwer) • *liscio* ['liʃʃo] (= glatt) • *morbido* ['mɔrbido] (= weich) • *tenero* ['tɛ:nero] (= weich, zart) • *ruvido* ['ru:vido] (= rauh, hart) • *rigido* ['ri:dʒido] (= hart; steif) • *sottile* [sot'ti:le] (= dünn) • *spesso* ['spesso] (= dick) • *fragile* ['fra:dʒile] (= zerbrechlich)

Alcuni materiali **(= Einige Materialien)**
carbone m [kar'bo:ne] (= Kohle) • *cemento* [tʃe'mento] (= Zement) • *marmo* ['marmo] (= Marmor) • *metallo* [me'tallo] (= Metall) • *acciaio* [at'tʃa:io] (= Stahl) • *legno* / *legname m* ['le:ɲo / le'ɲa:me] (= Holz) • *legna* ['le:ɲa] (= Brennholz) • *vetro* ['ve:tro] (= Glas) • *ceramica* [tʃe'ra:mika] (= Keramik) • *plastica* ['plastika] (= Plastik, Kunststoff) • *gomma* ['gomma] (= Gummi) • *stoffa* ['stɔffa] (= Stoff) • *seta* ['se:ta] (= Seide) • *cotone m* [ko'to:ne] (= Baumwolle) • *lana* ['la:na] (= Wolle)

attrezzo [att'rettso]	**Werkzeug**
i miei attrezzi	meine Werkzeuge

martello e scalpello [mar'tɛllo e skal'pɛllo]	**Hammer und Meißel**
chiodo [ki'ɔ:do]	**Nagel**
piantare un chiodo nel muro	einen Nagel in die Wand schlagen
vite *f* [vi:te]	**Schraube**
avvitare / svitare	(fest-, an)schrauben / abschrauben
cacciavite *m* [kattʃa'vi:te]	**Schraubenzieher**
trapano – trapanare ['tra:pano – trapa'na:re]	**Bohrmaschine – bohren**
le **forbici** ['fɔrbitʃi]	**Schere**
Dove sono le mie forbici?	Wo ist meine Schere?
tenaglia (*meist* le tenaglie) [te'na:ʎa]	**Kneif- / Beißzange**
Hai preso tu le mie tenaglie?	Hast du meine Kneifzange?
sega – segare ['se:ga – se'ga:re]	**Säge – sägen**
apparecchio [appa'rekkio]	**Gerät**
Questo apparecchio è complicato.	Dieses Gerät ist kompliziert.
automatico [auto'ma:tiko]	**automatisch**
maneggiare [maned'dʒa:re]	**handhaben, umgehen mit**
macchinario [makki'na:rio]	(große) **Maschine**
potenza [po'tɛntsa]	**Kraft, Energie**
potente [po'tɛnte]	**(leistungs)stark, kräftig**
I macchinari per il movimento di terra sono molto potenti.	Erdbewegungsmaschinen sind sehr leistungsstark.
macchina ['makkina]	**Maschine**
elemento / pezzo di macchina	Maschinenteil
funzionare [funtsio'na:re]	**funktionieren**
funzione *f* [funtsi'o:ne]	**Funktion; Betrieb**
Adesso ti spiego le varie funzioni di questa macchina.	Jetzt erkläre ich dir die verschiedenen Funktionen dieser Maschine.
L'ascensore non è in funzione.	Der Aufzug ist außer Betrieb.
uso ['u:zo]	**Gebrauch**
istruzioni per l'uso	Gebrauchsanweisung
utile ['u:tile]	**nützlich**
utilizzare [utilid'dza:re]	**benutzen, verwenden**
Molte imprese utilizzano macchine utensili.	Viele Unternehmen setzen Werkzeugmaschinen ein.
regolare [rego'la:re]	**einstellen**
Come si regola il calore?	Wie stellt man die Wärme ein?
motore *m* [mo'to:re]	**Motor**
aggiustare [addʒus'ta:re]	**reparieren**
pompa ['pompa] – **tubo** ['tu:bo]	**Pumpe – Rohr, Röhre**
pressione *f* [pressi'o:ne]	**Druck**

14.6 Elettricità ed elettronica
Elektrizität und Elektronik

elettricità [elettritʃi'ta]	**Elektrizität;** (elektrischer) **Strom**
elettrico [e'lɛttriko]	**elektrisch**
lo schema elettrico	Schaltplan
una scossa elettrica	ein Stromschlag
centrale *f* **elettrica** [tʃen'traːle e'lɛttrika]	**Elektrizitätswerk, Kraftwerk**
Molte centrali elettriche si trovano vicino a un fiume.	Viele Kraftwerke befinden sich in der Nähe eines Flusses.
elettronica [elett'rɔːnika]	**Elektronik**
elettronico [elet'trɔːniko]	**elektronisch**
ingegnere elettronico	Elektronikingenieur(in)
contatore *m* [konta'toːre]	**(Strom-)Zähler**
generare [dʒene'raːre]	**erzeugen**
generare elettricità	Elektrizität / Strom erzeugen
batteria [batte'riːa]	**Batterie**
carico – scarico [(s)kaːriko]	**voll – leer** (*Batterie*)
caricare [kari'kaːre]	**aufladen**
(ri)caricare una batteria	eine Batterie (wieder)aufladen
scaricarsi [skari'karsi]	**sich entladen**
corrente *f* [kor'rɛnte]	**Strom**
presa (di corrente) ['preːsa]	**Steckdose**
spina ['spiːna]	**Stecker**
introdurre la spina nella presa	den Stecker in die Steckdose stecken
rete elettrica *f* ['reːte e'lɛttrika]	**Stromnetz**
interruttore *m* [interrut'toːre]	**Schalter**
staccare l'interruttore centrale	den Strom am Hauptschalter abschalten
cavo ['kaːvo]	**Kabel; Leitung**
circuito [tʃir'kuːito]	**Stromkreis; Schaltkreis**
corto circuito	Kurzschluss
allacciare [allat'tʃaːre]	**anschließen**
Non può funzionare, non è allacciato.	Es kann nicht funktionieren, es ist ja gar nicht angeschlossen.
staccare [stak'kaːre]	**abschalten; abklemmen**
staccare la corrente	den Strom abschalten
accendere – spegnere [at'tʃendere – 'speːɲere]	**ein- / ausschalten – einen Schalter an- / ausknipsen**
acceso – spento	(*an elektrischen Geräten*) an – aus

14.7 Contenitori
Behälter

contenitore *m* [konteni'to:re]	**Behälter; Gefäß**
cartone *m* [kar'to:ne]	**Pappkarton**
Mettilo in un cartone!	Pack's in einen Pappkarton!
scatola ['ska:tola]	**Schachtel**
la scatola per le scarpe	Schuhschachtel
pacco ['pakko]	**Packung; Paket**
un pacco di biscotti	eine Packung Kekse
pacchetto [pak'ketto]	**Päckchen; Schachtel**
un pacchetto di sigarette	eine Schachtel Zigaretten
busta ['busta]	**Tüte**
una busta di latte	eine Tüte Milch
busta (da lettere)	(Brief-)Umschlag
vasetto [va'zetto]	**Becher**
un vasetto di yogurt	ein Becher Joghurt
cassa ['kassa]	**Kiste; Kasten**
una cassa di vino / birra	eine Kiste Wein / Bier
sacco ['sakko]	**Sack**
un sacco di patate	ein Sack Kartoffeln
sacchetto [sak'ketto]	**Tüte**
sacchetto di plastica	Plastiktüte
borsetta [bor'setta]	**Handtasche**
borsa ['borsa]	**Tragetasche**
borsa diplomatica (la ventiquattrore)	Aktentasche
valigia [va'li:dʒa]	**Koffer**
valigetta diplomatica	Diplomatenkoffer
cartella [kar'tɛlla]	**Schulranzen**
una cartella di cuoio	ein Schulranzen aus Leder
secchio ['sekkio]	**Eimer**
un secchio di vernice	ein Eimer Farbe
lattina [lat'ti:na]	**Büchse; Dose** (*für Getränke*)
una lattina di coca-cola	eine Cola-Dose
scatola – barattolo ['ska:tola – ba'rattolo]	**Büchse – Dose** (*für Essbares*)
una scatola di fagioli	eine Büchse / Dose Bohnen
botte *f* ['botte]	**Fass**
spillare una botte	ein Fass anzapfen
bottiglia [bot'ti:ʎa]	**Flasche**
una bottiglia di quello buono	eine Flasche von dem Guten

15.1 Espressioni di spazio e di direzione
Raum- und Richtungsangaben

dove ['do:ve] — **wo; wohin**

Scusi, dov'è la stazione? — Entschuldigen Sie, wo ist der Bahnhof?

Dove vai così di fretta? — Wohin gehst du so eilig?

a [a] — **auf; an; in; zu**

Alla fiera c'erano solo pochi visitatori. — Auf der Messe waren nur wenige Besucher.

L'anno prossimo voglio andare ai Caraibi. — Nächstes Jahr möchte ich in die Karibik fahren.

da [da] — **aus; von; bei; zu**

Il treno parte dal binario 5. — Der Zug fährt von Gleis 5 ab.

Da Mario è sempre molto bello. — Bei Mario ist es immer sehr schön.

in [in] — **in; nach**

Vado in centro con il tram. — Ich fahre mit der Straßenbahn ins Zentrum.

per [per] — **durch; nach; über**

Il Giro d'Italia passa per tutta la penisola. — Der Giro geht durch die ganze Halbinsel.

I Rossi sono partiti per Civezza. — Die Rossis sind nach Civezza abgereist.

su [su] — **auf; hin-, herauf; oben**

Sul tavolo c'è un giornale. — Auf dem Tisch liegt eine Zeitung.

Chi è? Ah, venga pure su. — Wer ist da? Ach so, kommen Sie doch herauf.

giù [dʒu] — **her-, hinunter; unten**

Andiamo giù nel cortile a giocare? — Gehen wir in den Hof hinunter spielen?

Il papà è su nello studio o giù in cantina? — Ist der Papa oben im Arbeitszimmer oder unten im Keller?

laggiù [lad'dʒu] — **da hinten; dort unten; da hinunter**

lassù [las'su] — **da oben; da hinauf**

Laggiù vedi il paese, lassù le vette. — Dort unten siehst du das Dorf, da oben die Gipfel.

via ['vi:a] — **weg, fort**

Il capo è già andato via. — Der Chef ist schon fortgegangen.

a destra [a 'dɛstra] — **rechts**

a sinistra [a si'nistra]	**links**
Per la stazione non deve svoltare a destra, ma a sinistra.	Zum Bahnhof müssen Sie nicht rechts, sondern links abbiegen.
destro ['dɛstro]	**rechte(r, -s)**
sinistro [si'nistro]	**linke(r, -s)**
Le fa male il piede destro o quello sinistro?	Tut Ihnen der rechte oder der linke Fuß weh?
diritto [di'ritto]	**gerade; geradeaus**
Prosegua diritto per due chilometri, poi ...	Fahren Sie zwei Kilometer geradeaus, dann ...
in alto – in basso [in 'alto – in 'basso]	**hoch; oben – runter; unten**
Le marmellate stanno in alto, i sughi in basso.	Die Marmeladen sind oben, die Saucen unten.
accanto a / a fianco di [ak'kanto a / a fi'aŋko di]	**neben**
Il macellaio si trova a fianco della cartoleria.	Der Metzger ist neben dem Schreibwarenhändler.
avanti [a'vanti]	**herein; nach vorn, näher; vor**
Avanti! Si accomodi pure.	Herein! Nehmen Sie ruhig Platz.
Chi va avanti?	Wer geht vor?
indietro [indi'ɛ:tro]	**zurück**
davanti (a) [da'vanti]	**vorne; vor**
La fermata è davanti al cinema.	Die Haltestelle ist vor dem Kino.
dietro (a) [di'ɛ:tro]	**hinten; hinter**
Dietro a Milano si vedono le Alpi.	Hinter Mailand sieht man die Alpen.
attorno a [at'torno a]	**um (herum)**
intorno a [in'torno a]	**um ... herum, rings um**
I boy-scout siedono intorno al falò.	Die Pfadfinder sitzen rings um das Lagerfeuer.
qui – qua [ku'i – ku'a]	**hier; hierhin, (hier)her**
Da qui non si vede niente.	Von hier aus sieht man nichts.
lì – là [li – la]	**da, dort; dahin, (dort)hin**
di qua – di là [di ku'a – di la]	**hier – rüber; drüben**
Andiamo di là, la mamma ha preparato la cena.	Gehen wir rüber, die Mama hat das Abendessen zubereitet.
dappertutto [dapper'tutto]	**überall**
Povero te! Sei stato punto dappertutto!	Du Ärmster! Du bist ja ganz zerstochen!
dovunque [do'vuŋkue]	**wo / wohin (auch) immer; überall**
Dovunque tu vada, amore, ti seguirò.	Wohin du auch gehen magst, Liebling, ich werde dir folgen.

verso ['vɛrso]	**nach; in Richtung**
rasserenamenti verso il mare	Auflockerungen in Richtung Meer
contro ['kontro]	**an; gegen**
Appoggiamo la scala contro la parete.	Lehnen wir die Leiter an die Wand.
di fronte (a) [di 'fronte]	**gegenüber**
I vicini della casa di fronte sono simpatici.	Die Nachbarn vom Haus gegenüber sind sympathisch.
in fondo (a) [in 'fondo]	**hinten; am Ende**
Il bagno è in fondo al corridoio.	Die Toilette ist am Ende des Gangs.
da quelle / queste parti [da ku'elle / ku'este 'parti]	**in jener / dieser Gegend**
Da queste parti si cucina con l'olio, da quelle parti invece col burro.	In dieser Gegend kocht man mit Öl, in jener dagegen mit Butter.
dentro ['dentro]	**drinnen; hinein; herein**
fuori [fu'ɔːri]	**draußen; hinaus; heraus**
Restiamo dentro o andiamo fuori?	Bleiben wir drinnen oder gehen wir hinaus?
esterno [es'tɛrno]	**äußere(r, -s), Außen-**
interno [in'tɛrno]	**innere(r, -s), Innen-**
Quella finestra dà sul cortile interno.	Dieses Fenster geht auf den Innenhof.
interno – esterno [in'tɛrno – es'tɛrno]	**Innere – Äußere**
(di) sopra ['soːpra]	**oben; über**
Sopra il tavolo è appesa una lampada.	Über dem Tisch hängt eine Lampe.
(di) sotto ['sotto]	**unten; unter**
inferiore [inferi'oːre]	**untere(r, -s)**
superiore [superi'oːre]	**obere(r, -s)**
È danneggiata solo la parte inferiore.	Nur der untere Teil ist kaputt.
lontano (da) [lon'taːno]	**weit (entfernt von)**
È lontano il centro? – No, non è lontano da qui.	Ist das Zentrum weit weg? – Nein, es ist nicht weit entfernt von hier.
vicino (a) [vi'tʃiːno a]	**nahe, in der Nähe**
Abito vicino allo zoo.	Ich wohne in der Nähe des Zoos.
fra / tra [fra / tra]	**zwischen; unter**
Fra la periferia ed il centro ci sono spesso code.	Zwischen dem Umland und dem Zentrum gibt es oft Staus.
Tra i presenti ho visto anche Alessandro.	Unter den Anwesenden habe ich auch Alessandro gesehen.

in mezzo a [in 'mɛddzo a] — **in der Mitte von; unter**
In mezzo alla piazza c'è una fontana. — In der Mitte des Platzes steht ein Brunnen.

attraverso [attra'vɛrso] — **durch**
Per raggiungere l'autostrada bisogna passare attraverso il centro. — Um die Autobahn zu erreichen, muss man durchs Zentrum fahren.

oltre (a) ['oltre] — **jenseits; neben; weiter**
Il tribunale è oltre il fiume. — Das Gericht ist jenseits des Flusses.
Oltre a lui sono venuti anche Maura e Gino. — Neben ihm sind auch Maura und Gino gekommen.

centrale [tʃen'tra:le] — **mittlere(r, -s); zentral**

laterale [late'ra:le] — **seitlich**

di ritorno [di ri'torno] — **zurück**
Sarò di ritorno per pranzo, va bene? — Ich werde zum Mittagessen zurück sein, o.k.?

in cima [in 'tʃi:ma] — **oben; auf der Spitze**
Saliamo in cima alla Torre Pendente? — Steigen wir auf die Spitze des schiefen Turms?

in giro [in 'dʒi:ro] — **umher, herum; unterwegs**
andare in giro — herumlaufen, -fahren

direzione *f* [diretsi'o:ne] — **Richtung**
In che direzione devo andare? — In welche Richtung soll ich gehen?

lato ['la:to] — **Seite**

opposto [op'posto] — **gegensätzlich, entgegengesetzt**
Il rifugio si trova dal lato opposto della valle. — Die Hütte befindet sich auf der entgegengesetzten Seite des Tals.

circondare [tʃirkon'da:re] — **umgeben**
Queste spesse mura circondano tutta la rocca. — Diese dicken Mauern umgeben die ganze Burg.

distanza [dis'tantsa] — **Entfernung**
Da Monaco a Milano c'è una distanza di circa 550 km. — Die Entfernung von München bis Mailand beträgt ungefähr 550 km.

posizione *f* [pozitsi'o:ne] — **Position**
La posizione della vostra casa è molto panoramica. — Die Position eures Hauses erlaubt eine schöne Aussicht.

spazio ['spa:tsio] — **Platz, Raum**
Siediti che c'è spazio anche per te! — Setz' dich, für dich ist auch Platz da!

15.2 Espressioni di tempo
Zeitangaben

giorno ['dʒorno]	**Tag**

lunedì *m* [lune'di] (= Montag) • *martedì* *m* [marte'di] (= Dienstag) • *mercoledì* *m* [merkole'di] (= Mittwoch) • *giovedì* *m* [dʒove'di] (= Donnerstag) • *venerdì* *m* [vener'di] (= Freitag) • *sabato* *m* ['sa:bato] (= Samstag) • *domenica* *f* [do'me:nika] (= Sonntag)

mattina / **mattino** [mat'ti:na / -no]	**Morgen**
Di mattina ci alziamo sempre presto.	Morgens stehen wir immer früh auf.
stamattina [stamat'ti:na]	**heute Morgen**
presto ['prɛsto]	**bald; früh**
A presto!	Bis bald!
Domani dobbiamo alzarci presto.	Morgen müssen wir früh aufstehen.
mezzogiorno [meddzo'dʒorno]	**Mittag**
A mezzogiorno si pranza.	Mittags isst man zu Mittag.
pomeriggio [pome'riddʒo]	**Nachmittag**
Ci vediamo oggi pomeriggio?	Sehen wir uns heute Nachmittag?
sera ['se:ra]	**Abend**
tardi ['tardi]	**spät**
È già tardi, torniamo a casa.	Es ist schon spät, gehen wir heim.
notte *f* ['nɔtte]	**Nacht**
notturno [not'turno]	**nächtlich, Nacht-**
buio ['bu:io]	**Dunkelheit – dunkel**
Che buio!	Ist das dunkel!
mezzanotte *f* [meddza'nɔtte]	**Mitternacht**
stanotte [sta'nɔtte]	**heute Nacht**
Stanotte non ho chiuso occhio.	Heute Nacht habe ich kein Auge zugemacht.
sorgere ['sordʒere]	**aufgehen**
sorgere *m* **del sole** [del 'so:le]	**Sonnenaufgang**
Ci siamo alzati al sorgere del sole.	Wir sind bei Sonnenaufgang aufgestanden.
tramonto [tra'monto]	**Sonnenuntergang**
tramontare [tramon'ta:re]	**untergehen**
Il sole tramonta a occidente.	Die Sonne geht im Westen unter.
settimana [setti'ma:na]	**Woche**
fine-settimana *m* [finesetti'ma:na]	**Wochenende**

Buon fine-settimana! — Schönes Wochenende!
mese *m* ['me:ze] — **Monat**
mensile [men'si:le] — **monatlich, Monats-**
anno ['anno] — **Jahr**
stagione *f* [sta'dʒo:ne] — **Jahreszeit**

I mesi e le stagioni **(= die Monate und die Jahreszeiten)**
Die Monatsnamen sind alle männlich!
gennaio [dʒen'na:io] (= Januar) • *febbraio* [feb'bra:io] (= Februar) • *marzo* ['martso] (= März) • *aprile* [a'pri:le] (= April) • *maggio* ['maddʒo] (= Mai) • *giugno* ['dʒu:ɲo] (= Juni) • *luglio* ['lu:ʎo] (= Juli) • *agosto* [a'gosto] (= August) • *settembre* [set'tɛmbre] (= September) • *ottobre* [ot'to:bre] (= Oktober) • *novembre* [no'vɛmbre] (= Novembre) • *dicembre* [di'tʃɛmbre] (= Dezember) • *primavera* [prima'vɛ:ra] (= Frühling, Frühjahr) • *estate f* [es'ta:te] (= Sommer) • *autunno* [au'tunno] (= Herbst) • *inverno* [in'vɛrno] (= Winter).

ora ['o:ra] — **Stunde**
ora solare / legale — Winter- / Sommerzeit
mezz'ora [meddz'o:ra] — **halbe Stunde**
minuto [mi'nu:to] — **Minute**
secondo [se'kondo] — **Sekunde**
in punto [in 'punto] — **Punkt, genau**

Che ore sono? **(= Wie spät ist es?)**
Sono le due e dieci (= zehn nach zwei), *le due e un quarto* (= viertel nach zwei), *le due e mezzo / a* (= halb drei), *le tre meno un quarto* (= viertel vor drei), *le tre in punto* (= Punkt drei Uhr). Aber: *È l'una* (= es ist ein Uhr).

istante *m* [is'tante] — **Augenblick, Moment**
momento [mo'mento] — **Moment, Augenblick**
Un momento, per favore! — Einen Augenblick, bitte!
data ['da:ta] — **Datum**
Oggi quanti ne abbiamo? — Der wievielte ist heute?
periodo [pe'ri:odo] — **Zeit, Zeitraum**
secolo ['sɛ:kolo] — **Jahrhundert**
durata – **durare** [du'ra:ta du'ra:re] — **Dauer** – **dauern**
Quanto dura il film? — Wie lange dauert der Film?
fine *f* ['fi:ne] — **Ende, Schluss**
Mi sono perso la fine della trasmissione. — Ich habe das Ende der Sendung verpasst.

finale [fi'na:le]	**Schluss-, End-**
gli esami finali	die Abschlussprüfungen
finalmente [final'mente]	**endlich**
Finalmente arrivi!	Endlich kommst du!
alla fine – infine ['alla 'fi:ne – in'fi:ne]	**schließlich**
Vedi? Alla fine sono venuto!	Siehst du? Schließlich bin ich doch noch gekommen!
definitivo [defini'ti:vo]	**endgültig, definitiv**
Questo voto è definitivo.	Diese Note ist definitiv.
tempo ['tɛmpo]	**Zeit**
Il tempo vola.	Die Zeit verfliegt.
da quanto tempo [da ku'anto 'tɛmpo]	**wie lange schon**
Da quanto tempo studi il tedesco?	Wie lange lernst du schon Deutsch?
in tempo [in 'tɛmpo]	**rechtzeitig**
Venite in tempo, altrimenti dobbiamo fare la fila!	Kommt rechtzeitig, sonst müssen wir anstehen!
in ritardo [in ri'tardo]	**zu spät, verspätet**
I treni arrivano spesso in ritardo.	Züge kommen oft zu spät an.
in anticipo [in an'ti:tʃipo]	**im Voraus**
Bisogna pagare in anticipo?	Muss man im Voraus bezahlen?
volta ['vɔlta]	**Mal**
prossimo ['prɔssimo]	**künftig, nächste(r, -s)**
La prossima volta sei puntuale, va bene?	Nächtes Mal bist du pünktlich, o.k.?
puntuale [puntu'a:le]	**pünktlich**
scorso ['skorso]	**vergangen, letzte(r, -s)**
L'anno scorso siamo andati al mare.	Letztes Jahr sind wir ans Meer gefahren.
presente *m* [pre'zɛnte]	**Gegenwart**
questo [ku'esto]	**heute** (*+ Zeitangabe*)
Questa sera usciamo.	Heute Abend gehen wir aus.
oggi ['ɔddʒi]	**heute**
al giorno d'oggi [al 'dʒorno 'dɔddʒi]	**heutzutage, heute**
Al giorno d'oggi è di moda lamentarsi.	Heutzutage ist es „in" zu jammern.
adesso / **ora** [a'dɛsso]	**jetzt, nun**
Ora non posso, ma tra poco.	Jetzt kann ich nicht, aber bald.
finora [fi'no:ra]	**bis jetzt**
Finora non posso lamentarmi.	Bis jetzt kann ich nicht klagen.
per ora [per 'o:ra]	**für den Augenblick, fürs Erste**
Per ora tengo la macchina.	Fürs Erste behalte ich das Auto.

passato [pas'sa:to]	**Vergangenheit**
ieri [i'ɛ:ri]	**gestern**
l'altro ieri – ieri l'altro ['laltro i'ɛ:ri]	**vorgestern**
L'ho visto ieri o ieri l'altro.	Ich habe ihn gestern oder vorgestern getroffen.
l'altro giorno ['laltro 'dʒorno]	**kürzlich; neulich**
Sai chi ho visto l'altro giorno?	Weisst du, wen ich kürzlich getroffen habe?
di recente [di re'tʃɛnte]	**vor kurzem, kürzlich**
Di recente hanno inaugurato un monumento.	Vor kurzem ist ein Denkmal eingeweiht worden.
fa [fa] – **poco fa** [pɔ:ko 'fa]	**vor – vor kurzem, eben**
L'incidente è successo mezz'ora fa.	Der Unfall ist vor einer halben Stunde passiert.
ultimamente [ultima'mente]	**in letzter Zeit**
Ultimamente si comporta in maniera strana.	In letzter Zeit benimmt er sich merkwürdig.
futuro [fu'tu:ro]	**Zukunft; zukünftige(r, -s)**
domani [do'ma:ni]	**morgen**
dopodomani [dopodo'ma:ni]	**übermorgen**
Andiamo in montagna domani o dopodomani?	Fahren wir morgen oder übermorgen in die Berge?
fra / **tra** [fra / tra]	**in**
La camera è pronta tra cinque minuti.	Das Zimmer ist in fünf Minuten bereit.
in [in]	**in (innerhalb von)**
Questo lavoro lo possiamo fare in poche ore.	Diese Arbeit können wir in wenigen Stunden erledigen.
dopo ['dɔ:po]	**nach; nachher, später; danach**
Dopo una lunga giornata si è stanchi.	Nach einem langen Tag ist man müde.
poi ['pɔ:i]	**dann; später**
Prima o poi dovremo cambiare appartamento.	Früher oder später werden wir umziehen müssen.
in seguito [in 'se:guito]	**danach**
a poco a poco [a 'pɔ:ko a 'pɔ:ko]	**nach und nach**
A poco a poco si faceva buio.	Nach und nach wurde es dunkel.
al più presto [al pi'u 'prɛsto]	**sobald wie möglich; frühestens**
Sarete richiamati al più presto.	Sie werden sobald wie möglich zurückgerufen.
al più tardi [al pi'u 'tardi]	**spätestens**
Dobbiamo essere al teatro al più tardi alle sette.	Wir müssen spätestens um sieben im Theater sein.

di nuovo [di nu'ɔ:vo] — **wieder, noch (ein)mal**
Si è messo di nuovo sul bello. — Das Wetter ist wieder schön geworden.

finché [fiŋ'ke] — **solange**
Finché non studia non può raggiungere buoni risultati. — Solange er nicht lernt, kann er keine guten Ergebnisse erzielen.
fino a ['fi:no a] — **bis**
Restiamo fino a domani. — Wir bleiben bis morgen.
già [dʒa] — **schon**
Sono già le due? — Es ist schon zwei Uhr?
subito ['su:bito] — **gleich, sofort**
Un attimo che vengo! — Einen Augenblick, ich komme ja!
immediatamente [immediata'mente] — **sofort**
direttamente [diretta'mente] — **direkt, unmittelbar**
intanto [in'tanto] — **unterdessen, währenddessen**
nel frattempo [nel frat'tɛmpo] — **währenddessen, inzwischen**
Se tu apparecchi la tavola, io nel frattempo stendo la biancheria. — Wenn du den Tisch deckst, hänge ich inzwischen die Wäsche auf.
sempre ['sɛmpre] — **immer**
È sempre la stessa zolfa. — Es ist stets die gleiche Leier.
frequente [freku'ɛnte] — **häufig**
Questo è un errore frequente. — Das ist ein häufiger Fehler.
spesso ['spesso] — **oft**
Vado spesso a spasso. — Ich gehe oft spazieren.
raramente [rara'mente] — **selten**
Guardi spesso la tv? No, raramente. — Siehst du oft fern? Nein, selten.
raro ['ra:ro] — **rar, selten**
È raro che lui frequenti gli amici. — Er trifft sich selten mit seinen Freunden.

a volte / talvolta [a 'vɔlte / tal'vɔlta] — **manchmal**
A volte dormo a lungo. — Manchmal schlafe ich aus.
mai ['ma:i] — **je, jemals**
Sei mai stato a Roma? — Bist du je in Rom gewesen?
non ... mai [non … 'ma:i] — **nie, niemals**
Non, non sono mai stato a Roma. — Nein, ich bin noch nie in Rom gewesen.

pronto ['pronto] — **bereit, fertig**
Sei pronto? — Bist du soweit?
quando [ku'ando] — **wann; wenn; als**
Quando vieni? — Wann kommst du?
Quando il sole picchia, resto all'ombra. — Wenn die Sonne stark scheint, bleibe ich im Schatten.

15.3 Espressioni di misura e di quantità
Maß- und Mengenangaben

misura – misurare [mi'zu:ra – mizu'ra:re] — **Maß – messen**
misurare la distanza — die Entfernung messen
profondità – profondo [profondi'ta – pro'fondo] — **Tiefe – tief**
Qui il mare è profondo! — Hier ist das Meer tief!
altezza [al'tettsa] — **Höhe**
alto – basso ['alto – 'basso] — **hoch – tief; niedrig**
Qui l'acqua non è alta, è bassa. — Hier ist das Wasser nicht hoch, es ist niedrig.

larghezza – largo [lar'gettsa – 'largo] — **Breite; Weite – breit; weit**
lunghezza – lungo [luŋ'gettsa – 'luŋgo] — **Länge – lang**
Il soggiorno misura sei metri di larghezza e cinque metri di lunghezza. — Das Wohnzimmer ist sechs Meter breit und fünf Meter lang.
ampio – angusto ['ampio – an'gusto] — **weit, geräumig – eng**
Per quanto sia ampia la camera dei bambini, la camera da letto è angusta. — Das Kinderzimmer mag ja geräumig sein, aber das Schlafzimmer ist eng.

Misure e pesi [mi'zu:re e pe:zi] **(= Maße und Gewichte)**
millimetro (mm) [mil'li:metro] (= Millimeter) • *centimetro (cm)* [tʃen'ti:metro] (= Zentimeter) • *metro (m)* ['mɛ:tro] (= Meter) • *chilometro (km)* [ki'lɔ:metro] (= Kilometer) • *metro quadrato (m²)* ['mɛ:tro kua'dra:to] (= Quadratmeter) • *ettaro (ha)* ['ɛttaro] (= Hektar) • *litro (l)* ['li:tro] (= Liter) • *grammo (g)* ['grammo] (= Gramm) • *etto(grammo) (hg)* ['ɛtto('grammo)] (= 100 Gramm) • *chilo(grammo) (kg)* ['ki:lo('grammo)] (= Kilogramm) • *tonnellata (t)* [tonnel'la:ta] (= Tonne)

Kaufen Sie Wurst oder Käse ein, verlangen Sie „*etti*" und nicht „*grammi*"!

peso ['pe:zo] — **Gewicht; Last**
peso netto / lordo — Netto- / Bruttogewicht
pesare [pe'za:re] — **wiegen**
Bisogna pesare la frutta? — Muss man das Obst wiegen?
pesante – leggero [pe'sante – led'dʒɛ:ro] — **schwer – leicht**

mucchio ['mukkio]	**Menge; Haufen**
dozzina [dod'dzi:na]	**Dutzend**
mezza dozzina di uova	ein halbes Dutzend Eier
quanto [ku'anto]	**wie viel**
Quanto costano le pere?	Wie viel kosten die Birnen?
Quant'è?	Was macht das?
molto – **poco** ['molto – 'pɔ:ko]	**viel(e) – wenig(e)**
In quel ristorante si mangia bene e si spende poco.	In diesem Restaurant isst man gut und gibt wenig aus.
troppo ['trɔppo]	**zu viel; zu viele**
Non lo prendo, costa troppo.	Ich nehme es nicht, es kostet zu viel.
assai [as'sa:i]	**sehr; viel**
Voglio assai bene alla mia famiglia.	Ich habe meine Familie sehr lieb.
tutto – **(non) niente** ['tutto – (non) ni'ɛnte]	**alle(s); ganz – nichts**
Desidera altro? – No grazie, niente.	Wünschen Sie noch etwas? – Nein danke, nichts.
un po' [un 'pɔ]	**etwas, ein bisschen**
Mi dia ancora un po' di sugo, per favore.	Geben Sie mir bitte noch etwas Sauce.
non ... nessuno [non … nes'su:no]	**niemand, keine(r, -s)**
Qui non c'è nessuno.	Hier ist niemand.
né ... né [ne]	**weder ... noch**
né l'uno né l'altro	weder das eine noch das andere
non ... affatto [non … af'fatto]	**gar nicht, überhaupt nicht**
Non ho affatto sonno.	Ich bin überhaupt nicht müde.
più [pi'u] – **meno** ['me:no]	**mehr – weniger** *(oder mit Komparativ übersetzt)*
più o meno	mehr oder weniger
È più alto di suo fratello.	Er ist größer als sein Bruder.
il / la più [il / la pi'u]	*(mit dem Superlativ übersetzt)*
Lì fanno la pizza più buona del paese.	Dort machen sie die beste Pizza des Ortes.
circa ['tʃirka]	**etwa, ungefähr**
Costerà circa 50 euro.	Es wird etwa 50 Euro kosten.
quasi [ku'a:zi]	**fast**
Aspetta che ho quasi finito.	Warte, ich bin fast fertig.
massimo – **minimo** ['massimo – 'mi:nimo]	**höchste – niedrigste, geringste**
il prezzo minimo è di ...	der Mindestpreis beträgt ...
al massimo – **al minimo** [al 'massimo – al 'mi:nimo]	**höchstens – mindestens**

Al massimo prendo un caffè, sono pieno.	Ich nehme höchstens einen Kaffee, ich bin voll.
aumento [au'mento]	**Erhöhung**
aumentare [aumen'ta:re]	**steigern, erhöhen; zunehmen, steigen**
I prezzi della benzina aumentano.	Die Benzinpreise steigen.
Hanno aumentato ancora le tariffe per gli ombrelloni.	Die Sonnenschirmtarife sind schon wieder erhöht worden.
riduzione *f* [ridutsi'o:ne]	**Verringerung, Senkung**
ridurre [ri'durre]	**verringern; senken**
Qui hanno ridotto i prezzi.	Hier sind die Preise gesenkt worden.
ridursi [ri'dursi]	**zurückgehen**
Il numero dei fumatori si è ridotto sensibilmente.	Die Anzahl der Raucher ist deutlich zurückgegangen.
diminuire [diminu'i:re]	**verringern; sinken**
La temperatura stanotte è diminuita di dieci gradi.	Die Temperatur ist heute Nacht um zehn Grad gesunken.
limite *m* ['li:mite]	**Grenze, Begrenzung**
limitare [limi'ta:re]	**be-, einschränken; begrenzen**
Dobbiamo limitare le spese.	Wir müssen die Ausgaben einschränken.
comprendere [kom'prɛndere]	**beinhalten; umfassen**
Il pacchetto viaggio comprende un'escursione.	Das Reisepaket beinhaltet einen Ausflug.
contenere [konte'ne:re]	**enthalten**
Questa confezione contiene mezzo chilo di pesce.	Diese Packung enthält ein halbes Kilo Fisch.
medio ['mɛ:dio]	**durchschnittlich, Durchschnitts-**
il prezzo medio è di ...	der Durchschnittspreis beträgt ...
metà [me'ta]	**Hälfte**
la metà di una mela	die Hälfte von einem Apfel
mezzo ['mɛddʒo]	**halb**
Mezzo chilo di patate, per favore.	Ein Pfund Kartoffeln, bitte.
quarto [ku'arto]	**Viertel**
Prendo un altro quarto di vino!	Ich nehme noch ein Viertel Wein!
numeroso [nume'ro:so]	**zahlreich, viel; groß**
In Italia ci sono pochissime famiglie numerose.	In Italien gibt es außerordentlich wenige große Familien.
in totale [in to'ta:le]	**insgesamt**
In totale mi devi	Insgesamt schuldest du mir ... .
unico ['u:niko]	**einzige(r, -s)**
affatto [af'fatto]	**durchaus, ganz und gar**

16.1 Libri ed editoria
Bücher und Verlagswesen

editoria [edito'riːa]	**Verlagswesen**
casa editrice ['kaːsa edi'triːtʃe]	**Verlag**(shaus)
La Hueber è una casa editrice di libri di lingue.	Hueber ist ein Sprachbuch-Verlag.
pubblicare [pubbli'kaːre]	**veröffentlichen; publizieren; verlegen**

Il libro è stato pubblicato lo scorso maggio. (= Das Buch ist im vergangenen Mai erschienen.) • *pubblicare un libro* (= ein Buch herausbringen) • *lanciare un libro sul mercato* (= ein Buch auf den Markt bringen)

editoriale [editori'aːle]	**Lektorats-; Redaktions-**
(articolo) editoriale	Leitartikel
libro ['liːbro]	**Buch**

i Typisch für Italien ist die *bancarella* [banka'rɛlla], ein Bücherstand unter freiem Himmel mit gebrauchten oder antiquarischen Büchern und Remittenden.

libro illustrato ['liːbro illus'traːto]	**Bilderbuch**
Quale libro illustrato ci guardiamo?	Welches Bilderbuch sehen wir uns an?
enciclopedia [entʃiklope'diːa]	**Enzyklopädie; Lexikon**
(Lui) è un enciclopedia ambulante.	Er ist ein wandelndes Lexikon.
dizionario [ditsio'naːrio]	**Wörterbuch**
cercare un termine nel dizionario	einen Begriff im Wörterbuch suchen
manuale *m* [manu'aːle]	**Handbuch**
consultare un manuale	in einem Handbuch nachschlagen
catalogo [ka'taːlogo]	**Katalog**
elenco [e'lɛnko]	**Verzeichnis; -buch**
elenco telefonico	Telefonbuch
elenco degli indirizzi	Adressbuch
libreria [libre'riːa]	**Buchhandlung; Bücherschrank**
Da quando ci sono negozi virtuali le librerie sono in crisi.	Seit es Onlineshops gibt, stecken die Buchhandlungen in der Krise.

biblioteca [biblio'te:ka]	**Bibliothek; Bücherei**
prendere in prestito un libro dalla biblioteca	ein Buch aus der Bücherei entleihen
libro tascabile / tascabile *m*	Taschenbuch
copertina (di un libro) [koper'ti:na (di un 'li:bro)]	**Umschlag**
copertina salvalibri	Schutzumschlag
introduzione *f* [introdutsi'o:ne]	**Einleitung; Einführung**
introduzione di Sergio Albertini	Einführung von Sergio Albertini
introduzione all'architettura	Einführung in die Architektur
pagina ['pa:dʒina]	(Buch-)**Seite**
vedi a pagina diciannove	siehe Seite neunzehn
autore(-trice) [au'to:re(-'tri:tʃe)]	**Autor(in)**
Stefano Benni è un noto autore satirico contemporaneo.	Stefano Benni ist ein bekannter zeitgenössischer Satiriker.
lettore(-trice) [let'to:re(-'tri:tʃe)]	**Leser(in); Lektor(in)**
I lettori non vedono l'ora che venga pubblicato il nuovo volume di Harry Potter.	Die Leser können es gar nicht abwarten, dass der neue Band von Harry Potter erscheint.
tradurre – **traduzione** *f* [tra'durre – tradutsi'o:ne]	**übersetzen / übertragen** – **Übersetzung**
Quando parlo, traduco ancora dal tedesco in italiano.	Wenn ich spreche, übersetze ich noch vom Deutschen ins Italienische.
stampare – **stampa** [stam'pa:re – 'stampa]	**drucken** – **Druck**
stampato su carta priva di acidi	auf säurefreiem Papier gedruckt
copia ['kɔ:pia]	**Exemplar**
cinque copie del libro	fünf Exemplare des Buches

Ein sehr spannendes Buch ist *un libro avvincente.*

archivio [ar'ki:vio]	**Archiv**
Nell'archivio conserviamo documenti e libri antichi.	Im Archiv bewahren wir antike Dokumente und Bücher auf.
documento [doku'mento]	**Dokument; Ausweis; Papier**
Favorisca i documenti.	Ihre Papiere, bitte.

16.2 La stampa
Die Presse

stampa ['stampa]	**Presse**
stampa rosa / scandalistica	Regenbogenpresse; Klatschpresse
realtà [real'ta]	**Wahrheit; Wirklichkeit**
La stampa ogni tanto distorce la realtà.	Die Presse verdreht manchmal die Wahrheit.
attuale [attu'a:le]	**derzeitig, gegenwärtig; aktuell**
attualità [attuali'ta]	**Aktualität**
i (mass) **media** sono ... [i 'mæs 'mi:diə 'so:no]	die (Massen-)**Medien** sind ...
un evento per i mass media	ein Medienereignis
giornalista *m/f* [dʒorna'lista]	**Journalist(in)**
giornale *m* [dʒor'na:le]	**Zeitung**
leggere qualcosa sul giornale	etwas in der Zeitung lesen
apparire [appa'ri:re]	**(er)scheinen**
Questa testata appare ogni giovedì.	Dieses Blatt erscheint jeden Donnerstag.
giornalaio(-a) [dʒorna'la:io]	**Zeitungshändler(in)**
edicola [e'di:kola]	**Zeitungskiosk; Zeitungsstand**
In quell'edicola hanno una scelta molto vasta.	An diesem Zeitungsstand haben sie eine sehr große Auswahl.
cronaca ['krɔ:naka]	**Bericht; Nachrichtenteil**
cronaca nera	Nachrichtenteil über Verbrechen und Unfälle
titolo ['ti:tolo]	**Titel**
sottotitolo	Untertitel
articolo [ar'ti:kolo]	**Artikel**
quotidiano [kuotidi'a:no]	**Tageszeitung**
settimanale *m* [settima'na:le]	**Wochenzeitung / -zeitschrift**
periodico [peri'ɔ:diko]	**Zeitschrift**
periodico mensile / satirico	eine Monats- / satirische Zeitschrift
rivista [ri'vista]	**Magazin; Zeitschrift**
rivista di attualità / di informazioni	Nachrichtenmagazin
informazione *f* – **informare** [informatsi'o:ne – infor'ma:re]	**Information – informieren**
leggere un'informazione sul giornale	eine Information in der Zeitung lesen
annuncio [an'nuntʃo]	**Bekanntgabe; Annonce**
mettere un annuncio sul giornale	eine Annonce in die Zeitung setzen

annunciare [annun'tʃa:re]	**ankündigen**
comunicare – **segnalare** [komuni'ka:re – seɲa'la:re]	**berichten; melden; ankündigen**
riportare [ripor'ta:re]	**berichten**
Quell'avvenimento è stato riportato da tutti i giornali.	Über dieses Ereignis wurde in allen Zeitungen berichtet.
avvenimento – **avvenire** [avveni'mento – avve'ni:re]	**Ereignis** – **geschehen, sich ereignen**
faccenda [fat'tʃɛnda]	**Angelegenheit, Sache**
evento [e'vɛnto]	**Ereignis**
Di quell'evento hanno parlato tutte le riviste specializzate.	Über dieses Ereignis haben alle Fachzeitschriften berichtet.
caso ['ka:so]	**Fall**
esagerare [ezadʒe'ra:re]	**übertreiben**
questione *f* [kuesti'o:ne]	**Frage**
la questione del Meridione	die Süditalienfrage
avvertire [avver'ti:re]	**benachrichtigen; warnen**
critica – **criticare** ['kri:tika – -a:re]	**Kritik** – **kritisieren**
La stampa ha aspramente criticato il governo.	Die Presse hat die Regierung harsch kritisiert.
servizio [ser'vi:tsio]	**Bericht; Reportage**
un servizio sulla mafia	ein Bericht über die Mafia
bollettino [bollet'ti:no]	**Meldung; Nachricht; Bulletin**
bollettino meteorologico	Wetterbericht
notizia [no'ti:tsia]	**Nachricht**
dare / divulgare una notizia	eine Nachricht bringen / verbreiten
copertina [koper'ti:na]	(*Magazin*) **Titelseite**
articolo di prima pagina / dossier *m*	Titelgeschichte
rubrica [ru'bri:ka]	**Spalte; Teil**
rubrica sportiva / economica	Sport- / Wirtschaftsteil
supplemento [supple'mento]	**Beilage**
supplemento della domenica	Sonntagsbeilage
redattore(-trice) [redat'to:re(-'tri:tʃe)]	**Redakteur(in)**
redazionale [redatsio'na:le]	**Redaktions-**
redazione *f* [redatsi'o:ne]	**Redaktion**
corrispondente *m / f* [korrispon'dɛnte]	**Korrespondent(in)**
dal nostro corrispondente	eigener Bericht
portavoce *m / f* [porta'vo:tʃe]	(Presse-)**Sprecher(in)**
abbonarsi – **abbonato(-a)** – **abbonamento** [abbo'narsi – abbo'na:to – abbona'mento]	**abonnieren** – **Abonnent(in)** – **Abonnement**
abbonarsi a un giornale	eine Zeitung abonnieren

16.3 Radio e televisione
Rundfunk und Fernsehen

radio *f* ['ra:dio]	**Rundfunk / Radio(gerät)**
ascoltare la radio	Radio hören
L'ho sentito alla radio.	Das habe ich im Radio gehört.
giornale radio *m*	Nachrichtensendung im Radio
radioascoltatore(-trice)	Rundfunkhörer(in)
televisione / **TV** *f* – **televisivo** [televizi'o:ne / ti'vu – televi'zi:vo]	(das) **Fernsehen** – **Fernseh-**
Cosa c'è in televisione stasera?	Was gibt's heute Abend im Fernsehen?
guardare la televisione / la TV	fernsehen
telespettatore(-trice)	Fernsehzuschauer(in)
telegiornale *m* [teledʒor'na:le]	**Nachrichten**
Stasera dobbiamo guardare il telegiornale.	Heute Abend müssen wir die Nachrichten ansehen.
televisore *m* [televi'zo:re]	**Fernseher**
Posso accendere il televisore?	Kann ich den Fernseher anmachen?
telecomando [teleko'mando]	**Fernbedienung**
Bambini, dov'è il telecomando?	Kinder, wo ist die Fernbedienung?
registrare [redʒis'tra:re]	**aufzeichnen, aufnehmen**
Potresti registrarmi il film?	Könntest du mir den Film aufnehmen?
trasmettere [traz'mettere]	**senden; übertragen; ausstrahlen**
trasmettere un evento in diretta	ein Event live übertragen
in diretta [in di'rɛtta]	**live**
canale *m* [ka'na:le]	(Fernseh-)**Kanal / Programm**
cambiare canale	umschalten
programma *m* [pro'gramma]	**Sendung**
programma per i bambini	Kindersendung
intervista [inter'vista]	**Interview**
Dai vieni, che fanno un'intervista a Trapattoni!	Komm' schon, Trapattoni wird interviewt!
episodio / puntata [epi'zɔ:dio / pun'ta:ta]	**Folge** (einer Fernsehserie)
un film in / di sei puntate	ein Film in sechs Folgen
ripetizione *f* [ripetitsi'o:ne]	**Wiederholung**
ripetere [ri'pɛ:tere]	**wiederholen**
Stasera ripetono la prima puntata che mi sono perso.	Heute Abend wird die erste Folge wiederholt, die ich verpasst habe.

16.4 Il servizio postale
Der Postdienst

posta ['pɔsta]	**Post**
Lo mandiamo per posta.	Wir schicken es mit der Post.
postale [po'sta:le]	**Post-**
codice *m* postale	(die) Postleitzahl
ufficio postale	Post(filiale / -amt)
lettera ['lettera]	**Brief**
cartolina [karto'li:na]	**Postkarte**
imbucare [imbu'ka:re]	**einwerfen**
Vado a imbucare la lettera.	Ich geh' den Brief einwerfen.
buca delle lettere ['bu:ka 'delle lɛttere]	**Briefkasten**
cassetta delle lettere [kas'setta 'delle 'lɛttere]	**(Haus)briefkasten**
Quanta pubblicità oggi nella cassetta!	Soviel Werbung heute im Briefkasten!
mandare [man'da:re]	**schicken, senden**
ricevere [ri'tʃe:vere]	**erhalten, bekommen**
Chi non manda lettere, non ne riceve.	Wer keine Briefe verschickt, bekommt auch keine.
pacco ['pakko]	**Paket**
pacchetto [pak'ketto]	**Päckchen**
stampe *fpl* ['stampe]	**Drucksachen**
urgente [ur'dʒɛnte]	**dringend, eilig**
per **espresso** [es'prɛsso]	als **Eilbrief**
in **contrassegno** [kontras'seɲo]	per **Nachnahme**
raccomandata [rakkoman'da:ta]	**Einschreiben**
raccomandata con ricevuta di ritorno	per Einschreiben mit Rückschein
mittente *m / f* [mit'tɛnte]	**Absender(in)**
destinatario [destina'ta:rio]	**Empfänger**
indirizzo [indi'rittso]	**Adresse**
timbro – timbrare ['timbro – tim'bra:re]	**Stempel – stempeln**
affrancatura [affranka'tu:ra]	**Porto**
francobollo [franko'bollo]	**Briefmarke**
dieci francobolli da 45 centesimi	zehn Briefmarken zu 45 Cents

Für Postzusteller(in) / Briefträger(in) / Postfrau etc. gibt es mehrere Entsprechungen: *il postino / la postina, il / la portalettere.*

16.5 Telefono, fax e cellulare
Telefon, Fax und Handy

telefono – **telefonico** [te'lɛ:fono – tele'fɔ:niko]	**Telefon – Fernsprech-/Telefon-**
Il nostro telefono è guasto.	Unser Telefon ist gestört.
rispondere al telefono	ans Telefon gehen
telefono senza filo (il cordless)	schnurloses Telefon
far installare un nuovo allacciamento telefonico	einen neuen Anschluss einrichten lassen
tariffe *fpl* telefoniche	Telefongebühren
servizio informazione telefonica	(die) Telefonauskunft
elenco telefonico [e'lɛŋko tele'fo:niko]	**Telefonbuch**
consultare l'elenco telefonico	im Telefonbuch nachschauen
le **pagine gialle** ['pa:dʒine 'dʒalle]	die **Gelben Seiten**
guardare sulle pagine gialle	in den gelben Seiten nachschauen
carta telefonica ['karta tele'fo:nika]	**Telefonkarte**
telefono a carta telefonica	Kartentelefon
carta ricaricabile ['karta rikari'ka:bile]	**Prepaid-Karte**
carta SIM	SIM-Karte
ricaricare [rikari'ka:re]	**wiederaufladen**
Come faccio a ricaricare questa carta?	Wie kann ich diese Karte wiederaufladen?
cabina telefonica [ka'bi:na tele'fo:nika]	**Telefonzelle**
Ormai le cabine telefoniche non funzionano più a gettoni.	Inzwischen funktionieren Telefonzellen nicht mehr mit Münzen.
segreteria telefonica [segrete'ri:a tele'fo:nika]	**Anrufbeantworter**
Questa è la segreteria telefonica di Paolo Ponfo. Se volete, lasciatemi un messaggio dopo il beep.	Das ist der Anrufbeantworter von Paolo Ponfo. Wenn Sie wollen, hinterlassen Sie mir eine Nachricht nach dem Piepton.
telefonare – **telefonata** [telefo'na:re – telefo'na:ta]	**anrufen – Anruf**
Ti telefono stasera.	Ich rufe dich heute Abend an.
fare una telefonata	ein Telefongespräch führen
chiamare – **chiamata / (dare un) colpo di telefono** [kia'ma:re – kia'ma:ta / 'kolpa di tele'fono]	**anrufen – Anruf / Telefonat**

Posso richiamarLa? — Kann ich Sie zurückrufen?
Grazie della chiamata. — Vielen Dank für den Anruf.
Dammi un colpo di telefono! — Ruf mich doch mal an!

„Mit jemandem telefonieren" heißt im Italienischen *telefonare a qualcuno* (nicht etwa „*con*"!) oder *chiamare qualcuno*!

sillabare [silla'ba:re] — **buchstabieren**
Mi può sillabare il Suo nome? — Können Sie mir Ihren Namen buchstabieren?

chiamata (inter)urbana [kia'ma:ta (inter)ur'ba:na] — **Orts- / Ferngespräch**
Per le chiamate interurbane bisogna fare il prefisso. — Bei Ferngesprächen muss man die Vorwahl wählen.
numero di telefono / telefonico ['nu:mero di te'lɛ:fono / tele'fɔ:niko] — **Telefonnummer**
Può chiamarmi a questo numero. — Sie können mich unter dieser Nummer anrufen.

Ha sbagliato numero. — Sie sind falsch verbunden.
fare un numero — eine Nummer wählen
numero verde — gebührenfrei anrufbare Nummer

Come dire un numero telefonico **(= Wie man Telefonnummern spricht)**
Dalla Germania il prefisso per l'Italia è 0039 (zero zero trentanove).
Il prefisso per Roma è 06 (zero sei).
Il nostro numero è 06 / 82 57 071 (zero sei, ottantadue, cinquantasette, zero settantuno).
Il mio numero di fax è 561 790 53 (cinquecentosessantuno, settecentonovanta, cinquantatré).

prefisso [pre'fisso] — **Vorwahl(nummer)**
Per chiamare l'Italia dalla Germania, bisogna fare anche lo zero del prefisso della città. — Um aus Deutschland nach Italien anzurufen, muss man die Null der Städtevorwahl mitwählen.
segnale *m* [se'ɲa:le] — **Signal; -zeichen**
segnale di libero — Freizeichen; Wählton; Rufton
occupato [okku'pa:to] — **besetzt**
È occupato. — Die Nummer ist besetzt.

Modi di dire usati al telefono **(= Redensarten, die man am Telefon benutzt)**
Pronto? (= Hallo?) • *Chi parla?* (= Wer ist da?) • *Parlo con la signora Rossi?* (= Ist da Frau Rossi?) • *Al telefono.* (= Am Apparat) •

Posso parlare con Cristina? (= Kann ich bitte Christina sprechen?) • *Gliela passo subito / La collego subito.* (= Moment, ich verbinde Sie.) • *Attenda un momento.* (= Einen Augenblick bitte.) • *Attenda in linea* (= Bleiben Sie dran.) • *Sono Mario Bianchi* (= Hier ist / spricht Mario Bianchi.) • *Può parlare un pò più forte, per favore?* (= Können Sie bitte ein bisschen lauter sprechen?) • *È caduta la linea.* (= Die Verbindung ist unterbrochen worden.)

Für das deutsche Substantiv „der / die Anrufer(in)" gibt es im Italienischen keine genaue Entsprechung. Man würde den Anrufer mit „*colui che chiama*" übersetzen.

collegamento / linea [kollega'mento / 'li:nea]	**Verbindung**
un cattivo collegamento	eine schlechte Verbindung/Leitung
ricevitore *m* / **cornetta** [ritʃevi'to:re / kor'netta]	**(Telefon-)Hörer**
alzare la cornetta	den Hörer abnehmen
(ri)attaccare (la cornetta)	einhängen; auflegen
fax *m* – **spedire per / via fax / faxare** [faks – spe'di:re per / 'vi:a faks / fak'sa:re]	(Tele-)**Fax** – **faxen**
Le do il numero del mio fax.	Ich gebe Ihnen meine Faxnummer.
Glielo trasmettiamo per / via fax.	Wir faxen es Ihnen durch.
telefax *m* [tele'faks]	(Tele-)**Faxgerät**
(telefono) cellulare *m* / **telefonino** [(te'lɛ:fono) tʃellu'la:re / telefo'ni:no]	**Handy / Mobiltelefon**
telefono (cellulare) veicolare	Autotelefon
batteria [batte'ri:a]	**Akku(mulator)**
Sbrigati, che la mia batteria è quasi scarica!	Beeil' dich, mein Akku ist fast leer!
carico / scarico	voll / leer (*Akku*)
un **SMS** *m* [un 'ɛsse 'emme'ɛsse]	eine **SMS**
inviare un **MMS** *m* [un 'ɛmme 'ɛmme 'ɛsse]	eine **MMS** versenden
suoneria [suone'ri:a]	**Klingelton**
In questo sito puoi scaricare suonerie.	Auf dieser Site kannst du Klingeltöne downloaden.
auricolare *m* [auriko'la:re]	**Headset**
Anche in Italia è proibito telefonare in macchina senza vivavoce o auricolare.	Auch in Italien ist es verboten, im Auto ohne Freisprecheinrichtung oder Headset zu telefonieren.

16.6 Il computer
Computer

informatica [infor'ma:tika]	(die) **Informatik**
computer *m* – **calcolatore** *m* [kompi'u:ter – kalkola'to:re]	**Computer – Rechner**
lavorare al computer	am Computer arbeiten
immettere dati *mpl* nel computer	Daten in den Computer eingeben
(far) partire il computer	den Computer starten
portatile *m* [por'ta:tile]	**tragbar; Laptop**
palmare *m* [pal'ma:re]	**Palm® / Handheld**
usare [u'za:re]	**benutzen; bedienen**
Sai usare il computer?	Kannst du mit einem Computer umgehen?
hardware *m* ['ard:uɛr]	**Hardware**
disco fisso ['disko 'fisso]	**Festplatte**
software *m* ['sɔft:uɛr]	**Software**
sistema operativo	Betriebssystem
tastiera [tasti'ɛ:ra] – **tasto** ['tasto]	**Tastatur – Taste**
premere il tasto Enter	Eingabetaste drücken
mouse *m* ['maʊs]	**Maus**
tappetino	Mouse Pad
schermo / monitor *m* ['skermo / 'mɔnɪtɔr]	**Bildschirm**
stampante *f* [stam'pante]	**Drucker**
stampa – stampare ['stampa – stam'pa:re]	**Ausdruck – drucken**
stampare un testo	einen Text drucken
scanner *m* ['skænə(r)]	**Scanner**
scandire / scannerizzare	scannen
modem *m* ['mɔdem]	**Modem**
dischetto [dis'ketto]	**Diskette**
CD-ROM *m* [tʃidi'rɔm]	**CD-ROM**
programma *m* [pro'gramma]	**Programm**
(far) girare	laufen (lassen) *(Programm)*
dati *mpl* ['da:ti]	**Daten**
trasmissione *f* (di) dati	Datenübertragung / -transfer
file *m* ['faɪl]	**Datei**
creare un file	eine Datei anlegen / erstellen
simbolo ['simbolo]	**Symbol**
fare doppio clic su un simbolo	auf ein Bildsymbol doppelklicken
copiare – copia [kopi'a:re – 'kɔ:pia]	**kopieren – Kopie**

Mi copi questo videogioco?	Kopierst du mir dieses Videospiel?
accesso [at'tʃɛsso] a Internet	**Zugang** zum Internet
accedere ai dati	auf Daten zugreifen
(s)caricare [(s)kari'ka:re]	**laden**
scaricare un file dalla rete	eine Datei aus dem Netz herunterladen
attivare / cliccare [atti'va:re / klik'ka:re]	**aktivieren; anklicken**
cliccare (su) una opzione	eine Option anklicken
eseguire [ezegu'i:re]	**ausführen**
eseguire un comando	einen Befehl ausführen
uscire [u'ʃi:re]	**verlassen**
uscire da un programma	ein Programm verlassen
evidenziare [evidentsi'a:re]	**hervorheben; markieren**
elaborare [elabo'ra:re]	**editieren; bearbeiten**
elaborare dei dati	Daten bearbeiten
cancellare [kantʃel'la:re]	**löschen**
Quale cretino mi ha cancellato tutto il mio lavoro?!	Welcher Idiot hat mir meine ganze Arbeit gelöscht?
salvare / memorizzare [sal'va:re / memorid'dza:re]	**(ab)speichern; sichern**
salvare un file	eine Datei speichern
memoria [me'mɔ:ria]	**Speicher**
capacità di memoria	Speicherkapazität
errore *m* [er'ro:re]	**Fehler**
correggere un errore	einen Fehler beheben
crollare – crollo [krol'la:re – 'krɔllo]	**abstürzen – Absturz** (*Computer*)
Ieri mi è crollato il computer.	Gestern ist mir der Computer abgestürzt.
piantarsi – ripartire [pian'tarsi – ripar'ti:re]	**hängen bleiben – wieder laufen** (*Computer + Programm*)
Mi si è piantato il programma.	Mein Programm hat sich aufgehängt.
installare – installazione *f* [instal'la:re – installatsi'o:ne]	**installieren – Installation**
accendere – spegnere [at'tʃendere – 'spe:ɲere]	**an- / einschalten – ab- / ausschalten**
registrarsi ['farsi redʒis'tra:re]	**sich anmelden**
registrarsi su / in un sito	sich auf / bei einer Seite anmelden
riconoscere – riconoscimento [riko'no:ʃere – rikonoʃi'mento]	**erkennen / lesen – Erkennung** (*bei Maschinen*)
codice *m* ['kɔ:ditʃe]	**Code**
codice a barre	Strichcode; Barcode; Balkencode

aggiornare [addʒor'na:re]	**aktualisieren**
aggiornare il software	die Software aktualisieren
Internet *f* [inter'nɛt]	**Internet**
navigare (in Internet) [navi'ga:re]	(im Internet) **surfen**
motore *m* **di ricerca** [mo'to:re 'di ri'tʃerka]	**Suchmaschine**
cercare in Internet / in rete	im Internet suchen
@ / chiocciola [at - ki'ɔttʃola]	**at / Klammeraffe**
dominio [do'mi:nio] **Internet**	**Domain**
riservare un dominio	eine Domain reservieren
sito Internet (web) / homepage *f* ['si:to inter'nɛt / 'uɛb / 'ompeidʒ]	**Website / Homepage**
visitare un sito	eine Site besuchen
internauta *m* / *f* / **navigatore** *m* [inter'nau:ta / naviga'to:re]	**Surfer** (im Internet)
connettersi – (di)sconnettersi [kon'nɛttersi – (di)skon'nɛttersi]	**sich einloggen – sich ausloggen**
chatroom *f* – **chattare / ciattare** [tʃat'ru:m – tʃat'ta:re]	**Chatroom – chatten**
Devo chattare per vedere se trovo quella parte di ricambio.	Ich muss chatten um zu sehen, ob ich nicht dieses Ersatzteil finde.
password *f* [pass:uord]	**Passwort / Benutzerkennwort**
digitare la password	das Passwort eingeben
commercio elettronico / e-commerce *m* [kom'mɛr:tʃo elet'trɔ:niko – i'komers]	**elektronischer Handel**
DVD *m* [divu'di]	**DVD** (Digital Versatile Disc)
masterizzare un DVD	eine DVD brennen
virus *m* ['vi:rus]	**Virus**
beccarsi un virus	sich einen Virus (ein)fangen
(programma) antivirus *m*	Antivirusprogramm
rimuovere / eliminare un virus	einen Virus entfernen
e-mail *f* / **posta elettronica** [i'mɛɪl / 'posta elet'trɔ:nika]	**E-Mail; elektronische Post**
inviare / ricevere un'e-mail	eine E-Mail versenden / erhalten
messaggio [mes'saddʒo]	**Mitteilung; Meldung**
indirizzo e-mail [indi'ritt:so i'mɛɪl]	**E-Mail-Adresse**
mailbox *f* / casella di posta elettronica [mɛɪlbɔks]	**Mailbox**
controllare le e-mail	die E-Mails abfragen
allegato (e-mail) / attachment *m*	(E-Mail) Anlage

Kapitel 17

17.1 Veicoli a motore e traffico stradale
Kraftfahrzeuge und Straßenverkehr

veicolo (a motore) [ve'i:kolo] — (Kraft-)**Fahrzeug**
un **mezzo di trasporto** efficiente [un 'mɛddzo di tras'pɔrto effi'tʃɛnte] — ein effizientes **Transport-/Verkehrsmittel**
automezzo [auto'mɛddzo] — **Kraftfahrzeug**
vietato per automezzi pesanti — für LKWs gesperrt
auto(mobile) *f* [auto'mɔ:bile] — **Auto**
autonoleggio — Autovermietung
auto presa a noleggio — Mietwagen
automobilista *m/f* [automobi'lista] — **Autofahrer(in)**
autista *m/f* [au'tista] — **Chauffeur(-in), Fahrer(in)**
Gli uomini politici si fanno accompagnare da autisti. — Politiker lassen sich von Chauffeuren fahren.
macchina ['makkina] — **Auto**
In genere vado in macchina. — Meistens fahre ich mit dem Wagen.
È a un'ora di macchina (da qui). — Mit dem Auto ist es eine Stunde (von hier).
usato [u'za:to] — **gebraucht, Gebraucht-**
Hai una nuova macchina? – Sì, ma l'ho comprata usata. — Hast du ein neues Auto? – Ja, aber ich habe es gebraucht gekauft.
veloce – **lento** [ve'lo:tʃe – 'lɛnto] — **schnell – langsam**
Il traffico diventa sempre più veloce. — Der Verkehr wird immer schneller.
camion *m* ['ka:mion] — **Lastwagen; Lkw; Laster**
camion con rimorchio — Lkw mit Anhänger
furgone *m* [fur'go:ne] — **Lieferwagen**
(auto)furgone — (geschlossener) Lieferwagen
motocicletta [mototʃi'kletta] — **Motorrad**
motorino — Moped
Per i motociclisti il casco è obbligatorio. — Für Motorradfahrer ist das Tragen eines Helms vorgeschrieben.
obbligatorio [obbliga'tɔ:rio] — **vorgeschrieben, obligatorisch**
guidare [gui'da:re] — **fahren** (*am Steuer sitzen*)
(Lei) guida molto bene. — Sie fährt sehr gut.
accompagnare [akkompa'ɲa:re] — **jemanden (irgendwohin) fahren**
Vuole che l'accompagni a casa? — Soll ich Sie nach Hause fahren?
andare in/con [an'da:re in/kon] — **fahren mit**

Andiamo in macchina o in moto?	Fahren wir mit dem Auto oder mit dem Motorrad?

Das Wort **„fahren"** wird auf unterschiedliche Weise übersetzt: Wenn „Auto fahren" gemeint ist, übersetzt man es mit *guidare*; im Sinne von „sich mit einem Kraftfahrzeug fortbewegen" heißt es *andare* und im Sinne von „jemanden bringen" heißt es *accompagnare.*

andare a 90 km all'ora	90 km/h schnell fahren
giungere [ˈdʒundʒere]	**gelangen; erreichen**
giungere a destinazione	ans Ziel gelangen
pendolare *m/f* [pendoˈlaːre]	**Pendler(in)**
fare il pendolare	pendeln
dare un passaggio [ˈdaːre un pasˈsaddʒo]	**mitnehmen**
Può darmi un passaggio?	Können Sie mich mitnehmen?
accelerare – rallentare [attʃeleˈraːre – rallenˈtaːre]	**beschleunigen – langsamer fahren, gehen, werden**
Rallenta che c'è il limite di velocità!	Fahr' langsamer, hier gibt's eine Geschwindigkeitsbegrenzung!
limite *m* **di velocità** [ˈliːmite di velotʃiˈta]	**Geschwindigkeitsbegrenzung, zulässige Höchstgeschwindigkeit**
sorpassare [sorpasˈsaːre]	**überholen**
Bisogna sorpassare con prudenza.	Man muss vorsichtig überholen.
girare [dʒiˈraːre]	**abbiegen**
voltare [volˈtaːre]	**abbiegen; umblättern**
Deve girare/voltare alla prossima traversa.	Sie müssen an der nächsten Querstraße abbiegen.
imboccare l'autostrada [imbokˈkaːre]	in die Autobahn **einbiegen**
raggiungere [radˈdʒundʒere]	**erreichen; nachkommen**
Dopo circa un chilometro raggiunge un semaforo.	Nach etwa einem Kilometer erreichen Sie eine Ampel.
Quando ci raggiungete?	Wann kommt ihr nach?
fermare [ferˈmaːre]	**(an)halten**
La polizia lo ha fermato.	Die Polizei hat ihn angehalten.
fermarsi [ferˈmarsi]	**(an)halten; sich aufhalten, bleiben**
Papà, fermati che mi scappa!	Papa, halt' an, ich muss mal!
Per quanto tempo vi fermate a Forte dei Marmi?	Wie lange bleibt ihr in Forte dei Marmi?
sostare [sosˈtaːre]	**anhalten; stehen bleiben**
È vietato sostare sulla corsia d'emergenza.	Es ist verboten, auf dem Stand-/Pannenstreifen stehen zu bleiben.

perdere la strada / perdersi ['pɛrdere la 'straːda / 'pɛrdersi]	**sich verlaufen, sich verirren; sich verfahren**
Questa è una strada bianca, amore. Temo che ci siamo persi.	Diese Straße ist nirgendwo eingezeichnet, Liebling. Ich fürchte, wir haben uns verirrt.
strada ['straːda]	**Straße** (als Verkehrsweg allgemein und außerhalb von Städten)
stradale [stra'daːle]	**Verkehrs-; Straßen-**
via ['viːa]	**Straße** (*innerstädtisch*)
Abitavo in Via Frapolli.	Ich wohnte in der Via Frapolli.
strada secondaria / trasversale	Neben- / Querstraße
strada a senso unico / senso unico	Einbahnstraße
strada senza uscita / vicolo cieco	Sackgasse
segnale *m* **stradale** [se'ɲaːle stra'daːle]	**Verkehrsschild, -zeichen**
le indicazioni stradali / segnaletica	Beschilderung
seguire la segnaletica	der Beschilderung folgen
curva ['kurva]	**Kurve**
La strada fa una curva sulla destra.	Die Straße macht eine Rechtskurve.
all'**angolo** [al'langolo]	an der **Ecke**
incrocio (stradale) [in'kroːtʃo (stra'daːle)]	(Straßen-)**Kreuzung**
fermarsi a un incrocio	an einer Kreuzung (an)halten
semaforo [se'maːforo]	**Verkehrsampel**
Quando arriva al semaforo giri a destra.	Biegen Sie an der Ampel rechts ab.
galleria [galle'riːa]	**Tunnel**
bloccare [blok'kaːre]	**blockieren, versperren**
La galleria è rimasta bloccata da una frana.	Der Tunnel ist durch einen Erdrutsch versperrt.
deviazione *f* [deviatsi'oːne]	**Umleitung; Umweg**
Abbiamo fatto una deviazione.	Wir haben einen Umweg gemacht.
tangenziale *f* [tandʒentsi'aːle]	**Umgehungsstraße; Tangente**
marciapiede *m* [martʃapi'ɛːde]	**Bürgersteig; Gehsteig**
pedone *m* [pe'doːne]	**Fußgänger(in)**
pedonale [pedo'naːle]	**Fußgänger-**
zona pedonale	Fußgängerzone
passaggio pedonale	Fußgängerüberweg
attraversare [attra'vɛrsaːre]	**überqueren**
Attraversare sulle strisce pedonali.	Die Straße auf dem Zebrastreifen überqueren.
traffico intenso ['traffiko in'tenso]	starker / dichter **Verkehr**

traffico regolare / scorrevole	normaler / fließender Verkehr
rimanere bloccati nel traffico	im Verkehr stecken bleiben
Via Mazzini è una strada molto trafficata e rumorosa.	Via Mazzini ist eine vielbefahrene und laute Straße.
rumoroso [rumo'ro:zo]	**laut**
code *fpl* sull'autostrada ['ko:de]	**Staus** auf der Autobahn
Qui si formano spesso code.	Hier kommt es oft zu Staus.
distributore *m* **di benzina** [distribu'to:re di ben'dzi:na]	**Tankstelle**
stazione *f* **di servizio** [statsi'o:ne di ser'vi:tsio]	**Tankstelle**
consumare [konsu'ma:re]	**verbrauchen**
benzina [ben'dzi:na]	**Benzin; Sprit**
fare il pieno ['fa:re il pi'ɛ:no]	**voll tanken**
Questa macchina consuma troppa benzina, devo di nuovo fare il pieno!	Dieses Auto verbraucht zu viel Sprit, ich muss schon wieder voll tanken.
area di servizio ['a:rea di ser'vi:tsio]	(Autobahn-)**Raststätte**
un **guasto** (alla macchina) [gu'asto]	eine **Panne**
giubbotto *m* **di sicurezza** [dʒiu'bɔtto di siku'ret:tsa]	**Warn- / Pannen- / Sicherheitsweste**
La mia macchina è **in officina** / **dal meccanico**. [in offi'tʃi:na / dal mek'ka:niko]	Mein Auto ist **in der Werkstatt**.
pneumatico di scorta [pneu'ma:tiko]	Ersatz**reifen**
controllare la pressione degli pneumatici	den Reifendruck prüfen
ruota [ru'ɔ:ta]	**Rad**
bucare [bu'ka:re]	**einen Platten haben**
Ho bucato e ho solo un ruotino. Che devo fare?	Ich habe einen Platten und nur ein Notrad. Was soll ich tun?
servizio di assistenza [ser'vi:tsio di assis'tɛntsa]	**Kundendienst, -service**
Qui vicino c'è un servizio d'assistenza Audi.	Hier in der Nähe ist ein Audi-Kundendienst.
riparare [ripa'ra:re]	**reparieren**
Può ripararlo?	Können sie das reparieren?
riparazione *f* [riparatsi'o:ne]	(die) **Reparatur**
pezzo di ricambio ['pɛttso di ri'kambio]	**Ersatzteil**
cintura di sicurezza [tʃin'tu:ra di siku'rettsa]	**Sicherheitsgurt**

allacciarsi la cintura di sicurezza [allat'tʃa:rsi]	**sich anschnallen**
Prima di partire ci si deve allacciare la cintura di sicurezza.	Vor dem Losfahren muss man sich anschnallen.
finestrino [fines'tri:no]	**Fenster**
Chiudi il finestrino che tira aria!	Mach' das Fenster zu, es zieht!
marcia ['martʃa]	**Gang**
un cambio a sei marce	ein Sechsganggetriebe
freno – **frenare** ['fre:no – fre'na:re]	**Bremse** – **bremsen**
Ho dovuto frenare bruscamente.	Ich habe scharf bremsen müssen.
frizione *f* [fritsi'o:ne]	**Kupplung** (*bei Kfz*)
pedale m della frizione	Kupplungspedal
luci *fpl* / **fari** *mpl* ['lu:tʃi / fa:ri]	**Licht; Scheinwerfer**
Accendere i fari in galleria!	Im Tunnel das Licht anmachen!
freccia ['frettʃa]	**Blinker; Winker**
mettere la freccia	blinken; den Blinker setzen
tergicristallo [terdʒikri'stallo]	**Scheibenwischer**
parcheggio [par'keddʒo]	**Parkplatz**
parcheggio a più piani / autosilo	Parkhaus
parcheggio sotterraneo	Tiefgarage
parchimetro	Parkuhr
parcheggiare [parked'dʒa:re]	**parken**
Può parcheggiare la macchina nell'autosilo qui di fronte.	Sie können Ihr Auto im Parkhaus hier gegenüber parken.
zona disco ['dzɔ:na 'disko]	**blaue Zone, Kurzparkzone**
spostare il disco orario	die Parkscheibe nachstellen
regola ['rɛ:gola]	**Regel**
Le regole del codice stradale vanno rispettate.	Die Regeln der StVO sind einzuhalten.
vietare / **proibire** [vie'ta:re / proi'bi:re]	**verbieten, untersagen**
vietato / **proibito** [vie'ta:to / proi'bi:to]	**verboten**
È vietato guidare in stato d'ebbrezza.	Es ist verboten, unter Alkoholeinfluss zu fahren.
patente (di guida) *f* [pa'tɛnte]	**Führerschein**
libretto di circolazione	Fahrzeugschein
Mi mostri patente e libretto di circolazione!	Zeigen Sie mir Führerschein und Fahrzeugschein!
targa ['targa]	**Kennzeichen**
multa ['multa]	**Strafzettel; „Knöllchen"**
multa per divieto di sosta	Geldbuße für Falschparken

17.2 Trasporto su rotaia
Beförderung mit der Eisenbahn

rotaia [ro'ta:ia]	**Schiene;** (Eisen-)**Bahn; Schienen-; Bahn-**
I treni corrono sulle rotaie.	Züge fahren auf Schienen.
trasporto su rotaia	Schienentransport
ferrovia [ferro'vi:a]	**Eisenbahn**
sciopero delle ferrovie	Eisenbahnerstreik
privatizzare le ferrovie	die Eisenbahn privatisieren
treno ['trɛ:no]	**Zug**
andare in treno	mit dem Zug / der Bahn fahren
prendere il treno	einen Zug nehmen
salire sul treno	in den Zug einsteigen
scendere dal treno	aus dem Zug aussteigen
vagone *m* **ferroviario** [va'go:ne ferrovi'a:rio]	**Eisenbahnwagen**
vagone *m* **letto / ristorante** [va'go:ne 'lɛtto / risto'rante]	**Schlaf- / Speisewagen**
Dove si trova il vagone ristorante?	Wo befindet sich der Speisewagen?
cuccetta [kut'tʃetta]	**Liegewagenplatz; Liege**
scompartimento di prima classe [skomparti'mento di 'pri:ma 'klasse]	Erster-Klasse-**Abteil**
collegamento ferroviario [kollega'mento ferrovi'a:rio]	**Zugverbindung**
Non esistono collegamenti fra A e B.	Zwischen A und B verkehren keine Züge.
prenotare un posto [preno'ta:re un 'posto]	**einen Platz reservieren**
Questo posto è occupato.	Dieser Platz ist besetzt.
stazione *f* [statsi'o:ne]	**Bahnhof**
fermarsi in una stazione	an einem Bahnhof halten
binario [bi'na:rio]	**Bahnsteig**
Il treno per Bologna parte dal binario 2.	Der Zug nach Bologna fährt von Bahnsteig 2 ab.
sala d'aspetto ['sa:la da'spɛtto]	**Wartesaal**
La sala è troppo piena. Attendiamo sul binario.	Der Saal ist zu voll. Warten wir am Gleis.
Dove posso depositare i (miei) **bagagli**? ['do:ve 'pɔsso depozi 'ta:re i (mi'e:i) ba'ga:ʎi]	Wo kann ich mein **Gepäck** aufgeben?

deposito bagagli	Gepäckaufbewahrung
biglietteria [biʎette'ri:a]	**Fahrkartenschalter**
distributore automatico dei biglietti	Fahrkartenautomat
sportello [spor'tɛllo]	**Schalter**
Allo sportello c'è una coda chilometrica – che facciamo?	Am Schalter steht eine kilometerlange Schlange – was machen wir?
turno ['turno]	**Reihe**
Aspetti il Suo turno, per piacere!	Warten Sie bitte, bis Sie an der Reihe sind!
biglietto [bi'ʎetto]	**Fahrkarte; Flugticket**
di andata – **di ritorno** [di an'da:ta / di ri'torno]	**hin, Hin-** – **zurück, Rück-**
biglietto semplice / di sola andata	Hinfahrkarte
biglietto di andata e ritorno	Hin- und Rückfahrkarte
partenza [par'tɛntsa]	**Abfahrt**
annunciare la partenza del treno	die Abfahrt des Zuges ansagen
arrivo [ar'ri:vo]	**Ankunft**
Per quando è previsto l'arrivo del treno da Milano?	Wann wird die voraussichtliche Ankunft des Zuges aus Mailand sein?
viaggio [vi'addʒo]	**Fahrt; Reise**
viaggio di andata e ritorno	Hin- / Rückreise
passeggero(-a) [passed'dʒɛ:ro]	**Fahrgast; Reisende(r); Passagier**
cambiare [kambi'a:re]	**umsteigen**
Dove devo cambiare per andare a Colonia?	Wo muss ich nach Köln umsteigen?
prendere / perdere la **coincidenza** ['prendere / 'pɛrdere la kointʃi'dɛntsa]	den **Anschluss** schaffen / verpassen
orario (ferroviario) [o'ra:rio (ferrovi'a:rio)]	**Fahrplan; Kursbuch**
in orario – **in ritardo** [in o'ra:rio / in ri'tardo]	**pünktlich** – **verspätet**
Il treno era in orario.	Der Zug war pünktlich.
uscita [u'ʃi:ta]	**Ausgang**
Ti attendiamo all'uscita, va bene?	Wir warten am Ausgang auf dich, in Ordnung?

i Um ein Bußgeld zu vermeiden, muss man in italienischen Bahnhöfen seit einigen Jahren den Fahrschein in gelben Automaten am Gleisanfang entwerten (= *obliterare* oder *convalidare*).

17.3 Trasporti aerei
Beförderung mit dem Flugzeug

volare [vo'la:re]	**fliegen**
Ha paura di volare.	Er hat Angst vor dem Fliegen.
volo ['vo:lo]	(der) **Flug**
Vorrei prenotare un posto sul volo diretto a Palermo.	Ich möchte einen Platz für den Flug nach Palermo buchen.
diretto [di'rɛtto]	**direkt, Direkt-**
scalo ['ska:lo]	**Zwischenlandung**
Non ci sono più voli diretti, solo con scalo.	Es gibt keine Direktflüge mehr, nur noch mit Zwischenlandung.
compagnia di volo / aerea [kompa'ɲi:a di 'vo:lo / a'ɛ:rea]	**Fluggesellschaft**
aereo [a'ɛ:reo]	**Flugzeug; Flug-**
viaggiare / andare con l'aereo	mit dem Flugzeug reisen / fliegen

Flugzeug heißt auf Italienisch entweder *aereo* oder *aeroplano* (ohne *e* zwischen *r* und *o*, weil alle Wörter, die mit der Vorsilbe *aereo* gebildet werden, das unterstrichene *e* verlieren).

aeroporto [aero'pɔrto]	**Flughafen**
Vuoi che venga a prenderti all'aeroporto?	Soll ich dich am Flughafen abholen?
arrivo – **partenza** [ar'ri:vo – par'tɛntsa]	**Ankunft – Abflug**
settore *m* arrivi / partenze	Ankunfts- / Abflugbereich
cancellare / **annullare** [kantʃel'la:re / annul'la:re]	**streichen; ausfallen lassen**
Il volo 452 è stato annullato.	Flug 452 fällt aus.
annullare / disdire una prenotazione	eine Reservierung streichen
sospendere [sos'pɛndere] un volo	einen Flug **aussetzen**
un **biglietto aereo** al nome di ... [un bi'ʎetto a'ɛ:reo al 'no:me di]	ein **Flugschein** auf den Namen ...
a bordo [a 'bordo]	**an Bord; Bord-**
bagaglio a bordo	Bordtasche; Kabinengepäck
pilota *m / f* [pi'lɔ:ta]	**Pilot(in); Flugzeugführer(in)**
decollare – **atterrare** [dekol'la:re – atter'ra:re]	**starten – landen**
Abbiamo visto decollare e atterrare gli aerei.	Wir haben die Flugzeuge starten und landen sehen.
elicottero [eli'kɔttero]	**Hubschrauber**

17.4 Trasporti marittimi
Beförderung auf dem Wasserweg

nave *f* ['na:ve]	**Schiff**
La nostra nave parte (salpa) domani.	Unser Schiff läuft morgen aus.
mare *m* ['ma:re]	**See; Meer**
Purtroppo soffro il mal di mare.	Leider bin ich nicht seefest.
Uomo in mare!	Mann über Bord!
imbarcarsi [imbar'karsi]	**sich einschiffen**
sbarcare / scendere a terra [zbar'ka:re / 'ʃendere a 'tɛrra]	**von Bord gehen; an Land gehen / kommen**
porto ['pɔrto]	**Hafen**
porto marittimo / fluviale	See- / Binnenhafen
entrare nel porto	in den Hafen einlaufen
uscire dal porto / salpare	aus dem Hafen auslaufen
faro ['fa:ro]	**Leuchtturm**
Il faro avvisa i marinai.	Der Leuchtturm warnt die Seeleute.
ancora ['ankora]	**Anker**
ancorare / gettare l'ancora	(ver)ankern
fare una **crociera** ['fa:re 'u:na kro'tʃɛ:ra]	eine **Kreuzfahrt** machen
rotta ['rotta]	**Kurs; Fahrtrichtung**
cambiare rotta	den Kurs ändern
naufragare [naufra'ga:re]	**Schiffbruch erleiden**
Sono naufragati.	Sie erlitten Schiffbruch.
naufrago(-a)	der / die Schiffbrüchige

Tipi di imbarcazioni **(= Arten von Wasserfahrzeugen)**
nave passeggeri ['na:ve passed'dʒɛ:ri] (= Passagierschiff) • *piroscafo* [pi'rɔskafo] (= Dampfschiff) • *vaporetto* [vapo'retto] (= Dampfer) • *nave mercantile* ['na:ve mer'kanti:le] (= Frachtschiff) • *traghetto* [tra'getto] (= Fähre) • *petroliera* [petroli'ɛ:ra] (= Öltanker) • *peschereccio* [peske'rettʃo] (= Fischkutter) • *motoscafo* [moto'ska:fo] (= Motorboot) • *yacht* ['iɔt] (= Jacht) • *barca a vela* ['barka a 'vela] (= Segelboot) • *barca a remi* ['barka a 'rɛ:mi] (= Ruderboot) • *canoa* [ka'nɔ:a] (= Paddelboot) • *gommone m* [gom'mone] (= Schlauchboot)

capitano [kapi'ta:no]	**Kapitän**
marinaio [mari'na:io]	**Seemann; Matrose**

17.5 Trasporti pubblici
Öffentlicher Nahverkehr

i mezzi pubblici [i 'mɛddzi 'pubblitʃi]	**die öffentlichen Verkehrsmittel**
servirsi di [ser'virsi di]	**(be)nutzen**
Molti si servono dei mezzi pubblici.	Viele benutzen die öffentlichen Verkehrsmittel.
trasporto [tras'pɔrto]	**Beförderung; Transport**
trasporti pubblici	öffentliche Verkehrsbetriebe
metropolitana / metrò *m* [metropoli'ta:na / me'trɔ]	**U-Bahn**
Dov'è la stazione della metropolitana?	Wo ist der U-Bahnhof?
tram *m* [tram]	**Straßenbahn**
circolare [tʃirko'la:re]	**fahren**
Il tram circola anche nelle zone pedonali.	Die Straßenbahn fährt auch in Fußgängerzonen.
autobus *m* [auto'bus]	**Bus**
Gli autobus passano ogni cinque minuti.	Die Busse verkehren alle fünf Minuten.
stare in piedi ['sta:re in pi'ɛ:di]	**stehen**
Sono dovuto stare in piedi tutto il tempo.	Ich habe die ganze Zeit stehen müssen.
fermata dell'autobus [fer'ma:ta]	Bus**haltestelle**
Deve scendere alla terza fermata.	Sie müssen an der dritten Haltestelle aussteigen.
salire [sa'li:re]	**einsteigen; steigen**
scendere ['ʃendere]	**aussteigen; sinken, fallen**
Dove devo scendere?	Wo muss ich aussteigen?
sbrigarsi [zbri'garsi]	**sich beeilen**
Se ti sbrighi becchiamo il tram!	Wenn du dich beeilst, erwischen wir die Straßenbahn.
pullman *m* ['pulman]	**Reisebus**
corriera [korri'ɛ:ra]	**Überlandbus**
Da dove partono le corriere?	Wo fahren die Überlandbusse ab?
biglietto [bi'ʎetto]	**Fahrkarte**
viaggiare senza biglietto	schwarzfahren
abbonamento [abbona'mento]	**Dauer-, Monatskarte**
Devo rinnovare l'abbonamento ai mezzi.	Ich muss meine Zeitkarte verlängern.
taxi *m* / **tassì** *m* ['taksi / tas'si]	**Taxi**

18.1 Teoria e politica economica
Wirtschaftstheorie und -politik

economia (politica) [ekono'mi:a] — (Volks-)**Wirtschaft**
economico / economicamente — wirtschaftlich; ökonomisch
sistema economico — Wirtschaftssystem
far economia — sparen

Economico heißt sowohl wirtschaftlich (= mit der Wirtschaft zusammenhängend) als auch billig und sparsam.

privato – **pubblico** [pri'va:to – 'pubbliko] — **privat, Privat- – staatlich, Staats-; öffentlich**
economia privata / pubblica — Privat- / Staatswirtschaft
i giardini pubblici — (öffentlicher) Park
la **domanda** e l'**offerta** [la do'manda e lof'fɛrta] — **Nachfrage** und **Angebot**

Die Reihenfolge von „Angebot und Nachfrage" ist im Italienischen umgekehrt!

mercato [mer'ka:to] — **Markt**
il mercato comunitario — der gemeinsame Markt
Mi piace fare la spesa al mercato rionale. — Ich kaufe gern auf dem Wochenmarkt ein.
concorrenza [konkor'rɛntsa] — **Wettbewerb, Konkurrenz**
I corrieri fanno concorrenza alle poste. — Die Kurierdienste machen der Post Konkurrenz.
Lo sapevi che Rossi è passato alla concorrenza? — Wusstest du, dass Rossi zur Konkurrenz gegangen ist?
industria – **industriale** [in'dustria – industri'a:le] — **Industrie – industriell, Industrie-**
Dove si trova la zona industriale? — Wo ist das Industriegebiet?
settore *m* [set'to:re] — **Sektor, Branche**
appartenere [apparte'ne:re] — **gehören**
La nostra ditta appartiene al settore automobilistico. — Unsere Firma gehört zur Automobilbranche.
operare [ope'ra:re] — **operieren; tätig sein**
In quale settore operate? — In welcher Branche seid ihr tätig?
servizio [ser'vi:tsio] — **Dienst(leistung)**

la società dei servizi	die Dienstleistungsgesellschaft
lavorazione *f* – **lavorare** [lavoratsi'o:ne – lavo'ra:re]	**Be- / Verarbeitung – be- / verarbeiten**
Nel Fiorentino ci sono imprese per la lavorazione della pelle.	In der Gegend um Florenz gibt es lederverarbeitende Betriebe.
produzione *f* [produtsi'o:ne]	**Produktion**
ridurre i costi *mpl* di produzione	die Produktionskosten senken
produzione in serie	Serienproduktion
produrre [pro'durre]	**herstellen, produzieren**
La nostra ditta produce calzature.	Unsere Firma stellt Schuhe her.
prodotto [pro'dotto]	**Produkt, Erzeugnis**
La nostra gamma di prodotti è molto vasta.	Unsere Produktpalette ist sehr breit.
produttore(-trice) [produt'to:re (-tri:tʃe)]	**Hersteller(-in), Produzent(-in)**
La FIAT è il produttore leader di automobili italiano.	FIAT ist der führende italienische Automobilhersteller.
impresa – **imprenditore(-trice)** [im'pre:za – imprendi'to:re(-tri:tʃe)]	**Unternehmen – Unternehmer(-in)**
un'impresa a gestione familiare	ein Familienunternehmen
creare [kre'a:re]	**schaffen**
Le grandi imprese non creano più nuovi posti di lavoro.	Die Großunternehmen schaffen keine Arbeitsplätze mehr.
agire [a'dʒi:re]	**handeln, tun; tätig sein**
La nostra impresa agisce sui mercati internazionali.	Unser Unternehmen ist international tätig.
prevedere [preve'de:re]	**vorhersehen**
Un imprenditore deve prevedere l'andamento del mercato.	Ein Unternehmer muss die Marktentwicklung vorhersehen.
azienda [adzi'ɛnda]	**Betrieb**
dirigere un'azienda	einen Betrieb leiten / führen
aziende municipalizzate *fpl*	Stadtwerke
fondare [fon'da:re]	**gründen**
ditta ['ditta]	**Firma**
una ditta di spedizioni	eine Speditionsfirma
fabbrica – **fabbricare** ['fabbrika – fabbri'ka:re]	**Fabrik – herstellen**
una fabbrica di abbigliamento	eine Bekleidungsfabrik
possesso – **possedere** [pos'sɛsso – posse'de:re]	**Besitz / Eigentum – besitzen**
Il nostro capo possiede diverse case in centro.	Unser Chef besitzt diverse Häuser im Zentrum.
proprietario(-a) [proprie'ta:rio]	**Eigentümer(-in) / Besitzer(-in)**

proprietario(-a) di un negozio	Ladenbesitzer(in)
profitto [pro'fitto]	**Gewinn**
massimizzare i profitti	die Gewinne maximieren
capitale *m* [kapi'ta:le]	**Kapital**
investire capitale	Kapital investieren
benessere *m* [be'nɛssere]	**Wohlstand**
ricchezza [rik'kettsa]	**Reichtum**
Il nipote ha sperperato le ricchezze del nonno.	Der Enkel hat die Reichtümer des Großvaters verschleudert.
patrimonio [patri'mɔ:nio]	**Vermögen**
Il patrimonio della ditta è in calo.	Das Vermögen der Firma sinkt.
bilancia commerciale [bi'la:ntʃa kommer'tʃa:le]	**Handelsbilanz**
un **bilancio** in pareggio [un bi'la:ntʃo in pa'reddʒo]	eine ausgeglichene (Unternehmens)**Bilanz**
prezzo ['prɛttso]	**Preis**
prezzo di listino / di catalogo	Listen- / Katalogpreis
ridurre / abbassare i prezzi	die Preise senken
aumentare i prezzi	die Preise erhöhen
salire [sa'li:re]	**steigen**
I prezzi continuano a salire.	Die Preise steigen weiter.
scendere ['ʃendere]	**sinken, fallen**
Le temperature di notte scendono.	Nachts sinken die Temperaturen.
consumo [kon'su:mo]	**Verbrauch; Konsum**
Con la crisi attuale la gente riduce i consumi.	In der derzeitigen Krise schrauben die Leute den Konsum zurück.
consumatore(-trice) [konsuma'to:re (-tri:tʃe)]	**Verbraucher(in)**
consumare [konsu'ma:re]	**verbrauchen, konsumieren**
Vediamo di consumare meno energia!	Versuchen wir, weniger Energie zu verbrauchen!
sindacato [sinda'ka:to]	**Gewerkschaft**
I sindacati vegliano sui diritti dei lavoratori.	Die Gewerkschaften wachen über die Arbeitnehmerrechte.
lavoratore(-trice) [lavora'to:re (-tri:tʃe)]	**Arbeitnehmer(in)**
manifestazione *f* [manifestatsi'o:ne]	**Demonstration**
Non andare in centro, c'è una manifestazione!	Fahr' nicht ins Zentrum, da ist eine Demo!
scioperare – **sciopero** [ʃope'ra:re – 'ʃɔ:pero]	**streiken** – **Streik**
Domani c'è lo sciopero dei tranvieri.	Morgen streiken die Trambahnfahrer.

18.2 Il mondo degli affari
Das Geschäftsleben

affare *m* [af'fa:re]	**Geschäft**
Gli affari vanno bene / male.	Die Geschäfte laufen gut / schlecht.
Affare fatto!	Abgemacht!
uomo / donna d'affari [u'ɔ:mo / 'dɔnna daf'fa:ri]	**Geschäftsmann / -frau**
È una donna d'affari con uno spiccato senso degli affari.	Sie ist eine Geschäftsfrau mit ausgeprägtem Geschäftssinn.
(Lei) è qui per lavoro?	Sind Sie geschäftlich hier?
un appuntamento di lavoro	ein geschäftlicher Termin
lavorare [lavo'ra:re]	**arbeiten**
(Lei) Lavora nel settore tessile.	Sie arbeitet in der Textilbranche.
commercio [kom'mɛrtʃo]	**Handel(sverkehr)**
Camera di Commercio (dell'Industria e dell'Artigianato)	(Industrie-, Handwerks- und) Handelskammer
commerciale [kommer'tʃa:le]	**geschäftlich, Handels-**
corrispondenza commerciale	Handelskorrespondenz
commerciante *m / f* [kommer'tʃante]	**Händler(in); Kaufmann / -frau**
commerciante all'ingrosso / al minuto	Groß- / Einzelhändler
commerciare in qualcosa	mit etwas handeln
società [sotʃe'ta]	**Gesellschaft**
Circa il novanta per cento delle società tedesche sono piccole imprese.	Zirka neunzig Prozent der deutschen Gesellschaften sind Kleinunternehmen.

> *SpA: Società per Azioni* (= AG) • *Srl: Società a responsabilità limitata* (= GmbH) • *Snc: Società in nome collettivo* (= OHG) • *Sas: Società in accomandita semplice* (= KG) • *Saa: Società in accomandita per azioni* (= KGaA) • *Società semplice* (= Gesellschaft des Bürgerlichen Rechts [GbR]) • *Società individuale* (= Einzelgesellschaft)

andare in **liquidazione** *f* [an'da:re in likuidatsi'o:ne]	in **Liquidation** gehen
fallimento [falli'mento]	**Konkurs; Pleite**
sede *f* ['sɛ:de]	**Sitz**
una ditta con sede alle isole Caiman	eine Firma mit Sitz auf den Kaimaninseln

amministrazione *f* [amministratsi'o:ne]	**Verwaltung**
L'amministrazione si trova nella sede centrale.	Die Verwaltung befindet sich im Hauptsitz.
reparto [re'parto]	**Abteilung**
Scusi, dove trovo il reparto personale?	Entschuldigung, wo finde ich die Personalabteilung?
personale *m* [perso'na:le]	**Personal**
ricerca [ri'tʃerka]	**Forschung**
Il reparto ricerca è inaccessibile senza tessera.	Die Forschungsabteilung ist ohne Kärtchen nicht zugänglich.
pubblicità – pubblicitario [pubblitʃi'ta – pubblitʃi'ta:rio]	**Werbung – Werbe-**
materiale pubblicitario	Werbemittel
pubblicizzare [pubblitʃid'dza:re]	**Werbung machen; werben für**
Questo catalogo pubblicizza i prodotti della ditta di mio padre.	Dieser Katalog wirbt für die Produkte der Firma meines Vaters.
annuncio pubblicitario [an'nuntʃo pubblitʃi'ta:rio]	**Werbeanzeige, -annonce**
gratuito [gra'tu:ito]	**kostenlos, gratis, frei**
Hai letto questo annuncio? I primi cento che chiamano vincono un viaggio gratuito!	Hast du diese Anzeige gelesen? Die ersten hundert Anrufer erhalten eine Gratisreise!
direttore(-trice) [diret'to:re(-'tri:tʃe)]	**Direktor(in)**
direttore delle vendite	Verkaufsleiter(in)
dirigente *m/f* [diri'dʒɛnte]	**Leiter(in); leitende(r) Angestellte(r)**
(dirigente) responsabile EDP	Leiter(in) der EDV-Abteilung
capo ['ka:po]	**Chef(in)**
Desidero parlare con il capo.	Ich will den Chef sprechen.
padrone(-a) [pa'dro:ne]	**Chef(in)**
La padrona di quella locanda è in gamba.	Die Chefin von diesem Landgasthof ist tüchtig.
esperto(-a) [es'pɛrto]	**Experte(-tin); Fachmann(-frau)**
Il nuovo collega è un esperto in marketing.	Der neue Kollege ist ein Marketingexperte.
assistente *m/f* [assis'tɛnte]	**Assistent(in)**
Quella è l'assistente del direttore.	Das ist die Assistentin des Direktors.
dirigere [di'ri:dʒere]	**führen, leiten**
impegno [im'pe:ɲo]	**Einsatz; Verpflichtung**
Il nuovo capo dirige l'azienda con impegno.	Der neue Chef leitet den Betrieb mit Einsatz.
responsabilità *f* [responsabili'ta]	**Verantwortung**

condurre [kon'durre]	**führen; leiten**
condurre a spasso il cane	den Hund Gassi führen
i tubi che conducono l'acqua	die Rohre, die das Wasser leiten
incaricare [iŋkari'ka:re]	**beauftragen**
Chi incarichiamo di controllare la merce in entrata?	Wen beauftragen wir damit, die eingehende Ware zu prüfen?
occuparsi di [okku'parsi di]	**sich kümmern um, sich beschäftigen mit**
Da voi chi si occupa delle vendite?	Wer kümmert sich bei euch um den Verkauf?
intendersi di [in'tɛndersi di]	**sich auskennen mit**
Il nuovo collega si intende di contabilità.	Der neue Kollege kennt sich mit Buchführung aus.
svolgere ['zvɔldʒere]	**ausüben; abwickeln; umsetzen**
Che attività svolge?	Welche Tätigkeit üben Sie aus?
svolgere un piano	einen Plan umsetzen
realizzare [realid'dza:re]	**verwirklichen, umsetzen**
Dobbiamo realizzare questo progetto a tutti i costi!	Wir müssen dieses Projekt um jeden Preis umsetzen!
riuscire [riuʃ'ʃi:re]	**gelingen; schaffen; erreichen**
Il reparto legale è riuscito a vincere il processo.	Der Rechtsabteilung ist es gelungen, den Prozess zu gewinnen.

Riuscire wird persönlich gebeugt! Also *io riesco, tu riesci* etc. und nicht wie im Deutschen unpersönlich „es gelingt mir" etc.

fatturato [fattu'ra:to]	(der) **Umsatz**
Il fatturato è aumentato del 9 per cento.	Der Umsatz ist um 9 Prozent gestiegen.
conseguire dei **profitti** [pro'fitti]	**Gewinn** erzielen
perdere ['pɛrdere]	**verlieren**
perdita ['pɛrdita]	**Verlust**
subire delle forti perdite	hohe Verluste erleiden
vendere ['vendere]	**verkaufen**
vendita ['vendita]	**Verkauf**
incrementare le vendite	die Umsätze erhöhen
distribuire [distribu'i:re]	**verteilen; vertreiben**
Chi distribuisce i vostri prodotti?	Wer vertreibt eure Produkte?
distribuire volantini	Flugblätter verteilen
distribuzione *f* [distributsi'o:ne]	**Vertrieb**
esportare [espor'ta:re]	**ausführen, exportieren**
importare [impor'ta:re]	**einführen, importieren**

L'Italia deve importare molta energia elettrica.	Italien muss viel Strom importieren.
rappresentante *m/f* [rapprezen'tante]	**Vertreter(in); Repräsentant(in)**
rappresentare [rapprezen'ta:re]	**vertreten; darstellen, zeigen**
Rappresenta la nostra ditta da vari anni.	Er vertritt unsere Firma seit vielen Jahren.
Il nostro logo rappresenta ...	Unser Logo zeigt ...
merce *f* ['mɛrtʃe]	**Ware**
ritornare le merci	Waren retournieren
articolo [ar'ti:kolo]	**Artikel, Produkt**
Questo articolo si vende molto bene.	Dieser Artikel ist ein Renner.
Vi preghiamo di indicare codice e nome dell'articolo.	Wir bitten Sie, Artikelnummer und -bezeichnung anzugeben.
comprare [kom'pra:re]	**(an-/ein)kaufen**
Vogliamo comprare nuovi PC.	Wir wollen neue Pcs kaufen.
offrire – **offerta** [of'fri:re – of'fɛrta]	**anbieten** – **Angebot**
fare un'offerta per qualcosa	ein Angebot für etwas abgeben
Offrono scarpe a prezzi vantaggiosissimi.	Sie bieten Schuhe zu äußerst vorteilhaften Preisen an.
dare un **ordine** ad una ditta ['ordine]	einer Firma einen **Auftrag** erteilen
eseguire un ordine	einen Auftrag ausführen
ordinare [ordi'na:re]	**bestellen**
Con la presente ordiniamo ...	Hiermit bestellen wir ...
consegnare [konse'ɲa:re]	**(aus)liefern**
Mi può consegnare questi articoli?	Können Sie diese Artikel liefern?
consegna/fornitura	Lieferung
fornire [for'ni:re]	**liefern, versorgen**
Le aziende municipalizzate ci forniscono di elettricità.	Die Stadwerke versorgen uns mit Strom.
fornitore(-trice) [forni'to:re(-'tri:tʃe)]	**Lieferant(in)**
spedire / **inviare** [spe'di:re/invi'a:re]	**versenden**
spedire con corriere	mit einem Kurierdienst versenden
magazzino [magad'dzi:no]	**Lager**
Questo modello (non) è a magazzino.	Dieses Modell ist (nicht) vorrätig.
riserva/scorta [ri'sɛrva/'skɔrta]	**Vorrat, Reserve**
salvo esaurimento scorte	solange der Vorrat reicht
garantire – **garanzia** [garan'ti:re – garan'tsi:a]	**gewährleisten, garantieren** – **Garantie**
una garanzia di due anni	eine zweijährige Garantie

18.3 Il mondo della finanza
Die Finanzwelt

finanziario [finantsi'a:rio]	**finanziell**
Un credito non risolve problemi finanziari.	Ein Kredit löst keine finanziellen Probleme.
finanziare [finantsi'a:re]	**finanzieren**
Ho finanziato la casa con un mutuo.	Ich habe das Haus mit einem Baudarlehen finanziert.
valore *m* [va'lo:re]	**Wert**
campione senza valore	Muster ohne Wert
soldi *mpl* ['sɔldi]	**Geld**
guadagnare (molti) soldi	(viel) Geld verdienen
denaro [de'na:ro]	**Geld**
Sono alquanto a corto di denaro.	Ich bin ziemlich knapp bei Kasse.
Non ho **contanti**. *mpl* [kon'tanti]	Ich habe kein **(Bar-)Geld** bei mir.
Paga in contanti?	Zahlen Sie bar?
banconota [baŋko'nɔ:ta]	**Geldschein, Banknote**
Ricordati che l'automatico non accetta banconote!	Denk' dran, dass der Automat keine Scheine annimmt!
accettare [attʃet'ta:re]	**annehmen**
moneta [mo'ne:ta]	**Münze; Währung**
una moneta da un centesimo	eine 1-Cent-Münze
La moneta comune è l'euro.	Die gemeinsame Währung ist der Euro.
euro *minv* ['ɛuro]	**Euro**
spicci *mpl* ['spittʃi]	**Kleingeld; klein**
Hai per caso cinque euro spicci?	Hast du zufällig fünf Euro klein?

Kleiner Hinweis zur Aussprache:
Im Italienischen wird das „*eu*" von „*euro*" kein Umlaut. Es wird also nicht wie „*oi*", sondern wie „*eu*" ausgesprochen. Und in Italien sagt man nicht „Cent", sondern *centesimo* [tʃen'tɛ:zimo].

assegno [as'se:ɲo]	**Scheck**
un assegno circolare	ein Barscheck
carta di credito ['karta di 'kre:dito]	**Kreditkarte**
carta bancomat	EC-, Scheckkarte
bancomat *minv* ['baŋkomat]	**Geldautomat**
postamat *minv*	Postbankautomat
fuori servizio [fu'ɔ:ri ser'vi:tsio]	**außer Betrieb**
Il bancomat è fuori servizio.	Der Automat ist außer Betrieb.

prelevare – prelievo [prele'va:re – preli'ɛ:vo]	**abheben – Abhebung**
Scusi, vorrei fare un prelievo, ma il bancomat non accetta l'operazione.	Entschuldigen Sie, ich würde gerne Geld abheben, aber der Automat nimmt die Transaktion nicht an.
operazione *f* [operatsi'o:ne]	**Geschäft; Transaktion**
ritirare [riti'ra:re]	**einbehalten; abholen**
Il bancomat m'ha ritirato la carta! Che devo fare?	Der Geldautomat hat meine Karte einbehalten! Was soll ich tun?
guadagnare [guada'ɲa:re]	**verdienen**
Spendere è più facile che guadagnare.	Ausgeben ist leichter als verdienen.
spendere ['spɛndere]	**ausgeben**
chiedere [ki'ɛ:dere]	**verlangen / berechnen**
Quanto ha chiesto per quel lavoro?	Wie viel hat er für die Arbeit verlangt?
costare [ko'sta:re]	**kosten**
Costa / È costato 500 euro.	Es kostet(e) 500 Euro.
Costano / Sono costati 60 centesimi.	Sie koste(te)n 60 Cent(s).
costo ['kɔsto]	**Kosten**
Ecco un elenco dei costi!	Da ist ein Verzeichnis der Kosten!
costoso [kos'to:so]	**teuer**
Prelievi al bancomat possono essere costosi.	Abhebungen am Geldautomaten können teuer sein.
cambiare una banconota / un biglietto da 100 euro [kambi'a:re]	einen Hunderteuroschein **wechseln**
Ha dieci euro da cambiare in spicci?	Können Sie mir 10 Euro in Kleingeld wechseln?
pagare [pa'ga:re]	**(be)zahlen**
pagare la merce / il taxi	die Waren / das Taxi bezahlen
pagare con la carta di credito	mit Kreditkarte bezahlen
fattura [fat'tu:ra]	(Waren-)**Rechnung; Faktura**
pagare un conto / una fattura	eine Rechnung bezahlen
conto ['konto]	**Rechnung**
Per favore, il conto!	Die Rechnung, bitte!
scontrino [skon'tri:no]	**Kassenbon**
portafoglio [porta'fɔ:ʎo]	**Brieftasche**
Dov'è il mio portafoglio?	Wo ist meine Brieftasche?
prestare soldi a qualcuno [pre'sta:re]	jemandem Geld **leihen**
prendere in prestito / farsi prestare soldi da qualcuno	(sich) Geld von jemandem borgen

Das deutsche „sich Geld leihen bzw. borgen" hat keine rückbezügliche Entsprechung im Italienischen! Ein mögliches *„prestarsi soldi"* würde heißen, dass man sich selbst Geld leiht.

risparmiare soldi [risparmi'a:re]	Geld **sparen**
Proviamo a risparmiare sui vizi.	Wir versuchen, bei den Lastern zu sparen.
cassa di risparmio ['kassa di ris'parmio]	**Sparkasse**
banca ['banka]	**Bank**
andare in banca	auf die Bank gehen
aprire un **conto** presso una banca [a'pri:re un 'konto]	bei einer Bank ein **Konto** eröffnen
conto corrente ['konto kor'rɛnte]	**Girokonto**
versamento [versa'mento]	**Einzahlung; Überweisung**
effettuare un versamento	eine Einzahlung/Überweisung vornehmen
versare [ver'sa:re]	**einzahlen; überweisen**
Vorrei versare 100 euro su questo conto.	Ich möchte 100 Euro auf dieses Konto einzahlen.
investire [inve'sti:re]	**investieren**
investire soldi in un progetto	Geld in ein Projekt investieren
accordare/restituire un **credito** ['kre:dito]	einen **Kredit** gewähren/zurückzahlen
creditore *m* / debitore *m*	Gläubiger; Schuldner
debiti *mpl* ['dɛ:biti]	**Schulden**
Carlo è pieno di debiti.	Karl steckt voller Schulden.
assicurare – assicurarsi [assiku'ra:re]	**(sich) versichern**
Ci siamo assicurati contro gli infortuni?	Haben wir uns gegen Unfälle versichert?
assicurazione *f* [assikuratsi'o:ne]	**Versicherung**
stipulare un'assicurazione	eine Versicherung abschließen
danno – danneggiare ['danno – danned'dʒa:re]	**Schaden – beschädigen**
I bambini hanno danneggiato la macchina del vicino e l'assicurazione gli ha risarcito il danno.	Die Kinder haben das Auto des Nachbarn beschädigt und die Versicherung hat ihm den Schaden erstattet.
rischio ['riskio]	**Risiko**
a proprio rischio e pericolo	auf eigene Gefahr

18.4 Lavoro e professioni
Arbeit und Berufe

lavoro – **lavorare** [la'vo:ro – lavo'ra:re]	**Arbeit – arbeiten**
Sono in cerca di lavoro.	Ich bin auf Arbeitssuche.
Lavoro presso una banca.	Ich arbeite bei einer Bank.
posto di lavoro ['posto di la'vo:ro]	**Stelle; Arbeitsplatz**
Ho trovato un nuovo posto di lavoro!	Ich habe eine neue Stelle gefunden!
domanda d'impiego [do'manda dimpi'ɛ:go]	**Bewerbung**
Accettiamo solo domande d'impiego elettroniche.	Wir akzeptieren nur elektronische Bewerbungen.
fare domanda ['fa:re do'manda]	**sich bewerben (um)**
Ho fatto domanda presso la Ferrari per un posto di meccanico.	Ich habe mich bei Ferrari um eine Stelle als Mechaniker beworben.
contratto [kon'tratto]	**Vertrag**
stipulare un contratto	einen Vertrag abschließen
condizione *f* [konditsi'o:ne]	**Bedingung**
firmare – **firma** [fir'ma:re – 'firma]	**unterschreiben – Unterschrift**
Legga attentamente le condizioni del Suo contratto di lavoro e poi firmi in calce a destra.	Lesen Sie die Bedingungen Ihres Arbeitsvertrags aufmerksam durch und dann unterschreiben sie ihn unten rechts.
modello [mo'dɛllo]	**Modell**
modelli di tempo di lavoro flessibili	flexible Arbeitszeitmodelle
permesso [per'messo]	**Erlaubnis, Genehmigung; Verzeihung**
Gli è stato concesso un permesso di lavoro.	Ihm ist eine Arbeitserlaubnis erteilt worden.
Permesso! Si può entrare?	Verzeihung! Darf man eintreten?
manodopera *finv* [mano'dɔ:pera]	**Arbeitskräfte**
Non è facile trovare manodopera qualificata.	Es ist nicht leicht, qualifizierte Arbeitskräfte zu finden.
datore(-trice) di lavoro [da'to:re / -'tri:tʃe di la'vo:ro]	**Arbeitgeber(in)**
dare lavoro ['da:re la'vo:ro]	**beschäftigen, einstellen**
Le imprese europee danno lavoro a sempre meno persone in Europa.	Die europäischen Unternehmen beschäftigen immer weniger Personen in Europa.

assumere [as'su:mere]	**einstellen, anstellen**
Ti hanno assunto? Complimenti!	Sie haben dich eingestellt? Glückwunsch!
licenziare – **licenziarsi** [litʃentsi'a:re]	**kündigen**
La ditta licenzia altri 500 collaboratori.	Die Firma entlässt weitere 500 Mitarbeiter.
Ieri mi sono licenziato.	Gestern habe ich gekündigt.
occupato [okku'pa:to]	**beschäftigt; besetzt** (*Telefon*)
È occupato presso un'impresa edile.	Er ist bei einem Bauunternehmen beschäftigt.
È occupato.	Es ist besetzt.
stipendio [sti'pɛndio]	**Gehalt, Verdienst**
Non può certo lamentarsi del suo stipendio.	Er kann sich gewiss nicht über sein Gehalt beklagen.
merito ['mɛ:rito]	**Verdienst**
È tutto merito suo.	Es ist allein sein Verdienst.
paga ['pa:ga]	**Lohn; Bezahlung**
aumento – **aumentare** [au'mento – aumen'ta:re]	**Erhöhung – erhöhen**
Tesoro, ho ricevuto un aumento di stipendio!	Schatz, ich habe eine Gehaltserhöhung bekommen!
riduzione *f* – **ridurre** [ridutsi'o:ne – ri'durre]	**Verringerung, Kürzung – verringern, kürzen; abbauen**
Riducono ancora il personale.	Sie bauen das Personal weiter ab.
all'ora [all'o:ra]	**pro Stunde, die Stunde**
Quanto ti pagano all'ora?	Wie viel bezahlen sie dir pro Stunde?
diventare [diven'ta:re]	**werden**
Da grande cosa vuoi diventare?	Was willst du werden, wenn du groß bist?
mestiere *m* [mesti'ɛ:re]	**Beruf** *(handwerklich)*; **Handwerk**
Che mestiere fa?	Was macht er beruflich?
professione *f* [professi'o:ne]	**Beruf** *(Dienstleistung)*
esercitare una professione	einem Beruf nachgehen
funzionario(-a) [funtsio'na:rio]	**Beamte(r), Beamtin**
Augusto è diventato funzionario.	Augusto ist Beamter geworden.
preside *m/f* ['prɛ:side]	**Direktor(in); Schulleiter(in)**
operaio(-a) [ope'ra:io]	**Arbeiter(in)**
operaio specializzato	Facharbeiter
apprendista *m/f* [appren'dista]	**Lehrling; Auszubildende(r)**
Molti giovani non trovano un posto come apprendista.	Viele jungen Leute finden keine Lehrstelle.

impiegato(-a) [impie'ga:to]	**Angestellte(r)**
impiegato(-a) di banca	Bankangestellte(r)
dipendente *m/f* [dipen'dɛnte]	**Beschäftigte; Angestellte**
La nostra ditta ha 4 000 dipendenti in tutto il mondo.	Unsere Firma hat 4 000 Beschäftigte in aller Welt.
commesso(-a) [kom'messo]	**Verkäufer(in)** (*in Läden, etc.*)
Le commesse in quel negozio sono molto premurose.	Die Verkäuferinnen in diesem Laden sind sehr aufmerksam.
portinaio(-a) [porti'na:io]	**Hausmeister(in)**
Non vedo il suo nome. Forse chiediamo al portinaio?	Ich sehe seinen Namen nicht. Vielleicht fragen wir den Hausmeister?
artigiano [arti'dʒa:no]	**Handwerker**

Traditionelle Handwerksberufe
pescatore m [peska'to:re] (= Fischer) • *gelataio(-a)* [dʒela'ta:io] (= Eisverkäufer/in) • *macellaio* [matʃel'la:io] (= Fleischer/Metzger) • *parrucchiere(-a)* [parrukki'ɛ:re] (= Friseur/in) • *orologiaio* [orolo'dʒa:io] (= Uhrmacher) • *falegname m* [faleɲa:me] (= Schreiner/Tischler) • *imbianchino* [imban'ki:no] (= Maler) • *sarto(-a)* ['sarto] (= Schneider/in) • *calzolaio* [kaltso'la:io] (= Schuhmacher) • *muratore m* [mura'to:re] (= Maurer) • *elettricista m* [elettri'tʃista] (= Elektriker) • *idraulico* [i'dra:uliko] (= Installateur)

ragioniere(-a) [radʒoni'ɛ:re]	**Bilanzbuchhalter(in)**
cassiere(-a) (di banca) [kassi'ɛ:re]	(*Bank*) **Kassierer(in)**
guardia [gu'ardia]	**Wache, Wachmann**
Ha trovato un posto come guardia.	Er hat eine Stelle als Wachmann gefunden.

Consulente m/f ist die Berufsbezeichnung eines Beraters / einer Beraterin für ein spezielles Fachgebiet: z. B. *consulente aziendale* [konsu'lɛnte adzien'da:le] (= Unternehmensberater/-in) oder *consulente tecnico* [konsu'lɛnte 'tɛkniko] (= technische/-r Berater/-in).

interprete *m/f* [in'tɛrprete]	**Dolmetscher(in)**
Qui dovremo chiamare un interprete!	Da werden wir wohl einen Dolmetscher holen müssen!
ingegnere *m/f* [indʒe'ɲɛ:re]	**Ingenieur(in)**
tecnico ['tɛkniko]	**Techniker(in)**
casalinga(-o) [kasa'linga]	**Hausfrau/Hausmann**

18.5 In ufficio
Im Büro

ufficio [uf'fi:tʃo]	**Büro**
orario d'ufficio	Büro- / Geschäftszeiten
dopo l'orario d'ufficio	nach Dienstschluss
Purtroppo in questo momento non è in ufficio.	Leider ist er derzeit nicht im Büro.
disposizione *f* [dispozitsi'o:ne]	**Verfügung**
Per ogni delucidazione siamo a Vostra disposizione.	Bei allen möglichen Rückfragen stehen wir Ihnen zur Verfügung.
superiore *m / f* [superi'o:re]	**Vorgesetzte(r)**
collega *m / f* [kol'lɛ:ga]	**Kollege(-in)**
Per quella faccenda si deve rivolgere alla mia collega.	In dieser Sache müssen sie sich an meine Kollegin wenden.
rivolgersi a [ri'vɔldʒersi]	**sich wenden an**
collaboratore(-trice) [kollabora'to:re(-'tri:tʃe)]	**Mitarbeiter(in)**
Ha organizzato una festa d'addio per tutti i collaboratori.	Sie hat ein Abschiedsfest für alle Mitarbeiter organisiert.
segretario(-a) [segre'ta:rio]	**Sekretär(in)**
Riesco a parlare solo con la segretaria.	Ich komme nur bis zur Sekretärin durch.
autorizzazione *f* – **autorizzato** [autoriddzattsi'o:ne – autorid'dza:to]	**Befugnis** –**befugt**
Sono solo la segretaria. Non sono autorizzata a dare informazioni.	Ich bin nur die Sekretärin. Ich bin nicht befugt, Informationen zu geben.
studio ['stu:dio]	(*Anwalt / Steuerberater*) **Kanzlei**
studio (medico)	(Arzt-)Praxis
sala riunioni ['sa:la riuni'o:ni]	**Sitzungszimmer**
fissare un **appuntamento** [fis'sa:re unappunta'mento]	einen **Termin** vereinbaren
Ho un appuntamento con il Dott. Villa.	Ich bin mit Dott. Villa verabredet.
avere un **colloquio** con qualcuno [kol'lɔ:kuiio]	mit jemandem eine **Unterredung** haben
essere in **riunione** *f* [riuni'o:ne]	eine **Sitzung / Besprechung** abhalten
(Lei) è ancora in riunione.	Sie ist noch in einer Besprechung.
biglietto da visita [bi'ʎetto da 'vi:zita]	**Visiten- / Geschäftskarte**

Se vuole mi può lasciare il suo biglietto da visita.	Wenn Sie wollen, können Sie mir Ihre Visitenkarte da lassen.
mensa ['mɛnsa]	**Kantine**
buoni *mpl* mensa	Essen(s)marken
scrivania [skriva'ni:a]	**Schreibtisch**
Devo assolutamente ordinare la mia scrivania.	Ich muss unbedingt meinen Schreibtisch aufräumen.
corrispondenza [korrispon'dɛntsa]	**Korrespondenz; Post**
sbrigare [zbri'ga:re]	**erledigen**
Oggi sbrigo la corrispondenza.	Heute erledige ich die Post.
lettera ['lettera]	**Brief**
scrivere ['skri:vere]	**schreiben**
scrivere al computer il verbale della riunione	das Sitzungsprotokoll in den Computer eingeben
riferirsi [rife'rirsi]	**sich beziehen**
Ci riferiamo alla Vostra del ...	Wir beziehen uns auf Ihr Schreiben vom ...
distinti saluti [dis'tinti sa'lu:ti]	(mit) **freundliche(n) Grüßen**
confermare [konfer'ma:re]	**bestätigen**
Confermiamo la Sua partecipazione al congresso.	Wir bestätigen Ihre Teilnahme am Kongress.
congresso [koŋ'grɛsso]	**Kongress, Tagung**
modulo ['mɔ:dulo]	**Formular**
compilare [kompi'la:re]	**ausfüllen**
Devo aiutarLa a compilare questo modulo?	Soll ich Ihnen beim Ausfüllen dieses Formulars helfen?
strappare [strap'pa:re]	**zerreißen**
Ha sbagliato qui. Strappi pure il modulo, gliene do un altro.	Sie haben hier einen Fehler gemacht. Zerreißen Sie das Formular ruhig, ich geb' Ihnen ein neues.
Mi dia la **pratica** Zappa, per favore. [mi 'di:a la 'pra:tika 'tsappa per fa'vore]	Bringen Sie mir bitte die **Akte** Zappa.
fotocopia – **fotocopiare** [foto'kɔ:pia – fotokopi'a:re]	**Fotokopie** – **fotokopieren**
Devo fare ancora alcune fotocopie.	Ich muss noch einiges fotokopieren.
avere da fare [a've:re da fa:re]	**zu tun haben, beschäftigt sein**
Purtroppo ho da fare adesso.	Im Moment bin ich leider beschäftigt.
pausa ['pa:uza]	**Pause; Unterbrechung**
Facciamo una pausa?	Machen wir eine Pause?

Register Italienisch

Das alphabetische Register enthält alle blau gedruckten Einträge des thematischen Wortschatzes sowie alle wichtigen Begriffe der Info-Boxen.

A

A

A

B

C

C

C

D

C

E

F

G

H

H

H

M

M

P

P

P

P

S

S

S

T

Z

Register Deutsch

Das alphabetische Register enthält alle fett gedruckten Einträge des thematischen Wortschatzes sowie alle wichtigen Begriffe der Info-Boxen.

A

A

B

B

D

D

F

G

G

H

G

I

J

J

L

L

L

N

N

Q

R

R

S

S

T

U

Z

Z

Notizen

Notizen